# MÉMOIRES

DE

# CH. PAUL DE KOCK

ÉCRITS PAR LUI-MÊME

ÉDITION ORNÉE
D'UN BEAU PORTRAIT DE L'AUTEUR DANS SA JEUNESSE
GRAVÉ SUR ACIER PAR LEGUAY D'APRÈS UNE MINIATURE DE MARICOT

J'étais là, telle chose m'advint.
LA FONTAINE.
(Les Deux pigeons.)

PARIS
E. DENTU, ÉDITEUR
LIBRAIRE DE LA SOCIÉTÉ DES GENS DE LETTRES
PALAIS-ROYAL, 17 ET 19, GALERIE D'ORLÉANS

# MÉMOIRES

DE

# CH. PAUL DE KOCK

PARIS. — IMPRIMERIE DE E. MARTINET, RUE MIGNON, 2.

CH. PAUL DE KOCK

E. DENTU, Édit. Galerie d'Orléans, Palais Royal, à Paris.

# MÉMOIRES

DE

# CH. PAUL DE KOCK

ÉCRITS PAR LUI-MÊME

ÉDITION ORNÉE
D'UN BEAU PORTRAIT DE L'AUTEUR DANS SA JEUNESSE
GRAVÉ SUR ACIER PAR LEGUAY, D'APRÈS UNE MINIATURE DE MARICOT

. . . . . J'étais là, telle chose m'advint.
LA FONTAINE.
(*Les Deux pigeons.*)

PARIS
E. DENTU, ÉDITEUR
LIBRAIRE DE LA SOCIÉTÉ DES GENS DE LETTRES
PALAIS-ROYAL, 17 ET 19, GALERIE D'ORLÉANS
1873
Tous droits réservés.

# AVANT-PROPOS

8 avril 1869.

Depuis longtemps on m'engageait à écrire mes *Mémoires;* depuis longtemps, chaque jour, nombre de personnes me répétaient : « Vous qui avez vu tant de gens et tant de choses, parlez-nous donc des uns, contez-nous donc les autres; doué comme vous l'êtes du don de l'observation, vos portraits et vos récits ne manqueront certainement pas de nous intéresser. »

Jusqu'à présent, j'avais toujours répondu à ceux qui me pressaient ainsi d'entreprendre un ouvrage, de la lecture duquel ils m'assuraient, avec plus ou moins de sincérité, devoir tirer quelque plaisir :

«

« Non, je n'écrirai pas mes *Mémoires*, par ce motif, d'abord, que je n'ai jamais aimé à mettre ma personnalité en scène dans un livre, et que l'exemple donné en ce genre par Jean-Jacques lui-même, dans certaines parties de ses *Confessions*, n'a rien qui me semble tentant; ensuite, parce que choses et gens que j'ai vus dans ma vie, et que j'ai jugés capables d'intéresser ou d'amuser le public, m'ont servi dans mes romans; qu'en racontant de nouveau celles-ci ou en parlant encore de ceux-là, je ne ferais donc que me répéter, et que s'il est vrai qu'en amour et devant une bonne table, l'axiome : *Bis repetita placent* soit juste, il est plus vrai encore qu'en littérature il n'y a rien d'insupportable comme ces écrivains qui, à force de ressasser telle idée ou tel personnage, finissent, après en avoir tiré une blanche et bonne farine, par n'en plus extraire qu'une grise et insipide recoupette. »

Voilà ce que je répondais aux libraires, aux confrères et aux amis m'invitant, dans le but de

récréer le Présent, à retourner mes regards vers
le Passé; et j'eusse persisté sans doute dans ma
résolution, sans une conversation que j'eus aujourd'hui même, boulevard du Temple, avec un
vieil et aimable auteur, Benjamin Antier, l'ami
de Béranger, le mien également depuis de longues années.

De quoi causâmes-nous, Antier et moi, en nous
promenant sur ce boulevard, jadis si gai, si vivant, si éminemment parisien, avec sa foire perpétuelle de théâtres, maintenant si triste, si désert
relativement, si *province*, avec sa caserne et sa
place en patte d'oie, si grande, cette patte, que,
chaque fois qu'on se dispose à la traverser, involontairement on se demande s'il ne serait pas
prudent de faire ses dispositions testamentaires.
De quoi nous causâmes? De tout ce qui n'existe
plus à Paris et de tout ce que nous nous rappellions y avoir admiré ou aimé. Aussi notre entretien fut-il long; tellement long, qu'entamé à midi,
le soir nous surprit qu'il durait encore. Événe-

ments et hommes de toute sorte, de toute nature, depuis soixante ans et plus, nous avions tout passé en revue ; une revue qui nous faisait parfois venir la larme à l'œil, mais, le plus souvent, le sourire aux lèvres. Par goût, pour mon compte, je m'attriste peu volontiers, et Antier est de mon école : il aime mieux rire que pleurer.

Enfin, comme nous nous décidions pourtant à nous séparer, l'auteur de *la Pauvre famille* et de *l'Auberge des Adrets*, les antipodes du genre, me dit :

— C'est bon, n'est-ce pas, Paul de Kock, de se souvenir ? Cela rajeunit.

— Ma foi ! répliquai-je, il est certain que, tandis que nous bavardions, je n'ai pas souffert une minute de ma goutte. Et cependant, depuis hier, j'appréhende un accès. J'ai le bras gauche roide et lourd comme une barre de plomb.

— Eh bien ! savez-vous, mon ami, reprit Antier, puisqu'ils vous réussissent si bien contre le mal, à votre place je continuerais d'employer les souvenirs comme remède !

— Je ne demande pas mieux. Nous causerons, quand vous voudrez, encore.

— Ce n'est pas cela que je veux dire. Assurément je serai fort aise de parcourir encore avec vous, à l'occasion, les pages de notre jeunesse; mais ce que j'entends pour votre part, comme remède contre la goutte, c'est d'écrire tout ce que vous venez de me dire.

— Bon ! Vous aussi vous allez me conseiller d'écrire mes *Mémoires !*

— Et pourquoi pas, si, pendant que vous les écrivez, vous oubliez de souffrir?...

— Mon cher ami, j'ai dit quelque part, avec raison, je pense, que s'il y a pour nous un grand charme dans les souvenirs, nous nous flattons souvent à tort de faire passer ce charme au bout de notre plume tandis qu'il reste au fond de notre cœur.

— Bon! bon! Je vous connais; vous ne vous êtes jamais occupé de politique, vous n'en parlerez donc pas dans vos *Mémoires*, et ce sera déjà une raison de succès pour votre livre, dans un temps où, comme Protée, changeant à son gré de couleur et de forme, ce démon prétentieux, pédant, ennuyeux et creux, qu'on appelle *la Politique*, nous poursuit partout, pauvres Français, et surtout pauvres Parisiens, dans le salon, dans la boutique, dans la rue, au théâtre, et jusque dans la loge de notre portier. De religion, vous ne parlerez pas davantage, parce que, fidèle à la règle de conduite que vous vous êtes imposée dans vos romans, vous ne verrez pas la nécessité, pour plaire aux gens qui ne croient à rien, de vous moquer des gens qui croient à tout. *Et vice versâ.* Bref, comme vous ne donnerez pas non plus, j'en suis certain, dans le travers des auteurs de *Mémoires*, travers qui consiste dans la description méticuleuse de détails de la vie intime, fort intéressants peut-être pour celui qui se les rappelle, mais, en revanche, très-peu récréatifs pour celui à qui on les raconte, votre livre sera vif, gai, sans façons; un vrai livre de Paul de Kock de la vieille roche, et, comme tel, chacun voudra le lire et chacun le lira.

Je souriais en écoutant Antier.

— Mais c'est presque un programme de mes *Mémoires* que vous me donnez là, mon cher ami! lui dis-je.

— Eh bien! tant mieux! répliqua-t-il gaiement. Je vous évite de la besogne.

« Commencez par écrire notre conversation, en manière de préface, puis, à votre temps, à votre aise, jetez vos *Souvenirs* sur le papier; quand vous aurez devant vous la matière d'un volume, vous la donnerez à publier à un éditeur...

» L'accueil fait à ce ballon d'essai vous dira si vous devez en lancer un second. Au revoir! »

Antier m'avait quitté. Rentré chez moi, je commençai… par dîner, car il était six heures, et j'ai la faiblesse, contrairement à certain libraire de ma connaissance qui oublie exprès de manger pour ménager sa bourse, d'aimer encore la table et de m'y asseoir toujours avec appétit; mais, après dîner, appuyé au balcon de ma fenêtre, cette fenêtre sous laquelle, depuis tantôt quarante-huit ans, j'ai vu passer tant de figures, jeunes ou vieilles, belles ou laides, plus de laides que de belles, je me mis à réfléchir aux paroles de mon vieil ami.

Et le résultat de mes réflexions fut que je pris la plume, un cahier de papier, et qu'à la date de ce jour, 8 avril 1869, j'écrivis ce qui précède, « en manière de préface », comme avait dit Antier.

Maintenant, à mon aise, à mon temps, comme il a dit encore, j'écrirai mes *Souvenirs*, ou *Mémoires*, que je classerai en trois époques : de 1793 jusqu'à 1815, soit depuis ma naissance, sous la première république, jusqu'à la fin du premier empire; de 1815 jusqu'à 1848 : sous la restauration, Charles X et Louis-Philippe, jusqu'à la république, seconde édition; et enfin depuis 1848 jusqu'à nos jours.

Sous combien de gouvernements ai-je vécu ?

J'en faisais l'énumération, ces jours derniers, avec mon fils; elle est curieuse :

Je suis né sous le règne de la *Convention nationale* (1792 à 1795).

Puis j'ai vécu sous le *Directoire exécutif* (1795 à 1799).

Ensuite sous la *commission consulaire* (1799).

Le *consulat temporaire* (1799 à 1802).

Le *consulat à vie* (1802 à 1804).

L'*empire*, avec Napoléon Ier (1804 à 1814).

Un *gouvernement provisoire* (1814).

*Louis XVIII*, première restauration (1814 à 1815).

*Napoléon Ier*, les cent-jours (1815).

Un *gouvernement provisoire* (1815).

*Louis XVIII*, deuxième restauration (1815 à 1824).

*Charles X* (1824 à 1830).

*Gouvernement provisoire*, lieutenance générale du royaume (du 30 juillet 1830 au 7 août même année).

*Louis-Philippe Ier* (1830 à 1848).

Un *gouvernement provisoire*, deuxième république (1848).

*Commission exécutive* (1848).

*Présidence provisoire* du général Cavaignac (1848).

*Présidence* de Louis-Napoléon Bonaparte (1848 à 1852).

*Dictature temporaire* de Louis-Napoléon (1851).

*Présidence décennale* de Louis-Napoléon (1851 à 1852).

*Napoléon III*, deuxième empire (1852 à 1868).

Ouf! *Vingt-et-un* gouvernements! Et je laisse de côté le pompier du 15 *mai* 1848. Il faut être indulgent; ce pompier n'a, je crois, été gouvernement que quatre heures. Vingt-et-un gouvernements et quart! C'est gentil, n'est-ce pas, pour un homme seul? Sans compter que, du train dont vont les choses, je ne suis pas bien persuadé que je mourrai sous celui qui existe pour l'instant. Il a, en vérité, depuis quelque temps, l'air de faire tout ce qu'il faut pour céder, à son tour, la place à un autre!

Mais quoi! j'ai promis de ne point parler politique, et voilà que, dès le début, je m'y laisse entraîner!

Pardonnez-moi, lecteur, cela ne m'arrivera plus, ou, tout au moins, cela ne m'arrivera-t-il que quand j'y serai forcé, tristement forcé, comme, par exemple, aux premières pages de mes *Mémoires*.

Ce n'est pas ma faute si la république, qui soi-disant est le gouvernement par excellence le régime indiscutable et indéniable du bonheur et de la joie pour tous, ne me permit de recevoir, au berceau, qu'un seul baiser de mon père...

Parce qu'on l'attendait pour le conduire à l'échafaud.

# MÉMOIRES
# DE PAUL DE KOCK

## CHAPITRE PREMIER

SOMMAIRE. — Ce qu'était Jean-Conrad de Kock, mon père. — Pour quels motifs je ne suis pas républicain. — De Hollande en France. — Premier mariage. — Cinq enfants. — Second mariage. — 93. — Une naissance et une mort. — Maison de banque à Paris. — Les réfugiés hollandais à l'armée du Nord. — Dumouriez. — Suites de la bataille de Nerwinde. — Retour de mon père et de ma mère à Paris. — La maison de Passy. — M. Maron, pasteur protestant. — Le colonel Saumur. — Anacharsis Clootz. — Hébert. — Ronsin. — Arrestation. — Jean-Conrad de Kock devant le tribunal révolutionnaire. — Défense superflue. — Condamné. — Sur l'échafaud. — Le séquestre. — Suites de la sentence du tribunal révolutionnaire. — Procès-verbal d'inventaire après décès (22 germinal, an II.) — Mon berceau saisi. — Le citoyen Antoine Ravigneau et les bijoux et l'argenterie d'une victime. — Un portrait sauvé. — Une visite de Foucquier-Tinville. — Ma mère menacée d'être envoyée à l'Abbaye. — Elle me doit son salut. — Le 9 thermidor.

On a dit, à tort le plus souvent : *tel père, tel fils*. Mon père était républicain, et je ne le suis pas, d'abord parce que la République m'a tué

1

mon père; ce qui est, ce me semble, un premier motif de ressentiment qui pourrait me dispenser d'en donner d'autres; ensuite, parce que, dans le cours de ma déjà longue existence, sur une centaine de familles que j'ai eu l'occasion de fréquenter, en ayant rencontré tout au plus deux ou trois où régnât la concorde, où, pour un oui ou un non, une question d'amour-propre ou d'argent, on ne fût pas prêt tout de suite à se prendre aux cheveux, j'en ai naturellement conclu que l'union, chez tout un peuple, est la plus chimérique des utopies, le plus irréalisable des rêves.

*Liberté, Égalité, Fraternité.* Avant de barbouiller ces trois mots sur les murs, il faudrait les graver dans les cœurs.

Malheureusement, si les murs se prêtent à tout, il n'en est pas de même des âmes; et, depuis longtemps, en France, ce n'est pas l'amour et la bonté qu'on leur apprend, c'est la jalousie et la haine.

Né en 1755, en Hollande, mon père, Jean-Conrad de Kock, avocat à la Haye, riche, noble, — ceci soit dit sans vanité de ma part, bien qu'en définitive j'aime autant être issu de quelqu'un que de personne, mais surtout pour rectifier l'erreur de Lamartine et de M. Louis Blanc.

qui, l'un dans son *Histoire des Girondins*, l'autre dans son *Histoire de la Révolution française*, ont par trop démocratisé et écorché le nom de mon père en l'écrivant *Koch* ou *Cook;* l'armorial universel de Riestal, imprimé à Gouda, en 1860, fait foi de la noblesse de Jean-Conrad de Kock ; — noble, donc riche, heureux, mon père eut l'idée de venir, en 1787, à Paris, où fermentaient déjà les idées révolutionnaires.

Je vous l'ai dit, mon père était de ces hommes qui croient à la *liberté*, à l'*égalité*, à la *fraternité*, autre part que sur les murailles.

Vous allez voir ce que lui coûtèrent ses illusions.

Jean-Conrad de Kock était déjà marié depuis dix ans quand il vint en France. De sa première femme, Marie-Pétronille Merkus, il avait eu cinq enfants; deux fils, Henri et Jean-Pierre, nés à Heusden, l'un en 1779 et l'autre en 1780, qu'il amena avec lui à Paris, et trois filles, Goverta, Cornélie et Déborah, qu'il laissa, confiées aux soins d'une de ses sœurs, en Hollande.

Marie-Pétronille Merkus mourut à Paris, le 31 décembre 1789.

Le 8 décembre 1790, Jean-Conrad de Kock épousa en secondes noces, à Paris, Anne-Marie

Kirsberger, née à Bâle, en Suisse, le 14 juin 1764, et qui était veuve, elle-même, de Claude Perret, dont elle avait eu trois fils.

Et, de ce second mariage, naquirent, à deux années de distance, deux enfants :

1° En 1791, une fille qui ne vécut que quelques mois.

2° En 1793, un fils; Charles-Paul de Kock; votre serviteur, lecteur.

1793! Je suis né en 1793; c'est-à-dire à l'époque la plus effroyable de la Terreur; dans le temps où, petit ou grand, nul, en se levant le matin, n'était sûr de se coucher, le soir, avec sa tête sur ses épaules.

Je suis né le 21 mai 1793, et, le 24 mars 1794, mon père mourait guillotiné.

Convenons que, si je suis d'un caractère gai, et si, depuis plus d'un demi-siècle, ma plume infatigable n'a pas cessé de distraire et d'amuser le public, ce n'est pas, comme dans les vieux contes, aux fées qui ont présidé à ma naissance que je le dois.

Patriote à toute épreuve, mon père avait quitté la Hollande quand la femme de Guillaume V, stathouder héréditaire des Provinces-Unies, n'avait pas craint de réclamer la protection du roi de

Prusse, Frédéric-Guillaume II, son frère, contre ceux qu'on appelait les *Constitutionnels*. Le jour où 30,000 Prussiens entraient à Amsterdam, Conrad de Kock partait pour Paris.

Mais, en se résignant à l'exil, il n'avait pas renoncé à l'espoir d'affranchir sa patrie, et, en attendant que la France, libre aussi, la France républicaine, tendît la main à la République batave, mon père, qui n'ignorait point qu'un des meilleurs moyens d'assister son pays est d'avoir beaucoup d'or à son service, s'occupa d'augmenter sa fortune en s'associant, le 1er janvier 1791, à une des principales maisons de banque parisiennes; la maison Sartorius Chockhard.

Cette association prospéra; mais les événements, qui se succédaient sans relâche, ne tardèrent pas à prouver à mon père, qu'en temps de révolution, il est dangereux de vouloir gagner de l'argent, même dans l'intérêt de tous. Alors, pour les masses, tout homme riche, même généreux, n'est plus qu'un *accapareur*. La journée du 10 août 1792, dont l'issue fut l'entrée de la famille royale au Temple, autrement dit dans l'antichambre de l'échafaud, donna à réfléchir gravement à mon père; le sang avait coulé à flots dans cette journée, il devait couler encore à torrents; en face de cette expectative, peu réjouissante pourtant, mon père ne renia point ses idées libérales, mais, mourir pour mourir, il préféra donner sa vie à sa patrie que de la perdre, inutilement pour elle, en France.

Il quitta donc son association de banque, et, au commencement de 1793, il se rendit, en qualité d'un des douze membres du Comité batave, à Louvain, au quartier général de l'armée du Nord, dont les réfugiés hollandais, réunis en légion sous les ordres du général Daendels, faisaient partie.

Ma mère, quoique enceinte de moi alors, voulut accompagner son mari. M. de Kock était éloquent, instruit, spirituel, remarquablement beau et distingué de sa personne; sa femme était jolie et aimable; tous deux furent on ne peut mieux accueillis là-bas; Dumouriez, surtout, leur manifesta la plus vive sympathie.

Sympathie fatale! Elle devait être plus tard une des principales causes de la perte de mon père.

Je n'ai pas la prétention de vous apprendre, parce que vous le savez, je suppose, aussi bien que moi, comment, à la suite de la bataille de Nerwinde, par lui perdue, Dumouriez, ne se sentant probablement pas plus de force désormais à poursuivre la lutte contre la Convention nationale que contre l'ennemi, fit arrêter le ministre de la guerre, Beurnonville, et les quatre commissaires, Camus, Lamarque, Bancal et Quinette, que la Convention lui avait envoyés avec ordre de les suivre à Paris, et, en compagnie du duc de Chartres, abandonnant son armée, alla se réfugier dans le camp du prince de Cobourg.

Une assez triste façon, par parenthèse, de réparer une défaite. En trahissant!...

Quoi qu'il en soit, l'armée du Nord vaincue, dispersée, l'affranchissement de la Hollande par la France se trouvant sinon désespéré, au moins très-reculé, mon père retourna à Paris. Il possédait à Passy une maison dans laquelle il se retira avec sa femme, près d'accoucher; mais, comme s'il eût pressenti son sort, et qu'il eût voulu abriter, autant que possible, contre ses conséquences, deux des êtres qui lui étaient le plus chers, il profita de l'offre d'un parent qui partait en Belgique pour y envoyer ses deux fils.

Qu'est-elle devenue, cette maison où je suis né? Elle a été détruite, sans doute, brûlée, rasée avec tant d'autres dans quelque mouvement populaire, car, plus tard, sous l'empire, quand je voulus aller la voir, sauf quelques vestiges du jardin que ma mère crut reconnaître, nous n'en trouvâmes plus trace. C'était une habitation des plus simples et peu capable d'exciter l'envie. Mon père y recevait ses amis; pour la plupart, des compatriotes. Van Hocq, T'hoofd, Saint-Aman, Propstein; le pasteur Maron. Mon père était, comme il m'a fait moi-même, de la religion réformée. De tous ceux qui fréquentaient assidûment sa maison à Passy, M. Maron est le seul qui lui ait longtemps survécu; il n'a terminé ses jours qu'en 1833, et, jusqu'à cette dernière année, il n'a pas manqué de venir me demander, deux fois l'an, au printemps et en hiver, l'aumône pour ses pauvres en mémoire de mon père.

Je crois superflu de dire que, pas une fois, ma charité n'a été sourde à ces appels.

Mon père, malheureusement, n'avait pas que les amis que j'ai cités plus haut; il était lié encore, plus ou moins intimement, avec le colonel Saumur, ancien gouverneur de Pondichéry; avec Anacharsis Clootz, *l'orateur du genre humain,* le partisan de la *République universelle;* il recevait aussi Hébert et Ronsin, les deux chefs de la faction des *Cordeliers.* Ronsin, « qui avait toujours l'air d'un dogue en colère, » me disait

M. Maron; Hébert, un tout petit monsieur à la figure fine et gracieuse, toujours tiré à quatre épingles, toujours musqué, ambré, pommadé. Un homme ravissant... quand il n'écrivait pas son horrible journal *le Père Duchesne*.

Ronsin, Hébert, Saumur, Anacharsis Clootz, et cinq ou six autres, voulaient renverser Robespierre, tout-puissant encore à la Convention. Ce fut Robespierre qui les renversa. Arrêtés à leur domicile, dans la nuit du 17 au 18 mars, ils furent conduits à la Conciergerie; on ne vint prendre mon père à Passy que le lendemain matin. Foucquier-Tinville l'accusait d'avoir tenu des conciliabules contre le gouvernement, et, surtout, d'avoir été l'ami d'un traître : Dumouriez. Devant le tribunal révolutionnaire il réfuta sans peine ces accusations.

— Je suis Hollandais, dit-il, et si, fuyant mon pays opprimé, j'ai demandé asile à la République française, ç'a été pour la servir, autant qu'il était en mon pouvoir, de mon intelligence et de mon sang, dans l'espoir que, victorieuse des rois coalisés, elle étendrait jusque sur ma patrie les bienfaits de la liberté, et non pour me mêler à ses dissensions intestines. Quant au général Dumouriez, il est vrai, ma main a souvent serré la

1.

sienne. Mais alors, ne vous en souvenez-vous donc plus? les succès répétés de son épée vous faisaient croire, comme moi, à son patriotisme. S'il vous faut tuer tous ceux qui ont aimé Dumouriez, vainqueur à Valmy, à Jemmapes, avec moi, vous immolerez donc plus de trente mille soldats!

Mais on n'ignore point que toute défense était inutile à la barre du tribunal révolutionnaire. L'accusé y était entendu pour la forme; l'accusateur public seul y était écouté. Mon père fut condamné avec tous les hébertistes. Il marcha à la mort en homme de cœur qu'il était. Il fut exécuté l'avant-dernier, entre Vincent et Anacharsis Clootz. M. Maron était en face de l'échafaud, dans la foule. Avant de livrer sa tête au bourreau, mon père put échanger avec le pasteur un dernier regard qui disait : « Je pense à ceux que j'aime; qu'ils ne m'oublient pas! »

Bien que n'ayant pas eu le bonheur de le connaître, je n'ai pas oublié mon père. Je me suis toujours souvenu, je me souviendrai toujours qu'il a été guillotiné par la République.

Et voilà pourquoi je ne suis pas et ne serai jamais républicain. Si quelqu'un juge que j'ai tort, tant pis pour celui-là!

C'est par M. Maron également que ma mère apprit la mort de mon père, à Passy, où elle était restée sous la garde de deux *sans-culottes*, en attendant que l'accusateur public décidât de son sort. Ces deux gardiens, ma mère, si mieux elle ne préférait être conduite en prison, était tenue de les payer, jour par jour, à raison de six livres par tête. Et notez que, Foucquier-Tinville ne doutant jamais, et pour cause, de l'issue des procès qu'il intentait, notez que tout avait été mis sous les scellés, dans la maison de mon père, le jour de son arrestation. Si elle n'eût eu sur elle quelques pièces d'or, ma mère en eût donc été réduite à rejoindre mon père à la Conciergerie, faute de pouvoir parer aux nécessités de la situation en prenant de l'argent là où elle savait qu'il y en avait.

La Convention nationale était, d'ailleurs, aussi expéditive dans l'exécution de ses jugements que dans le recouvrement de ses *créances*.

Le 21 germinal au soir, le digne pasteur Maron, bravant les dangers auxquels s'exposait tout individu qui osait manifester de l'intérêt à des *aristocrates*, venait apprendre à ma mère qu'elle était veuve...

Et, le lendemain matin, agissant au nom de la

loi, un administrateur du district se présentait à Passy pour y procéder à *l'inventaire et estimation* des meubles, objets d'art, et effets d'habillement ou autres, ayant appartenu à l'homme que le tribunal révolutionnaire avait envoyé au supplice l'avant-veille.

<blockquote>Ah! peut-on hériter de ceux qu'on assassine!</blockquote>

a dit un poëte. La République française n'avait pas de ces scrupules de conscience. Elle empochait très-bien le produit de la vente des biens des gens qu'elle avait tués.

J'ai sous les yeux une expédition du procès-verbal de l'inventaire en question. J'en copie *textuellement* quelques pages pour l'édification de mes lecteurs.

## DÉPARTEMENT DE PARIS

### DISTRICT DE FRANCIADE.

*Expédition du procès-verbal d'inventaire
et estimation Après le décès de*

### CONRADE KOCK

Condamné à mort.

## MUNICIPALITÉ

### DE PASSY

« 22 Germinal, an deux de la République française, une et indivisible.

« Ce jourd'huy vingt-deux Germinal, an deux
« de la République française une et indivisible,
« moi, Antoine Ravigneau, administrateur du
« district de Franciade, et commissaire nommé
« par ledit Directoire, suivant son arrêté du dix-
« neuf Germinal, à l'effet de me transporter dans
« la commune de Passy dans la maison de feu
« Conrade Koc condamné à mort par jugement
« du Tribunal Révolutionnaire, à l'effet d'y Re-
« connaître les scellés sains et entiers cy-devant
« apposés par le C. Gautron, Commissaire du
« département, ainsy que d'y faire l'inventaire et
« estimation des Meubles et Effets étant dans la

« Dite Maison, et appartenant au C. Conrad Koc,
« en conséquence de mes Dits pouvoirs, je m'y
« suis transporté les jour et an que dessus,
« assisté des C^ens Pierre Harivel et François
« Harivel, tous deux notables de la Commune de
« Passy, ainsi que des C^ens Lelong, Expert esti-
« mateur, et Douët, notre secrétaire, qui ont prêté
« le Serment prescrit, et Ensuite nous avons pro-
« cédé à l'inventaire et Estimation des Meubles
« et effets de la Manière suivante : »

Suit l'énumération des meubles, provisions, objets divers, et effets d'habillement, inventoriés, depuis les chaises couvertes de velours d'*Utreck* cramoisi, de la salle à manger, jusqu'à la *lampe à la chinoise* et à la *petite Bastille sous verre* ornant la chambre à coucher de ma mère; depuis les barriques et bouteilles de vin renfermées dans la cave, jusqu'à mon berceau, placé près du lit maternel; « *un petit berceau d'indienne avec ses rideaux; une petite paillasse de crin; une petite couverture;* » depuis la voiture, les selles, mors, bridons et licous relevés dans l'écurie et la remise, jusqu'au secrétaire à cylindre et au trictrac appartenant au cabinet de mon père. Il y en a comme cela douze feuilles pleines, *recto* et *verso*, de papier grand format au timbre de la Commune de Paris, et l'évaluation totale se liquide par le chiffre de *soixante-deux mille quatre cent vingt livres;* un chiffre qui, vu le prix minime auquel chaque objet ou chaque lot est coté (cent bouteilles de vin de Champagne, notamment, pour *cinquante livres;* dix sous la bouteille), dut faire plus que se quadrupler à la vente.

Et l'argenterie et les bijoux, du poids ensemble de soixante marcs cinq onces, ne sont pas estimés dans ce procès-verbal; le citoyen Antoine Ravigneau, *administrateur-commissaire,* déclare « *qu'à l'égard des bijoux et de l'argenterie, il s'en est chargé pour les porter au Directoire de Franciade, et ce pour l'inventaire en être fait audit Directoire.* »

Ah! citoyen Antoine Ravigneau, est-il bien sûr que vous ayez porté où vous dites ces soixante marcs d'or et d'argent? Ne vous en est-il pas resté quelque peu aux doigts en route?

C'est égal, la mort du Hollandais Conrad de Kock fut une bonne affaire pour la Commune de Paris!

Pour moi, en parcourant ces pages, où se trouve sèchement énoncé, aligné et numéroté, avec son illusoire évaluation en regard, tout ce que la République a volé à mon père et à ma mère, ce n'est point sur l'argenterie et les bijoux que mon regard s'arrête avec un regret, c'est sur des objets comme ceux-ci :

« 196. *Deux bonbonnières d'écaille blonde, une petite écritoire d'ivoire avec sa plume et son crayon; une tablette d'ivoire blanche.*

« 197. *Une tabatière de laque; une paire de pistolets anglais.*

« 209. *Une petite table à écrire. Treize petits tableaux représentant différents portraits.* »

Des portraits de famille peints en miniature par de grands artistes du temps. Des merveilles d'exécution, m'a dit ma mère. Des bonbonnières, des tablettes, une table, une écritoire, une tabatière, dont mon père aimait à se servir; des pistolets qu'il avait reçus en présent du duc de Chartres, à l'armée du Nord...

Ma mère réussit à sauver seulement, en le cachant sur elle, un portrait de son malheureux époux.

C'est tout ce que la République m'a laissé de mon père.

C'est peu.

Le procès-verbal se termine ainsi :

« *Et attendu qu'il ne s'est plus rien trouvé à
inventorier ni à estimer, nous avons clos notre
présent procès-verbal, après avoir vacqué depuis neuf heures du matin jusqu'à neuf heures
du soir, sans interruption, à l'exception de
l'heure du repas, et avons laissé pour gardien
de nos dits scellés, ainsy que des meubles et
effets inventoriés et estimés, le C$^{en}$ Gillioz, lequel s'en est chargé pour nous les représenter
sains et entiers, lorsqu'il en sera par nous requis, et ce après avoir prêté le serment requis
et signé avec nous, commissaire susdit, notre
présent procès-verbal, ainsy que les C$^{ens}$ Pierre
Harivel, et François Harivel, tous deux notables, et les C$^{ens}$ Lelong, Expert estimateur,
et Douët, notre secrétaire, les jour et an que
dessus.*

« *Ravigneau, F. Harivel, P. Harivel, Gillioz,
Lelong, et Douët.* »

Au bas est écrit :

« *Enregistré à Neuilly, le 23 Germinal an
2. f° 51. Sursis à la perception des droits jusqu'après la vente.*

« *Thibault.* »

Plus bas est écrit :

« *Reçu, le 22 prairial an 2 de la République,*
« *trente-six livres pour droit d'Enregistrement*
« *du présent inventaire après la vente.*

« *Thibault.* »

La vente n'eut donc lieu que deux mois plus tard; pendant deux mois la généreuse Convention nationale permit à ma mère de vivre au milieu des objets saisis, à condition de ne s'en servir que le moins possible, et, surtout, de ne les point user, ni détériorer. Ce qui devait être fort commode pour elle.

Soyons juste : la Convention, par l'organe de Foucquier-Tinville, fit mieux que cela pour ma mère, et, par contre-coup, pour moi, puisque, privé d'elle, il est plus que probable qu'à l'âge de dix mois, que j'avais alors, j'eusse éprouvé quelque embarras à me procurer des moyens d'existence.

Dans les premiers jours de floréal, ou avril, c'est-à-dire une *décade* environ après l'exécution de mon père, Foucquier-Tinville s'étant rappelé sans doute qu'il n'en avait pas complétement terminé avec l'affaire de ce Hollandais, *qui avait aidé à la trahison de Dumouriez et tenté de renverser Robespierre*, se présenta dans notre maison, à Passy, en compagnie de trois de ses sicaires accoutumés.

Je laisse ici la parole à ma mère, me racontant, et me racontant plus d'une fois, plus tard, le fait :

« C'était un matin; je me promenais dans le petit jardin en te tenant dans mes bras. Tu riais, tu semblais tout radieux, parce que le soleil du printemps commençait de briller sur les feuilles naissantes, et, moi, je pleurais en considérant un rosier que ton père avait planté, l'automne dernière, sous la fenêtre de ma chambre à coucher, en se réjouissant à l'idée des parfums que me réserveraient ses fleurs.

« Tout à coup, Geneviève, ma bonne servante badoise, qui n'avait pas voulu me quitter, malgré tous mes malheurs, accourt, toute pâle :

« — Madame, balbutie-t-elle, voici quatre hommes qui demandent à vous parler.... Oh! mon Dieu!... Et je les ai bien reconnus : trois d'entre eux sont les mêmes qui sont venus ici chercher monsieur!... »

« Quatre hommes, sortant de la maison, s'avançaient en effet vers moi.

« Trois d'entre eux, Geneviève ne s'était pas

trompée, étaient de ceux qui avaient arrêté ton père.

« Le quatrième, marchant à leur tête, oh! je le reconnus tout de suite, quoique je ne l'eusse vu qu'une ou deux fois à Paris, le quatrième, c'était *l'accusateur public;* c'était Foucquier-Tinville.

« Foucquier-Tinville pouvait avoir alors une cinquantaine d'années; il était maigre, de moyenne taille; vêtu avec une simplicité qui n'excluait pas certaine recherche. Il ôta son chapeau en m'abordant, et ses compagnons l'imitèrent, et il me dit, d'un ton dont la politesse contrastait avec l'ignoble tutoiement en usage forcé à cette époque :

« — Citoyenne, notre visite te surprend désagréablement, je présume; mais, j'en suis fâché : tu dois comprendre qu'il est impossible que tu restes plus longtemps ici.

« Ton mari a été jugé et condamné; il faut que tu comparaisses à ton tour devant le tribunal révolutionnaire.

« Et, en attendant, force nous est de te conduire à l'Abbaye. »

« A l'Abbaye! Je savais où l'on allait en sortant de l'Abbaye. Ma salive se sécha dans ma bouche.

« Cependant je parvins à répondre :

« — Et pourquoi comparaîtrais-je devant le tribunal révolutionnaire? Qu'ai-je fait pour aller en prison? Moi, une femme!... De quoi m'accuse-t-on?

« N'est-ce donc pas assez d'avoir tué mon mari? Pourquoi me tuerait-on aussi? »

« Foucquier-Tinville, toujours calme, allait répliquer, mais quelqu'un l'en empêcha.

« Ce quelqu'un, c'était toi, mon Paul, mon fils bien-aimé.

« Étonné, j'imagine, à l'aspect de ces figures étrangères, étonné plutôt qu'effrayé, comme le terrible pourvoyeur de la justice républicaine ouvrait les lèvres pour me dire probablement que, coupable d'être la femme d'un homme guillotiné la veille, j'aurais mauvaise grâce à ne pas trouver équitable qu'on me guillotinât le lendemain, voilà que tu partis d'un de ces éclats de rire de nouveau-né, expression délicieuse d'une joie dont Dieu seul connaît le secret.

« Je tremblai. Je voulus te faire taire. J'avais peur que ta gaieté ne déplût à ces hommes.

« Mais, te considérant en souriant :

« — C'est à toi, cet enfant, citoyenne? dit Foucquier-Tinville.

« — Oui, citoyen.

« — Quel âge a-t-il?

« — Dix mois.

« — Il est fort pour son âge.. Où est sa nourrice?

« — C'est moi, citoyen, qui le nourris.

« — Ah! c'est toi qui... Ah! c'est toi qui... »

« Après avoir proféré ainsi, par deux fois, ces mots, Foucquier-Tinville nous regarda, toi et moi, quelques secondes, en silence. Mes larmes coulaient. C'était leur dire : « Si vous m'envoyez à la mort, que deviendra mon enfant? » Toi, tu continuais de rire. Rire béni! Il fit plus assurément pour nous que mes pleurs.

« — Eh bien! reprit soudain l'accusateur public en s'adressant à ses compagnons, puisque la citoyenne Kock nourrit, je ne vois pas l'inconvénient qu'il y aurait à la laisser encore un peu ici?

« Jusqu'à ce que son enfant soit sevré, par exemple?

« — Mais, objecta un des hommes, tout a été saisi au nom de la loi dans cette maison; on va tout vendre...

« — Et puis? interrompit Foucquier-Tinville, la citoyenne rachètera son lit et le berceau de son fils; voilà tout! Si elle n'a pas d'argent, elle est assez jolie pour trouver quelqu'un qui lui en prête.

« C'est convenu, citoyenne; tu resteras ici cinq ou six mois. Le temps de sevrer ton enfant. Salut et fraternité! »

« Et Foucquier-Tinville s'éloigna, suivi de ses acolytes. Il s'éloigna rapidement, peut-être pour s'éviter d'entendre mes remerciments! L'accusateur public ne devait pas être remercié parce qu'il ne devait pas faire grâce.

« Toujours est-il que je tombai à genoux quand Foucquier-Tinville et ses hommes furent partis, en remerciant Dieu, et en t'embrassant de toutes mes forces, mon Paul.

« Car c'est à toi, bien à toi, que je devais la vie! »

Il est certain que, pour un jeune homme de dix mois, je ne m'étais pas trop mal conduit en cette circonstance, qu'en pensez-vous?

Au maillot encore, j'avais sauvé la vie de ma mère!

Je vois, même dans l'antiquité, peu de traits

d'amour filial qui puissent être comparés, comme précocité, à celui-là.

Car ma mère n'alla pas à l'Abbaye, et par conséquent, à l'échafaud. Ce qu'un mouvement d'humanité, dans un cœur de tigre, avait commencé, les événements l'achevèrent. Foucquier-Tinville avait autorisé ma mère à demeurer cinq ou six mois à Passy, or, le troisième mois, dans l'année républicaine, qui suit floréal, étant thermidor, et le 9 thermidor, comme chacun sait, la chute de Robespierre et de son parti ayant marqué le dernier jour de la Terreur, ma mère n'eut plus à craindre qu'on vînt lui ordonner de se préparer à mourir, parce que j'avais atteint l'âge où, sans elle, je pouvais vivre.

## CHAPITRE II

Sommaire. — Le lendemain du 9 thermidor. — Si j'étais un historien! — Ce qui se passait dans ma famille. — Le troisième mari de ma mère. — Chef de bureau et joueur. — Le jardin du Palais-Royal. — Histoire du tome premier d'un vieux roman. — La petite vieille. — Origine d'une vocation. — Pourquoi je n'ai pas été mis au collége. — Le vénérable M. Bedel. — Un maître de violon. — M. Mengal. — L'air du *Calife de Bagdad*. — Un bal au cinquième étage. — De quelle façon s'amusaient les bonnes gens de Paris en 1810. — Le charme de se rencontrer avec des inconnus.

Si j'étais ce qu'on intitule un écrivain *sérieux*, c'est-à-dire un écrivain qui s'est attribué la mission de narrer et de juger, avec plus ou moins de talent, plus ou moins d'impartialité, selon son mérite littéraire et ses opinions personnelles, les choses de l'histoire, j'aurais beau jeu, ici, utilisant à cet effet les récits *de visu* de nombre de gens que j'ai connus dans ma jeunesse, à vous donner une vingtaine de pages sur les événements qui suivirent, à Paris, et par toute la France, le 9 thermidor. Événements fort tristes. Le règne de la Terreur terminé, la France, quoique respirant plus librement, ne nagea point pour cela dans l'océan de félicités que la Révolution lui avait promises. La France n'avait pas de pain. La pluie de sang n'avait pas fait pousser de blé. Et vous savez le proverbe : *Quand il n'y a plus de foin au râtelier...* Faute de pain on se plaignait donc, alors, du matin au soir, à Paris; on redemandait la *Constitution de* 1793; on criait, on hurlait, on se battait dans les rues; on accrochait même encore, par-ci par-là, quelque *aristocrate*, qui n'en pouvait mais, à la lanterne.

Pauvre peuple! Il devait avoir appris, cependant, par mille et mille preuves, que ce n'est pas à tuer qu'on gagne de mieux vivre.

Enfin, si j'étais un historien, je vous écrirais de l'histoire, ou à peu près; mais je ne suis qu'un romancier qui retrace ses souvenirs, donc je tirerai le rideau sur les événements politiques de la fin de la Convention nationale, du Directoire et du Consulat, et, d'un trait de plume, sautant de 1794 à 1806, de la République au premier Empire, je vous dirai comment, à l'âge de treize ans, je sentis s'éveiller en moi les premières aspirations à la gloire littéraire.

A treize ans!... C'était précoce! Mais je vous ai

montré que je n'attendais pas les années pour me signaler.

D'abord quelques détails de famille. C'est nécessaire.

Depuis sept ans déjà, en 1806, ma mère ne se nommait plus M^me de Kock, mais M^me Gaigneau. Mon Dieu! oui! elle s'était remariée en troisièmes noces. Oh! c'était, comme l'héroïne d'un de mes romans, une *gaillarde* que ma mère, dans la bonne acception du mot; soit une femme de résolution et de tête. Après avoir pleuré mon père cinq ans, un jour, ma mère, qui me voyait grandir, s'était dit que ce n'était pas avec ses larmes qu'elle m'élèverait. Un de ses frères, Joseph Kirsberger, négociant à Genève, à qui, en 1790, avant d'épouser M. de Kock, elle avait confié les trois fils qu'elle avait eus d'un premier lit, et qui les aimait comme un père, Joseph Kirsberger, qui était riche, lui envoyait bien de temps à autre quelque argent; mais *quelque* argent, c'est peu, pour vivre, pour une femme avec un enfant. La République avait confisqué tout ce que M. de Kock possédait en France, et, s'il avait laissé quelques biens en Hollande, il était naturel que ses premiers enfants, ses trois filles et ses deux fils, retournés dans leur pays natal, profitassent, avant moi, de ces biens.

Je parlerai plus tard de mes frères de père, Henri et Jean-Pierre, rentrés en Hollande en 1793, et que la République batave adopta pour ses enfants, car, jusqu'à leur mort, je suis resté en relations affectueuses avec eux. Quant à mes frères de mère, ne les ayant jamais vus, et en ayant même à peine entendu parler, je n'en dirai rien. Silence pour silence.

Donc ma mère s'était remariée en 1799; elle avait épousé M. Gaigneau, chef de bureau à la direction des contributions. M. Gaigneau n'avait que sa place pour toute fortune, mais c'était un homme bien élevé, d'un caractère aimable, d'un âge en rapport avec celui de ma mère; il avait quarante ans, elle en avait trente-cinq lorsqu'ils se marièrent; malheureusement, mon cher beau-père était affecté d'un de ces défauts qui s'opposent fatalement à ce que l'aisance s'introduise jamais dans un ménage : il était joueur comme Béverley.

Bon M. Gaigneau! combien de fois, le soir, lorsque ma mère le croyait innocemment occupé de me promener sur les boulevards, m'a-t-il laissé seul à l'attendre, des heures, dans le jardin du

Palais-Royal, sous les grands marronniers plantés par le cardinal de Richelieu, tandis qu'il jetait son or à la roulette du 113 ou du 154! Il est mort en 1826, et, près de fermer les yeux, il me disait :

« Sois tranquille, mon ami, j'ai trouvé une martingale infaillible depuis que je suis au lit. Tu verras cela. Je vais me dépêcher de guérir pour nous faire riches! »

Il ne m'était pas désagréable, d'ailleurs, d'attendre mon beau-père dans le jardin du Palais-Royal; j'y jouais avec des petits garçons de mon âge, j'écoutais la musique à la porte du *café des Aveugles*, ou le tambourin du *caveau du Sauvage;* je parcourais les galeries de bois en examinant curieusement ces femmes qui, fît-il froid, fît-il chaud, s'y promenaient, invariablement fraîches et roses et souriantes, avec leurs cheveux crêpés et recouverts de larges coiffes gaufrées à gros plis, leurs *caracos*, leurs petits casaquins et leurs paniers. Quand M. Gaigneau avait gagné, ce que je devinais à sa mine, il me payait un rafraîchissement au *café de Foy* ou au *café des Mille Colonnes;* quand il avait perdu, nous retournions, roide comme balle, au logis.

Et, en ces dernières occasions, il ne manquait pas, chemin faisant, de m'adresser ces mots :

« — Tu n'as pas besoin de dire à ta mère... » Sous-entendu : « Que je t'ai laissé trois heures seul. »

Recommandation à laquelle je m'empressais toujours de répondre : « Non, non, n'ayez pas peur, papa; je ne dirai rien à maman! »

Quand il avait gagné, comme il me régalait d'une glace ou d'une bavaroise, point de recommandation. Il avait acheté mon silence, il ne pouvait appréhender mon bavardage.

Or, c'était un des soirs en question; un soir d'été; le jour baissait; mon beau-père venait d'entrer dans un de ses *enfers* favoris, et j'errais à travers le jardin en cherchant des figures de connaissance pour faire ma partie de *saute-mouton*, lorsque, au pied d'un arbre, sous une chaise, j'aperçus un petit livre, à couverture chamois, que je m'empressai de ramasser et d'ouvrir.

C'était le tome premier de :

## LES TROIS GIL-BLAS

ou

### CINQ ANS DE FOLIE.

*Histoire pour les uns et roman pour les autres.
Le tout rédigé d'après le manuscrit de l'un des trois amis,
et publié par*

### LAMARTELIÈRE.

Comme j'ai acheté, depuis, en bouquinant, et mis dans ma bibliothèque, à titre de souvenir, un exemplaire de cet ouvrage, assez rare aujourd'hui, il m'est donc aisé d'en donner ici tout au long les titres et sous-titres.

Une gravure sur acier, placée en tête du volume, attira tout d'abord mon attention ; cela représentait trois jeunes hommes en caleçons gambadant autour de plusieurs sacs d'argent éventrés sur le plancher, avec cette légende explicative en dessous :

« *Il nous fait danser en chemise autour d'un monceau d'argent.* »

Qu'étaient-ce que les trois Gil-Blas ? (Ces trois jeunes gens, sans doute, qui dansaient.) Et où avaient-ils pris ce monceau d'argent qui causait leur allégresse ?...

On comprend que telle était la première pensée

qui devait me venir, et qui me vint, en examinant cette gravure. Toutefois, avant de me permettre de lire, je regardai aux alentours si je ne découvrirais pas le propriétaire du volume, pour le lui rendre.

Personne. Je m'assis sur un banc et j'entamai avidement ma lecture, que je poursuivis jusqu'à la tombée complète du jour, et que, de retour à la maison, j'achevai dans ma chambre, avant de me coucher, sans en rien dire à ma mère, ni à mon beau-père. Instinctivement, je devinais que ce livre n'était pas fait pour les petits garçons. Et combien je fus contrarié en constatant que ce volume n'était qu'une partie du livre! « *Fin du tome premier*, » y était-il dit à la page 281. Il y avait donc un tome second; peut-être un troisième et quatrième tomes! Je ne connaîtrais pas la suite des aventures de Charles, de Frédéric et de Henri, les *Trois Gil-Blas!* Je les avais laissés s'enfuyant de Strasbourg après un duel sanglant avec trois insolents officiers de la garnison, et je ne saurais pas ce qu'ils étaient devenus!... Je n'en dormis point, de regret, de la nuit!...

Eh bien! si, je lus *les Trois Gil-Blas* tout entiers!

Le lendemain, sous prétexte, comme d'habitude, de me conduire à la promenade sur les boulevards, comme d'habitude mon beau-père m'avait emmené au Palais-Royal, me plantant là dans le jardin pour courir caresser la rouge ou la noire.

J'avais emporté le volume, pour le relire, et, second motif plus vertueux, pour le restituer à son propriétaire, si le hasard me le faisait rencontrer.

Or, ce ou plutôt cette propriétaire, car c'était une femme, une petite vieille dame, était justement dans l'allée de marronniers quand j'y arrivai; assise à la place où elle avait perdu, la veille, le tome premier du roman de Lamartelière, elle lisait le tome second. Oh! je n'en doutai point, rien qu'à la couleur de la couverture!

Je m'approchai précipitamment d'elle, et, lui présentant ma trouvaille :

— Madame, dis-je, c'est à vous, ce livre, n'est-ce pas?

La petite vieille leva les yeux, et, poussant une exclamation de plaisir :

— Ah! mon petit ami, fit-elle, vous avez trouvé mon volume!

— Oui, madame; hier au soir.

— Et vous me le rapportez. C'est très-aimable à vous. Je vous remercie bien. Pour votre peine, que puis-je vous offrir? Des bonbons? un jouet? Nous allons vous acheter cela.

La petite vieille s'était levée, mais je demeurais immobile. Elle reprit, étonnée :

— Eh bien! vous ne venez pas? vous ne voulez pas d'une boîte de dragées? d'un bilboquet? d'un cerceau?

Je secouai négativement la tête.

— Que souhaitez-vous donc?

— Que vous me prêtiez la suite de votre livre, madame.

— La suite?... Alors, vous avez lu le commencement?

— Oh! oui, madame! j'ai lu tout le premier volume, et cela m'a bien amusé!

— Vraiment!

La petite vieille dame souriait, mais elle semblait hésiter à accéder à ma requête. Elle pensait probablement qu'une telle lecture ne me convenait guère.

On s'abuserait pourtant en croyant que le roman des *Trois Gil-Blas* mérite d'être classé dans la catégorie de ces publications licencieuses qui foisonnèrent sous le Directoire. S'il s'y trouve quelques épisodes légers, le fond en est non moins moral qu'intéressant. Et les auteurs dramatiques l'ont bien vu puisqu'ils en ont tiré une demi-douzaine de pièces; entre autres : *le Siége du clocher*, un succès de l'Ambigu; *Fiorella*, à l'Opéra-Comique; *le Triolet bleu*, au Palais-Royal.

Pour en revenir à ma petite vieille dame, elle se dit probablement aussi que cette *légèreté*, dont elle s'inquiétait à mon endroit, n'avait au contraire rien d'alarmant, devant être pour moi lettre morte; que ce qui m'avait diverti dans ce que j'avais lu, ç'avait évidemment été les combats, les sauts par les fenêtres et les cheminées, les farces enfin de toutes sortes des *Trois Gil-Blas,* et non leurs équipées galantes...

Bref, me tendant le volume qu'elle tenait à la main :

— Soit! mon petit ami, dit-elle; voici la suite. Asseyez-vous près de moi, et lisez.

— Mais vous, madame?

— Oh! moi, j'ai le temps. Je lirai un journal.

— Et c'est la fin du livre, ce second volume?

— Non; il y en a encore deux.

— Et vous me les prêterez aussi?

— Certainement. Mais... ne vous grondera-t-on pas de vous voir lire au lieu de jouer? Vous n'êtes pas seul ici, sans doute?

— Si, madame. C'est-à-dire, c'est comme si

j'étais seul, parce que... mon papa m'amène... le soir... mais, quand il m'a amené, il s'en va... où il a affaire... et il ne revient me chercher que plus tard.

— Bien! bien!...

Avait-elle compris quel genre d'affaires occupait si régulièrement mon père, loin de moi, au Palais-Royal, et cela dissipa-t-il les derniers scrupules de sa conscience?... — L'enfant d'un joueur, il n'y avait pas à se piquer d'excès de moralité avec lui! — Quoi qu'il en soit, la petite vieille dame me laissa lire en paix mon second tome des *Trois Gil-Blas*, et, fidèle à sa promesse, les jours suivants, elle m'apporta les deux derniers volumes, que je dévorai comme les premiers.

Maintenant, cette lecture eut-elle vraiment de l'influence sur mon esprit? Décida-t-elle réellement ma vocation? Je le crois, car, à compter de cette époque, moi qui, jusque-là, m'étais montré assez indifférent à ce sujet, je ne pus voir un livre sans désirer aussitôt de le lire. Il y avait chez nous quelques romans classiques: *Don Quichotte*, *le Diable boiteux*, *Gil-Blas*, le vrai *Gil-Blas*; je n'eus pas de cesse qu'on ne me les eût prêtés. Pour m'être agréable, mon beau-père me procura les œuvres de Ducray-Duminil et de Mme Cottin. Ai-je assez tremblé en lisant *Victor ou l'Enfant de la forêt*, et *Cœlina ou l'Enfant du mystère!* Ai-je assez pleuré sur *Malvina* et *Amélie de Mansfield!* Mais pleurer ou trembler était moins dans mes goûts que rire. Les *Trois Gil-Blas* avaient porté coup; le genre gai, naturel, était mon genre de prédilection. Aussi quelle joie pour moi quand, trois ans plus tard, je lus *les Barons de Felsheim*, de Pigault-Lebrun! Lamartelière m'avait indiqué ma voie, Pigault me la traça. On a dit que je l'avais imité; dans mon premier roman, et mon plus faible, *l'Enfant de ma femme;* c'est vrai. Et quel est l'écrivain dont le début n'a pas été une imitation d'un auteur favori? Mais, ensuite, j'ai l'orgueil d'avoir été moi. Qu'on compare. Pigault écrivait d'imagination, moi, j'ai écrit d'après nature. Il inventait... moi, je n'ai jamais raconté que ce que j'ai vu.

Enfin, Lamartelière et Pigault-Lebrun aidant, voilà comme quoi, à dix-sept ans, j'écrivis, tout d'une haleine, deux volumes que, d'un commun accord, tous les libraires se refusèrent à éditer.

Mais nous n'en sommes pas encore là; j'ai à parler, d'abord, des premières années de ma jeunesse.

Entre nous, elles ne furent pas toujours très-gaies. Je vous ai dit que mon beau-père était joueur, ce qui équivalait à vous dire que tout ce que lui rapportait son travail se fondait au *trente et quarante* et à la roulette. De là des scènes furibondes de la part de ma mère. Ah! quand il avait gagné, cela allait bien! L'abondance trônait à la maison; on buvait du vin fin, on mangeait des mets recherchés, on allait au théâtre. Ma mère aimait beaucoup le spectacle et elle m'y conduisait souvent. Mais quand, à la fin du mois, l'époque du payement des appointements, des fournisseurs aussi, M. Gaigneau rentrait les goussets vides, c'était des cris à affoler un sourd.

— Vous voulez donc nous faire mourir, mon fils et moi, sur la paille, monsieur?...

— Ma chère amie, ne te fâche pas! Je n'ai pas été heureux aujourd'hui, mais demain...

— Demain! L'indigne!... Il n'a plus un sou et il songe à retourner au jeu!...

— Il faut bien que je me rattrape, sapristi! La mauvaise chance ne peut pas toujours me poursuivre!

— Mon pauvre Paul, mon enfant chéri, c'est pour toi que je me désole! Ah! j'ai été bien mal inspirée en te donnant monsieur pour second père! Qu'est-ce que tu deviendras, mon Paul, lorsque l'homme qui devrait te guider, te protéger, ne penser sans cesse qu'à ton bonheur, à ton avenir, ne s'occupe que de dissiper tout son argent au jeu!... Pour moi, mon Paul, je le sens bien, je ne résisterai pas longtemps à cette existence de privations et de chagrins! Ma santé s'altère de jour en jour. Réjouissez-vous, monsieur, bientôt je ne serai plus là pour vous reprocher votre inconduite! Vous m'aurez mise au tombeau! Au tombeau où mon infortuné fils ne tardera pas à me rejoindre... faute de pain!...

M. Gaigneau ne mit pas ma mère au tombeau, puisqu'il mourut en 1826, et qu'elle ne ferma les yeux qu'en 1854, à l'âge de quatre-vingt-dix ans. Un bel âge, et qui, quoi qu'en eût dit ma mère, veuve de trois maris, témoignerait que les chagrins n'altèrent guère la santé. Et je dois constater, au reste, que cette perspective de veuvage, son ouvrage, dont sa femme lui faisait le triste tableau, impressionnait médiocrement mon beau-père. Non pas qu'il fût méchant et qu'il n'eût point d'affection pour elle; mais on se blase sur tout, et peut-être ma mère abusait-elle des images sinistres pour émouvoir le coupable.

Quand elle avait bien crié, il haussait les épaules en murmurant :

— Voilà bien du bruit pour quelques écus de moins! Mais je les aurai demain, que diable! ces écus!... Il ne faut qu'une petite *série* pour cela !...

Et, m'embrassant :

— Ne te tourmente pas, mon garçon, concluait mon beau-père; tu n'as que des pommes de terre à manger aujourd'hui, demain je te payerai des truffes !

Mon éducation devait se ressentir du peu d'accord qui régnait entre ma mère et son troisième mari, et surtout de la gêne, presque constante, que la passion de ce dernier pour le jeu apportait dans le ménage. Lorsque j'eus atteint ma septième année, mon beau-père, insensible aux représentations de ma mère, qui trouvait que j'étais encore trop jeune pour me séparer d'elle, me conduisit dans une petite école du voisinage où les bons soins m'étaient garantis. Les huit premiers jours, en effet, il n'y eut rien à dire. J'étais très-aise d'aller à l'école où je jouais et riais avec de petits camarades. Mais, le neuvième jour, voilà qu'en jouant, j'attrapai au front une bosse que toutes les compresses d'eau salée et les pièces de cinq francs qu'y appliqua le maître ne purent empêcher de se développer grosse et rouge comme un œuf de Pâques. Ma mère n'était plus une femme quand la domestique me ramena dans cet état; c'était une lionne.

— Je l'avais bien dit, rugissait-elle, c'est vouloir sa mort que de mettre un enfant si jeune à l'école! Mon fils chéri! Ils te tueraient, les brigands, les assassins!... Mais tu n'iras plus, non, tu n'iras plus à cette école maudite! Vous entendez, monsieur?... (Ceci s'adressait à M. Gaigneau); mon fils est à moi, et je m'oppose à ce qu'on le tue!... Donc, il ne me quittera plus!

— Bon! Mais, alors, qui est-ce qui lui apprendra à lire et à écrire?

— Eh! cela est bien difficile, vraiment! On fera venir un professeur ici, voilà tout!

Un professeur à domicile, cela était plus dispendieux que l'école. Et, non par économie, mais par prudence, M. Gaigneau ne se souciait pas de trop grever son budget. Pour avoir la paix, néanmoins, au lendemain d'un soir où le *numéro* lui avait été favorable, il se mit en quête du professeur désiré, et l'amena, après lui avoir soldé, par prudence toujours, trois mois d'avance. C'était un homme de quarante à quarante-cinq ans, nommé Bedel, doux comme un mouton, dont il avait un peu la physionomie, et, je crois aussi, la plus que modeste intelligence.

— Monsieur, lui déclara de prime-saut ma mère, j'entends que vous ne brutalisiez jamais mon fils !

— Madame, il n'est ni dans mon caractère ni dans mes principes de brutaliser mes élèves.

— J'adore mon fils, monsieur ! Je ne souffrirais pas que, sous quelque prétexte que ce fût, on lui infligeât la moindre punition corporelle !

— J'ai l'honneur de vous répéter, madame, que je ne me permets jamais d'administrer même une chiquenaude aux enfants dont l'éducation m'est confiée.

— Je vous prierai également, monsieur, de ménager mon fils sous le rapport de l'étude. Il est de complexion délicate; les conséquences d'un travail trop assidu m'inquiéteraient pour sa santé.

— Mon système, comme professeur, madame, concorde en tous points avec votre sollicitude maternelle. *Chi va piano va sano;* telle est ma règle de conduite. C'est vous assurer que je ne surmènerai point M. Paul.

Non, M. Bedel ne me surmena point. Il me

mena même si doucement, qu'à huit ans tout au plus savais-je lire. Mais était-ce sa faute, au pauvre homme? Sur huit jours, je gage que j'en demeurais sept sans prendre une leçon. Tantôt, j'étais indisposé, le travail m'eût fatigué; tantôt ma mère, ayant à sortir, exigeait que je l'accompagnasse. Et puis il y avait les intermittences, pour cause de sécheresse de caisse, dans la solde du professeur. Les cachets s'entassaient quelquefois, par centaine, impayés, au fond de son portefeuille. Il me continuait sa science, et, je suppose, parce qu'il n'avait pas plus d'élèves qu'il ne fallait, et parce que sa bonté comme maître, doublée de sa patience comme créancier, avait fini par l'établir chez nous sur le pied de l'ami. On ne lui donnait de l'argent que quelquefois, mais on le retenait souvent à dîner; il y avait compensation. Toujours est-il, qu'organisée dans de telles conditions, on ne s'étonnera point que mon éducation ait été des plus incomplètes. Lorsque j'eus quatorze ans, M. Gaigneau qui, roulette à part, était un homme de sens, parla de me mettre au collége; mais, au premier mot qu'il risqua sur ce chapitre, ma mère éclata comme une bombe. Au collége! Ah! elle se souvenait de ce qui lui était arrivé, à son cher enfant, pour avoir été huit jours à l'école!... *On le lui avait rapporté mourant!...* Jamais, jamais, elle ne consentirait à ce qu'on mît son fils au collége! Pourquoi faire, d'ailleurs, le mettre au collége?... N'apprenait-il pas aussi bien chez ses parents? M. Bedel n'était-il pas aussi capable, comme instituteur, que qui que ce fût?...

M. Gaigneau eût pu répondre là-dessus bien des choses... mais ma mère poursuivit :

— Au surplus, monsieur, vous parlez de collége, de pension... vous plaisantez, j'imagine? Ça coûte cher, la pension, le collége! Et comment subviendriez-vous aux frais énormes de l'éducation de mon fils dans un de ces établissements, quand vous ne parvenez pas même à payer régulièrement un pauvre petit professeur de deux sous?

Ceci était vrai, et mon beau-père se le tint pour dit, car il n'insista pas davantage. Je demeurai l'élève de celui que, dans un instinct d'appréciation plus juste, peut-être, qu'elle ne le croyait, ma mère avait qualifié de *petit professeur de deux sous*. Et c'est pourquoi, plus tard, si de sérieux, de trop sérieux critiques, après avoir disséqué quelques-uns de mes romans, ont doctoralement jugé qu'ils émanaient d'une plume qui n'avait pas même esquissé ses humanités, il ne m'en coûte pas d'avouer que ces messieurs ne se sont pas trompés. Je le confesse humblement : je ne traduirais pas *Horace* comme Jules Janin, et *Homère* comme M^me Dacier. Je n'y essayerais pas, même. Quant à mon style, si on l'a trouvé souvent négligé, je répondrai qu'ayant pris, généralement, avec mes sujets, mes personnages dans les classes inférieures de la société, j'eusse estimé au moins maladroit de ma part de les faire parler comme des académiciens ; enfin, pour ce qui est des fautes contre la langue dont on peut m'accuser, je dirai... qu'ayant entendu dire, cent fois, que les plus grands écrivains ne sont pas à l'abri d'un reproche de ce genre, il n'y a rien d'extraordinaire à ce que, moi, qui ne suis qu'un romancier populaire, ce reproche, je l'aie quelquefois mérité.

Pour conclure, car ce n'est point la défense de mes ouvrages que j'ai résolu d'écrire ici, cela ne me récréerait point, ni vous non plus, ce sont mes souvenirs, un dernier mot : tel que je suis, comme romancier, on m'a accepté ; on m'a lu, et on me lit beaucoup, et j'ai dans l'idée qu'on me lira longtemps encore, ne fût-ce que pour connaître une époque déjà si éloignée et si différente de celle où nous vivons, et pour rire... Rire ! Un genre de plaisir que je ne vois guère qu'on se procure en lisant les romans du jour.

3.

Donc, tel que je suis, et sans la moindre rancune, je le jure, contre les esprits délicats qui m'ont appelé *le romancier des cuisinières*, ce qui, vu le nombre d'éditions et de traductions de mes livres, prouverait qu'il y a terriblement de cuisinières par le monde, tel que je suis, je suis content de moi et des autres, et je souhaite à mes confrères d'en pouvoir dire autant lorsqu'ils auront mon âge.

On voit que mes soixante-seize ans ne m'ont pas aigri le caractère.

Si, comme disciple de M. Bedel, je travaillais mal, en revanche, comme élève de M. Mengal, je travaillais bien. Qu'était-ce que M. Mengal? Mon maître de musique. Ma mère avait voulu que j'apprisse la musique. Mon beau-père connaissait intimement M. Mengal, premier corniste au théâtre Feydeau et, en même temps, violoniste de talent; il l'avait prié de me donner, à titre d'ami, des leçons de violon. Je n'eusse pas eu de dispositions que, probablement, même à titre d'ami, c'est-à-dire de professeur qu'on ne paye pas, Mengal se fût vite lassé à l'œuvre; mais j'aimais la musique, et j'étais organisé pour l'apprendre; mes progrès rapides payèrent Mengal de ses soins et, par la suite, j'eus la satisfaction de l'en récompenser mieux encore en lui donnant à composer la partition de deux opéras-comiques, *une Nuit au château* et *les Infidèles*, qui eurent du succès.

J'appris donc le violon et, à quinze ans, j'en jouais de façon à tenir ma partie dans un quatuor; mais, ce qui me plaisait par-dessus tout, c'était de faire danser. Je m'étais lié avec un jeune homme de mon âge, nommé Lepère, qui jouait du flageolet; une fois au moins par semaine, pendant trois ou quatre ans, Lepère et moi, nous fîmes, en qualité d'orchestre, les délices d'une foule de soirées dansantes. Lepère jouait faux. C'était une passion malheureuse... pour ses auditeurs, que celle de ce cher garçon pour le flageolet. Mais il jouait fort et longtemps; on n'y écoutait pas de si près. Nous étions fêtés partout; comblés de verres de punch, de gâteaux et d'éloges.

Un soir, pourtant, chez un collègue de M. Gaigneau, un employé comme lui aux Contributions, les gâteaux se montrèrent si durs, le punch si faible, et les compliments si rares, que, vers le minuit, attirant Lepère à l'écart, je lui dis :

— Je m'ennuie ici; je m'en vais. Venez-vous avec moi?

— Dame! si vous partez, je ne resterai pas tout seul!...

Lepère faisait la moue; il lui en coûtait de mettre sitôt son instrument au repos. Mais, sans mon violon, son flageolet n'était plus qu'un rosier sans tuteur, un lierre sans ormeau; son flageolet suivit mon violon.

Nous étions hors de la maison où l'on avait si mesquinement honoré nos talents; nous cheminions dans la direction de la rue du Temple, au coin du boulevard, en face des *Jardins de Paphos*, où j'habitais alors avec ma mère et mon beau-père, et aux alentours de laquelle logeait mon ami. C'était en automne; l'automne de 1810; la nuit était claire et tiède; tout en trottant, mon violon dans son étui à la main, sur le pavé de la ville obscure et déserte, j'essayais, par mes propos, de ramener le sourire sur les lèvres de Lepère...

Tout à coup, dans une petite rue, les sons d'un piano, accompagnés d'un bruit de pas cadencés et d'éclats de rire, frappent nos oreilles. Nous levons la tête; à un cinquième étage, nous voyons deux fenêtres éclairées et toutes grandes ouvertes, et, par ces fenêtres, se réfléchissant en ombres chinoises sur les maisons en face, les silhouettes d'individus qui sautent comme des enragés.

Nous nous arrêtons.

— A la bonne heure, au moins, dis-je, ils ont l'air de s'amuser, ceux-là !

— Oui, répond Lepère avec un soupir, ils dansent un des quadrilles que nous jouons le mieux : *le Calife de Bagdad;* notre triomphe !....

« Mais quel orchestre !... Ce n'est pas un piano, c'est un chaudron !

— Une idée, Lepère !
— Laquelle ?
— Si nous accompagnions ce chaudron ?...
— Hein ! comme ça, ici, dans la rue ?... Vous êtes fou ! Nous nous ferions arrêter par la patrouille.
— Bah ! la patrouille est loin !...

J'avais déjà mon violon sous le menton; Lepère n'y résista pas; le flageolet lui monta à la bouche. Un ! deux ! trois ! Nous partons ! nous entamons le quadrille du *Calife de Bagdad* au point où l'épinette est en train de *l'exécuter;* ça n'est pas dans le même ton, mais ça nous est égal. A ces accords, non moins inattendus que mélodieux, danseurs et danseuses suspendent leurs entrechats et leurs jetés battus pour se précipiter aux fenêtres. Ils nous applaudissent, ils nous acclament, ils nous crient : « Voulez-vous monter ?... Montez donc ! »

— Montons-nous? dis-je à Lepère.

— Oh! chez des gens que nous ne connaissons pas!

— Eh bien! des gens qui dansent! Certainement, ce ne sont pas des faux-monnayeurs!...

Je ne sais pas, je n'ai jamais su ce que c'étaient, mais, ce que j'affirme, c'est que je passai là une des nuits les plus gaies de ma vie. Car nous montâmes, Lepère et moi, au bal au cinquième étage. D'abord nous n'eussions pas voulu monter, qu'une demi-douzaine de gaillards qui étaient descendus, quatre à quatre, nous chercher, nous auraient emportés. Nous montâmes, et nous jouâmes nos plus jolis quadrilles, à la satisfaction générale; et nous dansâmes aussi; et, après avoir dansé, sur les trois heures du matin, nous soupâmes. Il y avait un souper; un souper qui n'avait rien de recherché : autant que je me rappelle, les plats de résistance se composaient d'un gigot froid et d'un jambonneau. Mais, à seize ans, un jambonneau et un gigot valent une dinde truffée à cinquante. Et puis, tout ce monde, des petits employés, je présume, mélangés d'ouvriers, était de si bonne et de si franche humeur! il y avait de si cordiales figures parmi les hommes! parmi les femmes, de si gentils minois!...

Bref, à cinq heures du matin seulement, après un dernier quadrille, le quadrille de l'étrier, la société éprouvant le besoin de regagner ses lares, nous rejoignîmes, de notre côté, Lepère et moi, notre domicile respectif, accablés de remerciments, brisés de poignées de main, et non sans avoir solennellement promis, en partant, de revenir au prochain bal.

Cependant, je le répète, je n'ai jamais su où ni chez qui j'avais fait danser les autres, et dansé moi-même, et soupé. Et Lepère ne se le rappela pas davantage. En nous conviant à une nouvelle fête, le maître du logis avait omis de nous demander notre nom et de nous donner le sien; peut-être aussi étions-nous tous quelque peu émus en nous séparant; le gigot et le jambonneau avaient été fort arrosés. Quoi qu'il en soit, ne nous souvenant pas même du nom de la rue où nous étions allés au bal, on conçoit qu'il nous fût assez difficile de retourner, ne fût-ce que par politesse, rendre visite à notre amphitryon.

Et est-ce un mal?... Qui sait? La première fois,

nous avions plu et nous nous étions plu dans ce monde inconnu; la seconde, nous nous y fussions ennuyés, peut-être, et peut-être nous y eût-on battus!... Nous ne revîmes point nos amis d'une nuit; tant mieux! Il y a, comme cela, une foule de plaisirs qui ne sont agréables que pris une fois, et sans réflexion.

# CHAPITRE III

Sommaire. — Je perds mon professeur. — Une bibliothèque d'enfant. — Les théâtres de Paris de 1802 à 1805. — Napoléon Ier n'avait pas l'esprit parisien. — Mademoiselle Montansier. — Une rencontre en 1812. — Pâris, l'animalier. — Un épisode du temps de la famine. — La grossesse pour rire... et pour manger. — D'un mariage que la Montansier a été sur le point de faire. — Barras. — Le général Bonaparte. — Origine du théâtre du Palais-Royal. — Petite bouffée de rancune gardée au premier empire. — Je veux voir l'empereur de près. — Naissance du roi de Rome. — Un violon de plus introduit dans la cour des Tuileries. — Un premier livre. — Comment je suis devenu romancier. — *L'Enfant de ma femme*. — Commis banquier et apprenti grand homme. — Première page d'un premier chapitre. — Ce que c'était que Zoé. — Monsieur Théodore. — Écrire console de tout.

M. Bedel ayant quitté Paris, vers le milieu de l'année 1808, pour se rendre en Auvergne où l'appelaient des affaires de famille, mes études se trouvèrent forcément suspendues. Je devais les reprendre au retour de mon professeur, mais le brave homme n'étant pas revenu, pour cause majeure : il mourut d'une fluxion de poitrine à

Clermont-Ferrand, ma mère déclara que j'étais assez avancé pour travailler sans maître.

Et, de fait, je crois que, livré à moi-même, je travaillai mieux.

De l'argent qu'on me donnait chaque semaine, je m'étais formé une petite bibliothèque où Molière avait la plus belle place. Oh! Molière! Je ne me lassais pas de le lire, je le savais par cœur. J'aimais aussi Racine, et surtout ses *Plaideurs*. La muse comique était déjà ma préférée, que voulez-vous! *cuique suum*. En lisant et relisant cette désopilante pièce, je faisais cette réflexion, que je ne dois assurément pas avoir faite tout seul, qu'il était surprenant qu'ayant ainsi prouvé qu'il possédait tout ce qu'il faut pour la comédie, Racine se fût obstiné à se consacrer au genre tragique. Certes, *Phèdre* et *Britannicus* sont des œuvres splendides, mais quel dommage que leur auteur n'ait pas donné un pendant à ses *Plaideurs!* Un livre dont la lecture me captivait également beaucoup, je vais vous étonner, c'était *la Vie des hommes illustres* de Plutarque. Paul de Kock lisant Plutarque! est-ce possible? Pourquoi faire? à quoi cela lui a-t-il servi? Eh! quand cela ne m'aurait appris que, s'il revenait aujourd'hui en ce monde, il aurait grand'peine à ajouter un volume seulement à ses douze volumes d'*Hommes illustres*, vous voyez bien que la lecture de Plutarque m'a servi à quelque chose.

Dans la journée, de midi à cinq heures, je piochais mes versions et mes thèmes, que M. Gaigneau revoyait et corrigeait... quand il en avait le temps; le matin, je piochais mon violon; et l'après-dînée, lorsque je n'allais pas en soirée ou au théâtre, je lisais mes auteurs favoris.

J'ai dit que ma mère aimait beaucoup le théâtre; nous y allions souvent, rien que nous deux, mon beau-père étant obligé (c'est lui qui nous le disait) de retourner trois fois par semaine, le soir, à son bureau. Et ma mère aimait le spectacle pour le spectacle; elle n'avait pas de prédilection comme genre. Je me trompe : elle goûtait peu le grand Opéra et lui préférait l'Opéra-Comique. Mais les places de l'Opéra-Comique étaient d'un prix assez élevé; nous fréquentions donc davantage les théâtres de mélodrames et de vaudevilles. C'est ainsi que je me rappelle parfaitement avoir vu, tout enfant, de 1802 à 1805, à leurs premières représentations, *le Jugement de Salomon*, de Caigniez, à l'Ambigu-Comique; *l'Enfant prodigue*, de Cuvelier et Hapdé, à la Porte-Saint-Martin; *la Lampe mer-*

*veilleuse*, de Ribié et Hapdé, et *Roderic et Cunégonde*, de Martainville, à la Gaîté; *le Quartier d'hiver ou les Métamorphoses*, de Désaugiers, aux Jeunes-Artistes; *Robert-le-Bossu ou les Trois Sœurs*, par M^me^ Montenclos, aux Variétés-Amusantes; *les Quatre fils Aymon* et *la Fille Hussard*, pantomimes, avec combats et évolutions à pied et à cheval, au Cirque des frères Franconi, rue du Mont-Thabor; et *le Demoisel et la Bergerette, ou la Femme vindicative*, au théâtre de la Cité.

Autant qu'il m'en souvient, la salle du théâtre de la Cité, sise vis-à-vis du palais de justice, était affreuse; petite, noire, sale, enfumée. Aussi, en 1807, quand un décret de l'empereur supprima ce théâtre, avec sept ou huit autres, fut-il peu regretté. Cependant, je me demande encore à quel propos Napoléon, qui s'embarrassait si peu de faire tuer ses sujets au profit de sa gloire, éprouva le besoin de restreindre leurs plaisirs. Quel mal y avait-il à ce que Paris eût beaucoup de théâtres, puisque, en dépit de la diminution croissante de la population, pour cause de guerres continuelles, ils avaient toujours, tous, un nombreux public. Mais Napoléon I^er^ était bien l'oncle de Napoléon III. Ceci soit dit sans amertume. Il n'avait pas l'esprit parisien. L'un, par caprice, rayait d'un trait de plume une douzaine de théâtres, l'autre, sous prétexte d'embellissement de la capitale, en a envoyé une demi-douzaine se planter, çà et là, comme ils pouvaient. « Vous êtes orfévre, monsieur Josse ! » me dira-t-on. J'en conviens ; comme auteur et comme spectateur, je soupire en pensant à mon cher *Boulevard du Crime*, tel que je l'ai vu si longtemps : avec toutes ses portes de théâtre ouvertes côte à côte. Je suis orfévre, oui, mais M. Haussmann doit être Alsacien.

Enfin, c'est au théâtre de la Cité que j'eus le bonheur de frémir pour la première fois aux hurlements de *Tautin*, le célèbre traître. Aux Variétés-Amusantes, je m'en donnai à cœur joie de rire avec Brunet et Tiercelin. On sait que les Variétés-Amusantes, qu'on appelait aussi les Variétés-Montansier, et qui, parce qu'on y riait trop, furent contraintes, en 1806, de s'effacer devant la Comédie française, on sait, dis-je, que ce théâtre appartenait à M<sup>lle</sup> Montansier, qui l'avait bâti de ses deniers sur l'emplacement des *Beaujolais*, spectacle de marionnettes. Chassée à droite, M<sup>lle</sup> Montansier se réfugia à gauche ; des débris de sa fortune qui, paraît-il, avait été considérable, elle construisit, aux environs de celui qu'elle venait de quitter, un nouveau théâtre auquel elle donna son nom, et qui, comme les *Beaujolais*, n'eut droit, au début, qu'à l'exhibition d'acteurs en bois. La Montansier est aujourd'hui le théâtre du Palais-Royal. Sous la seconde République, un moment, ce mot *royal* écorchant les oreilles démocratiques, on rendit à ce théâtre le nom de sa fondatrice. Mais cela ne dura guère. On se lassa vite d'être ridicule pour si peu.

Je n'ai pas connu, mais j'ai vu plusieurs fois M^lle Montansier, dans ma jeunesse, et, la première fois surtout que je la rencontrai, elle m'impressionna vivement. C'était en 1812 ; je me promenais dans les galeries du Palais-Royal, ci-devant *Palais du tribunat*, avec un peintre de mes amis, Pâris, mort dernièrement, pauvre et oublié, et à qui il n'a manqué que d'avoir su se faire valoir pour être classé parmi les *animaliers* en réputation. Pâris était de sept ans plus âgé que moi ; il avait une bonhomie réelle jointe à beaucoup d'esprit naturel. Très-observateur, en outre, il n'oubliait rien de ce qu'il avait vu ou entendu, et le racontait à merveille. Je tiens de lui, entre autres, une anecdote, au sujet de la disette de 1795, qui mérite d'être rapportée.

Pâris était le cinquième enfant d'un petit marchand papetier de la rue Saint-Denis. Cinq enfants, deux filles et trois garçons, à nourrir en temps de famine, c'est dur, quand on n'est pas riche; on ne mangeait pas tous les jours, en mars et avril 1795, chez notre papetier, d'autant plus que, par surcroît de malheur, sa femme étant tombée malade, il ne pouvait pas la quitter pour s'en aller, chaque jour, comme cela se pratiquait à cette aimable époque, attendre pendant des heures, à la porte d'un boulanger, son tour de recevoir sa ration de pain.

Dans ces circonstances, une des filles du père Pâris se dévoua pour tous, la puînée, Marthe, une fillette de treize ans. Pour son pesant de brioche, l'aînée n'eût pas osé se mêler à la foule. Marthe n'eut pas peur, elle; bravant la fatigue d'une longue station dans la rue, et, pis que cela, les grossiers propos et les bourrades, elle accomplit sa tâche, et revint, triomphante, chargée d'un pain, au foyer paternel. Cependant, en faisant la queue, elle avait remarqué que, par faveur spéciale, et qui témoignait d'un reste de bons sentiments résistant aux colères de l'estomac chez le peuple parisien, elle avait remarqué que les femmes enceintes passaient avant les autres au comptoir du boulanger. De quoi s'avise notre fillette, le lendemain? Elle se fourre un oreiller sous son casaquin, et, grosse ainsi, à triple ceinture, la voilà qui vient demander de l'argent à son père pour aller chercher du pain. Le père s'étonne de cette rotondité extraordinaire; il en demande le motif que Marthe lui donne aussitôt sans sourciller. « Puisque les femmes enceintes ont des tours de faveur, je me suis faite enceinte; c'est tout simple! » C'était très-simple, en effet, et néanmoins, le papetier, tout en riant, les larmes aux yeux, du stratagème de la fillette, se déshonorant ingénument pour avoir plus vite du pain pour sa famille, ne lui permit pas de le mettre à exécution.

— Elle ne comprenait pas, la chère petite, me contait Pâris, pourquoi notre père lui faisait retirer son oreiller. « Mais je gagnerai au moins deux heures avec mon gros ventre, papa, répétait-elle, laisse-moi donc mon gros ventre! Je serai rentrée plus tôt pour soigner maman! »

Il fallut que la mère elle-même se fâchât pour obliger M$^{lle}$ Marthe à redevenir mince. A trois ans de là, à seize ans, la jeune fille rougissait jusqu'au blanc des yeux quand on lui rappelait cette histoire. Elle avait tort de rougir. L'histoire était tout à l'éloge de sa naïveté et de son bon cœur d'enfant. Il y a, dans *la Morale en action*, beaucoup de traits qui sont peut-être, comme forme, plus chastes, mais qui comme fond ne sont pas plus moraux.

Mais nous voici loin de ma première rencontre, en 1812, avec M^lle Montansier. J'y reviens.

Je me promenais donc au Palais-Royal, avec Pâris, lorsque passa devant nous une petite vieille femme, si vieille, si décrépite, si ridée, si ratatinée, et, par-dessus le marché, si grotesquement vêtue..., une robe jaune-serin, des souliers à cothurne, un cachemire aux couleurs criardes sur les épaules, sur la tête une espèce de turban..., que, dans le premier instant, je crus voir la fée Carabosse, sauf que Carabosse est réputée la plus méchante parmi toutes ses sœurs en féerie, et que la petite vieille susdite avait l'air doux et bon.

— Vous ne connaissez pas cette dame? me dit Pâris.

— Non; qui est-ce?

— M^lle Montansier.

— Bah! la directrice de théâtre?

— La directrice successive de quantité de théâtres, oui, à commencer par celui de Versailles, dont la reine Marie-Antoinette lui avait confié les destinées.

« Oh! elle a gagné des millions à ce métier. Aussi, Barras, qui voulait du bien à certain général, avait-il projeté de lui faire épouser M<sup>lle</sup> Montansier.

— Et quel était ce général?

Pâris se pencha à mon oreille. Sous la police de Fouché, il était sage de parler bas dans un endroit public.

— Ce général se nommait Bonaparte.

J'éclatai de rire.

— Quel conte!... Napoléon épousant la Montansier!...

— Chut! voulez-vous bien ne pas crier comme cela, vous! Il est juste de dire que le général en question ne mordit pas à l'hameçon, si doré qu'il fût. Mais on prétend que, malgré ses soixante ans sonnés, la Montansier sourit au rêve de Barras. Le petit Bonaparte lui avait donné dans l'œil.

« Enfin, comme vous savez, le mariage projeté n'eut pas lieu. Le petit Bonaparte épousa mieux qu'une millionnaire, il épousa la France. »

Pâris avait repris son diapason ordinaire pour prononcer ces derniers mots; il ne craignait plus d'être entendu par une *mouche*.

Il continua :

— Quant à la Montansier, déjà veuve alors d'un premier époux, on assure qu'elle a convolé secrètement, il y a trois ans, à de nouvelles noces, avec Forioso, le danseur de corde, qui est en train de lui croquer ce qui lui reste de ses millions. Elle demeure en face, tenez, au second, sous les arcades du café de Chartres, qui lui ont appartenu. Et, somme toute, comme elle n'a jamais fait de mal, et, au contraire, a fait beaucoup de bien, il est à désirer que, malgré Forioso, elle meure là sur la plume, et non dans un grenier sur la paille.

Le souhait de Pâris s'est réalisé; la Montansier mourut pauvre, mais non misérable, vers 1820, dans son appartement du Palais-Royal.

Je reprochais plus haut à Napoléon Ier son abus d'autorité à l'endroit des plaisirs des Parisiens; cela ne veut pas dire que je ne le reconnaisse pas pour un homme de génie : une opinion que je ne force personne à partager, dans un temps où, par esprit d'opposition envers le neveu, on en est arrivé à vouloir prouver que l'oncle, le grand législateur, le glorieux capitaine, celui qui avait fait des deux tiers de l'Europe des provinces de la France, n'était qu'une manière de bandit doublé d'idiot, dont on devait noyer la mémoire dans la boue. De méchants fous, ceux qui écrivent ces sottises. De tristes niais, ceux qui les acclament et les colportent. L'avenir, tel que le caressent ces messieurs, est-il donc si brillant qu'ils osent ainsi cracher à plaisir sur le passé?

Mais je crois vraiment qu'oubliant les principes de toute ma vie, *comme écrivain et comme homme, je me laisse entraîner à parler politique!* Le mauvais exemple qui me gagne. On n'entend plus que cela partout, aujourd'hui, de la politique. C'est à vous rendre imbécile. Il y avait une halte forcée sur ce terrain depuis quelque quinze ans; on a rouvert l'arène. Tant pis!

Au surplus, ce n'est pas un roman que j'écris ici, ce sont mes souvenirs; donc il m'est permis d'y dire parfois ce que je pense de ce que j'ai vu et de ce que je vois.

Pour en revenir à Napoléon I$^{er}$, tout en lui gardant un peu rancune d'avoir, en 1807, ordonné la suppression de quantité d'innocents petits théâtres où je m'amusais, et, en 1813, d'avoir contraint mon beau-père à m'acheter, coup sur coup, deux hommes pour me remplacer comme soldat, parce que, le premier ayant commis la maladresse de se faire tuer à Lutzen, on jugea que mon remplacement ne valait rien; et par bonheur encore, pour moi, cette année, M. Gaigneau venait de recueillir une petite succession, sinon, faute d'argent, j'eusse été obligé de servir; ce qui ne m'eût guère accommodé : les *lauriers de Bellone* n'étaient pas mon idéal. Pour en revenir, donc, au premier empereur des Français, j'ai cette vanité à son égard, comme envers les divers souverains qui lui ont succédé, du reste, de ne lui avoir pas plus allongé le moindre coup de pied de l'âne après sa chute, que versifié la plus petite cantate lorsqu'il régnait. Cependant, en 1811, quelque temps avant qu'il ne s'agît pour moi de conscription, c'est-à-dire avant que, menacé d'endosser l'habit militaire, je n'eusse un tantinet pris en grippe cet *ogre*, car on l'appelait ainsi dans nombre de maisons, qui faisait une si furieuse consommation de chair fraîche, je me sentis pris du désir violent de voir Napoléon de près, le plus près possible.

L'année 1811 fut, suivant l'histoire, une des époques les plus glorieuses et les plus prospères du règne de Napoléon I$^{er}$. La France était en paix alors avec presque toutes les puissances; l'empereur, qui, par raison d'État, l'année précédente,

4.

s'était séparé de sa bonne Joséphine pour épouser Marie-Louise, avait maintenant des raisons paternelles de se féliciter de ce coup d'État. Un fils lui était né. Tout était couleur de rose dans le plus vaste des empires possibles. Qui eût douté à ce moment que Napoléon II ne succéderait pas à Napoléon I$^{er}$?

On rayonnait encore à Paris, quatre mois après la naissance du roi de Rome; on rayonnait surtout parce qu'on voyait en cet enfant un gage de paix; et, comme la joie patriotique se gagne, je crois, comme toutes les autres, moi qui, jusque-là, n'avais jamais songé à contempler le soleil en face, je le répète, je ne pensais plus qu'à voir Napoléon.

J'avais manifesté mon désir à Mengal, mon professeur de violon. Un soir du mois de juillet, Mengal me dit :

— Vous voulez voir l'empereur? Je puis vous en procurer le moyen. Il y a concert après-demain, dans la journée, aux Tuileries, dans la cour de l'Horloge; je vais à ce concert; vous y viendrez avec moi.

— Avec vous? A quel titre?

— Mais comme violoniste, parbleu! Ne connaissant pas les morceaux qu'on exécutera, vous

vous contenterez de faire semblant de jouer. Le chef de musique, qui est de mes amis, est averti; il ne vous dira rien.

C'était le 7 ou le 8 juillet 1811. A quel sujet ce concert dans la cour des Tuileries, ce jour-là? Je ne me le rappelle pas. Peut-être pour fêter les relevailles de Marie-Louise, qui avaient été fort longues, ou la première dent de l'enfant impérial. Quoi qu'il en soit, tout en faisant le simulacre de râcler du violon, il me fut donné de regarder mon comptant l'empereur et même l'impératrice, car elle se montra aux côtés de son époux sur le balcon. Tous deux étaient en toilette d'apparat. Derrière eux se pressait une foule de princes, de maréchaux, de grandes dames étincelants d'or et de diamants sur toutes les coutures. Marie-Louise me parut belle, mais je trouvai Napoléon jaune, obèse, boursoufflé, et la tête par trop enfoncée dans les épaules. Ce n'était pas là le héros que je m'étais imaginé. J'attendais un dieu, je ne vis qu'un gros homme. Il se retira à la fin du concert en *nous* adressant, du geste, un signe de remercîment dont j'eus l'amour-propre de prendre ma part. Dame! si je ne jouais pas, je n'étais pas payé non plus! Je m'étais dérangé de mes occupations pour le voir; cela valait bien une politesse de sa part.

C'est en cette même année 1811 que j'écrivis mon premier roman, *l'Enfant de ma femme;* ce malheureux *enfant* que j'eus tant de peine à lancer dans le monde... où, d'ailleurs, il n'a jamais beaucoup brillé. Mais, pour vous bien conter cet épisode, il est nécessaire que je retourne de trois ans en arrière.

C'était six mois après le départ et la mort de M. Bedel, mon maître de français et de latin. Suivant la décision maternelle, je continuais tout seul, comme je pouvais, *mes études*.

Un soir, chez un de nos amis où j'étais allé avec mes parents, entre une partie de *reversi* et un morceau sur le violon que j'avais exécuté *à la satisfaction générale*, un monsieur sec, maigre, anguleux, je le vois encore, après m'avoir fort complimenté sur mon talent, dit à M. Gaigneau :

— Alors, vous destinez ce jeune homme à la musique? Vous voulez en faire un artiste?

— Oh! un artiste amateur! répliqua ma mère. Mon mari et moi n'avons pas assez de fortune pour attendre que *mon* fils gagne de l'argent comme compositeur, et je ne veux pas non plus qu'il coure le cachet ou qu'il soit musicien dans un théâtre!

— Ah! ah! reprit le grand monsieur. Eh bien!

mais, en ce cas, je ne vois pas ce qui empêcherait monsieur votre fils, madame, d'employer son temps plus utilement qu'à user des cordes à boyaux.

« Quel âge avez-vous, mon ami?

— Quinze ans bientôt, monsieur, répondis-je.

— Très-bien! Justement nous cherchons, pour notre maison, de jeunes employés bien élevés, et en qui nous ayons toute confiance.

— Et qu'est-ce que votre maison, s'il vous plaît, monsieur? demanda ma mère.

— Madame, je suis caissier principal chez MM. Schérer et Finguerlin, banquiers.

« Mathieu Delavarde, à votre service. »

Mon beau-père fit une légère grimace. Il doutait que l'emploi qu'on m'offrait me convînt. Il avait flairé mes penchants, le cher homme! Mais sa grimace décida, en sens inverse de son expression, de mon sort. Ma mère la vit, et souriant, elle, gracieusement à M. Mathieu Delavarde :

— Monsieur, dit-elle, nous vous remercions infiniment, pour *mon* fils et pour nous, mon mari et moi, de votre obligeante proposition, et nous allons y réfléchir sans tarder.

« Si nous l'acceptions, qu'aurions-nous à faire, je vous prie, monsieur?

— Mais M. Gaigneau n'aurait qu'à m'amener M. Paul à mon bureau, un de ces matins, madame. Voilà tout.

— Il suffit, monsieur.

Je suis fâché de le dire, car j'ai toujours aimé les femmes, et je les aimerai, j'espère, tant que je vivrai, trouvant leur société plus agréable, sous toute espèce de rapports, que celle des hommes, mais elles ont un terrible défaut : la contradiction. La contradiction est leur essence. Dieu les a bâties comme cela. Voyez Ève; Adam craint de toucher à la pomme, Ève veut absolument en manger. Mon beau-père eût, de prime saut, accueilli à bras ouverts l'ouverture de M. Delavarde à mon sujet, que, j'en suis persuadé, ma mère l'eût repoussée avec pertes; il avait l'air de la dédaigner, elle sauta dessus.

Le même soir, au logis, elle me tenait ce langage :

— Tu as entendu, mon ami, ce qu'a dit ce monsieur... caissier principal de la maison de banque Schérer et Finguerlin : il ne dépend que de toi d'entrer dans cette maison. Qu'en dis-tu?...

— Mon Dieu! maman, j'en dis que, si vous le souhaitez, j'y entrerai.

— Oui, certes, mon ami, je le souhaite, parce que tu es d'âge à t'occuper sérieusement, et que c'est une belle carrière que la banque; on ne s'abaisse pas en s'y consacrant; témoin ton père.

M. Gaigneau hocha la tête.

— M. de Kock, dit-il, était banquier, lui... ce qui n'est pas la même chose que d'être commis dans une maison de banque.

— Et puis, monsieur, qu'est-ce qui empêchera mon fils de devenir banquier, un jour, comme son père?...

— Ce qui empêchera! ce qui empêchera!...

— Oh! je conçois, ce n'est pas avec les fonds que vous lui fournirez qu'il pourra s'établir! Eh bien! il se passera de vous, monsieur, et cela ne le changera pas; vous l'avez habitué à ne pas compter sur votre assistance. Il est intelligent, honnête; il sera laborieux; il réussira. Et, dans mes vieux jours, au moins, grâce à mon fils, je n'en serai pas réduite, comme à présent, six jours sur sept, à courir après une pièce de vingt francs!

« Vous aurez la bonté, monsieur, de conduire, demain matin, mon fils à M. Delavarde.

— Bien! bien! comme il vous plaira, ma chère amie.

Commis banquier! J'étais condamné à aligner des chiffres du matin au soir!... Des chiffres, ce qu'il y a de plus triste au monde, à mon avis. Avez-vous remarqué que la plupart des hommes qui s'occupent spécialement de comptabilité ont, plus ou moins, en dehors même de leurs travaux, l'air d'être poursuivis par un songe, comme le *Père Sournois* des *Petites Danaïdes?* Ah! c'est qu'il n'y a pas à rire avec une addition! Tant et tant font tant, il faut que ça se trouve; si ça ne se trouve pas, c'est votre faute. Vous n'êtes pas d'accord avec le compte courant, votre bordereau n'est pas exact; cherchez, cherchez encore, cherchez jusqu'à ce que vous ayez découvert où est l'erreur!

J'ai passé cinq années dans la maison Schérer et Finguerlin, d'octobre 1808 à décembre 1813. Et il paraîtrait que l'on n'y était pas trop mécontent de moi, puisque, lorsque je la quittai, ma place me rapportait deux cents francs par mois; des appointements fort honorables à cette époque. Est-ce à dire que je fusse un excellent employé? Non. J'avais trop d'autres choses en tête pour devenir jamais tel. Mais si ce n'était avec goût, c'était avec soin et ponctualité que je m'acquittais de ma besogne. J'avais cette fierté de ne point encourir de reproches. Et puis, j'étais content de gagner quelque argent pour pouvoir, peu à peu, augmenter ma bibliothèque, m'acheter des vêtements qui me plaisaient, aller, le soir, au théâtre, et, le dimanche, avec mes amis... et mes *amies*, à la promenade.

Car, vers 1811, je commençais à avoir des *amies*, comme on en a, à dix-huit ans, avec qui l'on est bien plus disposé à échanger des baisers que des réflexions philosophiques. Et ceci ne vous surprend pas, je présume; vous ne vous attendiez pas à ce que je vous dise que j'avais patienté jusqu'à ma majorité pour aimer. C'est même une de mes premières passions qui m'excita, indirectement, à écrire mon premier roman, par ce motif qu'elle en raffolait, des romans. C'était une grisette, une fleuriste de la rue Saint-Martin. Dix-sept ans. Jolie? Hum! Plutôt piquante, avec son nez retroussé et ses yeux percés à la vrille. Mais si gaie! si rieuse!... Aussi n'aimait-elle que les livres qui la faisaient rire. Et elle était bien dans le vrai. Le dimanche, quand le mauvais temps nous empêchait d'aller aux prés Saint-Gervais ou au bois de Romainville, nous nous enfermions toute la journée chez elle, dans sa petite chambre, pour lire Pigault-Lebrun.

Mais, un jour, Zoé fut forcée d'entreprendre un voyage, un grand voyage. Elle avait, à Coulommiers, une tante malade qui réclamait ses soins. Combien de temps serait-elle absente? Un mois, six semaines. Oh! fût-ce un an, elle me garderait son cœur et je lui garderais le mien. Nous le jurâmes sur *Monsieur Botte*.

Que faire, en attendant une maîtresse à qui l'on a promis fidélité?. A cinq ou six reprises, depuis quelque temps, à la suite de la lecture d'un ouvrage à succès, j'avais été tenté du désir de produire à mon tour mon petit chef-d'œuvre. J'avais même jeté une façon de plan, dans ce dessein, sur le papier. Un plan en trente lignes. Je n'en ai jamais tracé de plus longs. Eh bien! l'occasion était bonne! J'étais obligé de rester sage tout un mois; j'emploierais ce mois à un travail qui me vaudrait les félicitations de Zoé à son retour. J'avais trois ou quatre mains de beau papier; je choisis la plus blanche, la plus lisse; je taillai d'avance une demi-douzaine de plumes, et... et en avant!...

## « CHAPITRE PREMIER

### « Voyages, accidents, aventures.

« Nous n'arriverons jamais ce soir à Stras-
« bourg, Mullern ! Dis donc au postillon de fouet-
« ter ces maudits chevaux ! — Je le lui ai déjà dit
« plus de vingt fois depuis une heure, mon colo-
« nel, et il m'a répondu qu'à moins de nous casser
« le cou à tous les trois, nous ne pouvions pas
« aller plus vite. — Henri ne sera plus à Stras-
« bourg quand nous y arriverons. — Alors, mon
« colonel, nous continuerons de courir après lui.
« — Et peut-être ne l'atteindrons-nous pas assez
« à temps pour prévenir le malheur que je re-
« doute !... — Si cela arrive, mon colonel, vous
« n'aurez rien à vous reprocher, car, en vérité,
« depuis six semaines que nous ne faisons que
« courir, jour et nuit, de Framberg à Strasbourg,
« de Strasbourg à Paris, et de Paris à Framberg,
« ma culotte s'est tellement attachée à mes fesses
« que je me verrai forcé, mon colonel, de montrer
« mon derrière à la première auberge où nous nous
« arrêterons. — Si du moins le but de ce voyage
« était rempli ! — Ah ! si quelque bonne bouteille
« de vin pouvait dissiper l'engourdissement de

« mes membres !... Mais rien !... pas même un
« mauvais verre de piquette pour apaiser la soif
« qui me dévore ! Ah ! mon colonel, il faut que ce
« soit vous pour que j'endure aussi patiemment
« un pareil supplice ! — Es-tu fâché de m'avoir
« suivi, Mullern ? — Moi, mon colonel, j'irais avec
« vous jusqu'au bout du monde, mais je voudrais
« au moins que cela ne fût pas sans boire ni
« manger ! » « Ici la conversation fut interrompue
par un choc épouvantable qui brisa l'essieu de la
chaise de poste; bientôt le colonel Framberg et
son compagnon de voyage roulèrent tous deux
dans un fossé qui bordait le chemin : tout cela
fut la faute du postillon qui n'avait pas aperçu,
dans la rapidité de sa course, le fossé où tombèrent
nos voyageurs. »

Hein! voilà un début qui ne barguigne pas !
C'est celui de *l'Enfant de ma femme*, s'il vous
plaît. Point d'exposition; une situation tout de
suite. Un colonel et son fidèle hussard, le brave
Mullern, qui causent de leurs affaires en roulant
en chaise de poste; un essieu qui se casse; les
voyageurs qui tombent dans un fossé, à peu de
distance, naturellement, d'une maison où l'on
s'empressera de les recueillir et où il leur arrivera

toutes sortes d'aventures. C'est ainsi qu'on entamait un roman, il y a soixante ans, en prenant le taureau par les cornes. Aujourd'hui, on ne vous montre le taureau qu'au second ou troisième chapitre. A chaque époque sa manière ; moi, je préfère encore celle de 1811.

En un mois j'eus écrit les deux volumes de *l'Enfant de ma femme.* Deux volumes, cela coûterait moins cher à imprimer que trois, par conséquent cela séduirait davantage un libraire. Mais, avant de porter *l'Enfant de ma femme* à un éditeur, je ne résistai pas au plaisir d'en montrer le manuscrit à ma mère et à mon beau-père, à la joie de leur dire : « C'est moi qui ai fait cela ; s'il vous est agréable que je vous en lise quelques chapitres, je ne demande pas mieux. »

Il y avait aussi Zoé qui ne pouvait tarder à revenir. Sa tante devait être guérie ou morte. Ce que c'est que l'amour de la gloire ! Pendant un mois, l'enfantement de mon roman m'avait absorbé à ce point, tous les soirs, que c'est tout au plus si j'étais allé deux ou trois fois, chez son portier, demander des nouvelles de ma maîtresse ! Oh! comme elle serait fière de moi, ma petite Zoé, quand elle apprendrait que, moi aussi, j'étais un auteur !

Hélas! première série de déceptions et de déboires réservés à *l'Enfant de ma femme :* à ma proposition de lui lire un ouvrage que j'avais écrit tout seul, qui était sorti tout entier de ma tête, ma mère répondit : « Peuh! cela doit être du joli, ton roman ! Quelque rapsodie! Tu ferais bien mieux de tâcher d'avoir de l'avancement à ton bureau que d'écrire des bêtises ! »

Mon beau-père fut plus aimable, lui. Il prit mon manuscrit en promettant d'y jeter un coup d'œil, le soir, avant de se coucher. Mais il était toujours si fatigué en se couchant, le brave homme ! Il avait posé mon *Enfant* sur sa table de nuit; une semaine s'écoula sans qu'il y touchât. La poussière le jaunissait... je repris mon bien. Mon beau-père ne s'en aperçut même pas.

Quant à Zoé.... oh! ce fut pour moi le coup le plus cruel ! Après une absence de six semaines, Zoé revint de Coulommiers; sa tante était rétablie; mais près de sa tante, là-bas, Zoé avait fait la connaissance d'un cousin, un grand garçon de vingt-cinq ans, qui, désireux de voir la capitale, avait jugé commode, pour s'y épargner des frais d'hôtel, d'y élire domicile chez sa cousine. Et Zoé n'avait qu'une chambre pour tout appartement; et dans cette chambre, qu'un lit; et dans ce lit, qu'un matelas. Il n'y avait pas à me tromper là-dessus. « Théodore (c'était le cousin) ne restera pas longtemps à Paris, osa-t-elle me dire; attends qu'il soit parti; nous nous reverrons. Tu conçois qu'on se doit à ses parents! »

La perfide!... J'avais, à son intention, mon *Enfant* dans ma poche; je ne lui en lus pas seulement un feuillet.

Bah! la famille et l'amour refusaient leurs encouragements à mes premiers pas littéraires... je me passerais des encouragements de l'amour et de la famille! On imprimerait mon livre, il aurait du succès, les journaux en parleraient, les cabinets de lecture se l'arracheraient, et ma vengeance, alors, serait, en portant un exemplaire de *l'Enfant de ma femme* à une mère indifférente et à une inconstante maîtresse, de dire à celle-ci : « Vous n'avez pas cru en moi; » à celle-là : « Vous m'avez trahi!....

« Cela m'est égal; malgré vous, maintenant, j'ai un nom. Je suis un romancier célèbre! »

## CHAPITRE IV

SOMMAIRE. — Voyage à la recherche d'un éditeur. — Ce que c'était que M. Fages. — Un mot sur Bezou. — Je hèle le libraire Pollet. — La rengaîne : « *les affaires vont mal.* » — Encore un mécompte. — L'épouvante du bon M. Quoy. — Ce que c'était qu'un déjeuner d'un louis en 1811. — *Les Vendanges de Bourgogne.* — Un auteur du bon vieux temps, Dorvigny. — Un prince de la main gauche. — Comment un homme d'esprit mourait autrefois. — La franchise des anciens, la pruderie des modernes. — Deux ans de plaisir et d'insouciance. — Ce que je faisais de mes vingt ans. — Suites d'une soirée à Tivoli. — La femme d'un officier de marine. — Nuit d'amour et de terreur. — On ne m'y reprendra plus. — Un coup d'œil de femme, quatre ans après.

« Le premier pas se fait sans qu'on y pense!.. »

Absolument comme la première visite à un libraire; il n'y a que la seconde qui coûte. J'étais si convaincu que celui à qui j'allais offrir d'éditer mon livre me répondrait aussitôt : « Comment donc! mais avec plaisir! Tiens! tiens! vous avez fait un roman? Donnez-moi ça! » Vous concevez? deux volumes, rien que deux volumes, cela ne nécessiterait pas de grands frais d'impression. Et je ne demandais pas de droits d'auteur! A la publication de mon second ouvrage, seulement, nous causerions des droits d'auteur. Je ne pouvais pas non plus faire gagner toute la vie de l'argent à un éditeur sans en gagner aussi un peu! Mais le premier, oh! le premier, je le lui céderais sans me réserver un sou! S'il en vendait dix mille exemplaires, et pourquoi pas? tant mieux pour lui!...

O illusions du romancier frais éclos!... Il se nommait Fages, ce libraire à qui j'avais résolu de confier la mise au monde de mon *Enfant;* il demeurait boulevard Saint-Martin, en face de la rue de Lancry. Il éditait beaucoup de pièces de théâtre, et je les lui achetais toutes; cela nous avait liés. En revenant de mon bureau, pas de soir que je n'entrasse *causer littérature* avec M. Fages.

Ce soir-là, ce fut d'un air presque solennel que, mon manuscrit sous le bras, je pénétrai dans la boutique du libraire.

— Ah! monsieur de Kock! cela va bien, ce soir?

— Très-bien! monsieur Fages. Si cela ne vous dérangeait pas, je désirerais vous dire un mot en particulier.

— Bon! bon!... Madame Fages... eh! madame Fages, tiens donc cinq minutes le comptoir tandis que je causerai avec M. de Kock.

M$^{me}$ Fages, une grande femme, aussi grande que son mari était petit, et très-aimable aussi, très-souriante... trop souriante!... elle ne possédait que deux dents, une à droite, l'autre à gauche, cela nuisait extrêmement au charme de son sourire... M$^{me}$ Fages s'était assise au comptoir; j'étais avec M. Fages dans l'arrière-boutique :

— Qu'y a-t-il pour votre service, mon cher monsieur de Kock?

— Voilà ce que c'est : j'ai fait un roman, monsieur Fages.

— Ah! ah!...

— Un roman en deux volumes... très-gai... très-amusant... dans le genre de Pigault-Lebrun. *L'Enfant de ma femme.* Le titre n'est pas mauvais, hein?

— Non; le titre est drôle.

— N'est-ce pas? Eh bien! je vous l'apporte, mon roman, monsieur Fages.

— Vous me l'apportez?... Pourquoi faire?

— Comment, pourquoi faire? Mais pour l'éditer.

— L'éditer!... Oh! oh! ceci n'est pas de ma compétence, monsieur de Kock! J'édite des pièces de théâtre, moi, et encore ne me risqué-je pas trop! Je ne suis pas riche; je ne puis pas, comme Barba, du Palais-Royal, acheter des pièces deux ou trois cents francs!

— Je ne veux pas de droits d'auteur. A mon second ouvrage seulement, si le premier s'est bien vendu, nous...

— Eh! d'abord, mon jeune ami, il n'y a pas de libraire qui paye un premier ouvrage à son auteur; ce n'est donc pas cette considération qui m'arrête.

— Qu'est-ce qui vous arrête?

— Eh! les frais d'impression, sapristi! l'achat du papier. Oh! c'est que cela coûte bien plus à fabriquer qu'une pièce de théâtre, un roman!

— Peuh! deux petits volumes! tout petits!

— S'ils sont si petits, ce ne sont plus des volumes!

— Oh! ils sont assez gros pour... mais je veux dire que... enfin...

— Enfin, j'en suis fâché, monsieur de Kock, mais je ne saurais être votre homme.

— Cependant, avant de refuser... tout à fait... si vous lisiez mon *Enfant* ?

— Non ! Je ne doute pas que votre *Enfant* ne soit, comme vous dites, très-gai, très-amusant; mais, je vous le répète : je me suis imposé la loi de ne pas éditer de romans. Car vous n'êtes pas le premier qui m'en ait apporté.

— Et vous les refusez... comme ça... sans les lire?... Alors, on vous apporterait demain un chef-d'œuvre... *la Nouvelle Héloïse... Manon Lescaut?...*

— Que je le refuserais également. Mon Dieu! oui! Que voulez-vous! bourse oblige. Faites des pièces... des mélodrames, des vaudevilles... et faites-les jouer... et je vous les imprimerai très-volontiers! Mais des romans!...

« Vous m'excuserez, mon cher monsieur de Kock, mais je crois que ma femme m'appelle. Quand elle est seule à la boutique, ma femme, elle perd la tête.

— Monsieur Fages?

— Monsieur de Kock?

— Un dernier mot : puisque c'est un parti pris chez vous de ne pas imprimer de romans, je n'insisterai pas, quant au mien, davantage; mais ne pourriez-vous au moins me donner un conseil, m'indiquer, parmi vos confrères, celui près de qui j'aurais le plus de chance de...

— Voyez Barba.

— Oh! l'éditeur de Pigault-Lebrun!... Je n'oserai pas.

— Hum! il est certain que si, surtout, votre livre est dans la manière de Pigault, Barba ne s'en souciera guère! Eh bien! voyez Dentu (1), Pigoreau...

« Ah! j'y songe! Qu'est-ce que vous risquez? Allez rue du Temple, chez un nommé Pollet, qui vient de s'établir tout nouvellement; on assure qu'il a l'intention d'éditer non-seulement des pièces de théâtre, mais des romans.

— Bien. Pollet, rue du Temple?

— En face de la rue Chapon.

— Merci, et au revoir!

J'avais, en le quittant, serré, comme d'ordinaire, la main de Fages, mais sans effusion. « C'est trop bête, pensais-je, ce marchand qui, sous prétexte qu'il n'édite que des vaudevilles et des mélodrames, avoue que, lui offrît-on le plus charmant des romans, il refuserait même de le lire! Et cela se plaint de ne point s'enrichir! Ah! lorsque je travaillerais pour le théâtre, il pou-

---

(1) Le grand-père de l'éditeur actuel. (P. de K.)

vait être bien sûr que je ne lui donnerais jamais rien, M. Fages! jamais!... »

Et en effet, plus tard, quand je commençai de faire des pièces, je ne m'adressai point à Fages pour leur impression. Je lui gardai rancune. Et il s'en douta, car il en parla à son successeur, Bezou, un ami de Barba, avec qui je traitai, dans la suite, pour plusieurs vaudevilles. Un aimable garçon, entre parenthèse, que ce Bezou; je le recevais quelquefois à ma table. Il était gai causeur, bon vivant. Par exemple, il ne fallait pas être pressé de dîner, avec lui. Privé, jeune encore, de dents, lorsqu'on lui mettait une tranche de gigot ou de rosbeef sur son assiette, plaçant, lui, sa montre à ses côtés, sur la table : « Vous savez, disait-il, que j'en ai pour une demi-heure... et encore, à condition que vous ne me ferez pas causer ! » Barba, qui n'avait pas toujours la plaisanterie généreuse, lui disait : « Vous vous êtes mal arrangé, Bezou, en achetant son fonds à Fages. — Pourquoi cela ? — Eh ! parce que vous auriez dû stipuler, dans votre traité, qu'en outre de ses marchandises il vous céderait les deux dents de sa femme ! A cinq minutes environ par dent, calculez ce que cela vous eût fait gagner par tranches de gigot ! »

Mais je retourne à mon *Enfant de ma femme*, que je cours présenter à M. Pollet, libraire, rue du Temple. Car j'y courus le même soir, au sortir de chez Fages. Non plus le front haut comme devant. Un premier échec m'avait enlevé mon aplomb. Mais timide, balbutiant, craintif.

C'était vrai, cependant : M. Pollet avait l'intention d'éditer des romans.... un de ces jours. Il n'était pas décidé encore. Les affaires allaient si mal!... (Une phrase que j'ai entendu grommeler, à toute époque, par tous les marchands. C'est à se demander, depuis tant de temps que les affaires vont si mal, comment il est possible qu'elles aillent, même mal, encore)! Au surplus, si je voulais lui laisser mon manuscrit, peut-être qu'après l'avoir lu...

M. Pollet n'avait pas achevé sa phrase que mon *Enfant* avait passé de ma poche dans ses mains.

— Quand vous plaît-il que je revienne savoir?...

— Dans une huitaine.

— Très-bien! Nous sommes aujourd'hui mardi; de demain en huit, par conséquent?

— C'est cela.

A la bonne heure! il lisait, celui-là! Ce n'était pas un M. Fages.

Qu'ils me semblèrent longs, pourtant, ces huit

jours d'attente! « L'imprimera-t-il? Ne l'imprimera-t-il pas? » Cette double question me poursuivait jusque dans mon sommeil; elle m'empêchait de manger, de travailler; elle me causait des alternatives de joie et de désespoir; j'étais gai, comme j'étais triste, tout à coup. « L'imprimera-t-il? Ne l'imprimera-t-il pas? »

Il ne l'imprima pas!

— Ce n'est pas mal, me dit-il, mais ce n'est pas bon non plus. Une pâle imitation de Pigault-Lebrun. Mieux vaudrait, pour vous et pour moi, quelque chose d'original... cette originalité fût-elle médiocre. Il en pleut, des imitations de Pigault. Soignez votre style, qui est faible, creusez votre sujet, étudiez vos personnages, et nous pourrons nous revoir.

Je ne revis pas plus Pollet que Fages, bien qu'à quelque dix ans de là il fût devenu un éditeur de romans. C'est chez lui que Balzac, écrivant alors sous les pseudonymes d'Horace de Saint-Aubin, de lord R'hône et de Villerglé, et Victor Ducange, commencèrent. Et si je ne revis pas Pollet, ce ne fut pas en mémoire du jugement qu'il avait porté de mon premier ouvrage, jugement que la réflexion m'avait appris à accepter comme équitable, mais parce que, sachant plusieurs places prises chez lui par différents auteurs, je ne supposai pas possible d'y en prendre une à mon tour.

Quant à mon *Enfant*, j'en ai suffisamment conté, je crois, sur le mauvais accueil qu'il reçut des éditeurs, avant d'en recevoir un, plus mauvais encore, imprimé enfin... *à mes frais...* du public. Lorsque j'aurai dit que je rendis visite à quinze ou vingt libraires, je n'aurai pas exagéré. Il n'est pas jusqu'à des maîtres de cabinets de lecture à qui je ne craignis point de le proposer. Il y avait, boulevard Saint-Martin, près du théâtre, un de ces établissements dont le propriétaire, du nom de Quoy, m'avait témoigné de la sympathie. Un jour, dans un accès de rage, je mis *l'Enfant de ma femme* sur la gorge de Quoy.

— Mais je n'édite pas!

— Vous éditerez!... L'édition de *l'Enfant de ma femme* ou la vie!...

— Soit! tuez-moi donc, monsieur! je suis prêt à mourir!...

Quoy était tombé à mes genoux... J'eus un moment de vertige!... Mon manuscrit, suspendu au-dessus de sa tête, la menaçait...

Heureusement, une cliente entra dans la boutique.

— *Les Mystères d'Udolphe*, s'il vous plaît, monsieur.

Anne Radcliffe avait sauvé Quoy. Je m'enfuis, et, frémissant encore à la pensée du forfait que j'avais été sur le point de commettre, rentré chez moi, je précipitai mon *Enfant* au fond d'un placard en m'écriant :

— Va donc, paria, puisque personne ne veut de toi! va dormir dans l'ombre et la poussière!...

Il y dormit deux ans. Je regrette qu'il n'y ait pas dormi toujours.

Dans l'automne de cette année 1811, si rebelle à mes espérances littéraires, le hasard me fit me rencontrer avec un homme dont le nom, bien oublié aujourd'hui, a balancé comme célébrité celui des écrivains dramatiques le plus en renom pendant les vingt dernières années du XVIIIe siècle.

C'était un dimanche matin; je m'habillais, lorsque Pâris, le peintre dont je vous ai déjà parlé, avec qui je m'étais lié récemment, entra chez moi en compagnie d'un autre jeune homme, nommé Maricot, un peintre en miniature, lui, qui fut également, par la suite, un de mes plus intimes amis.

Ces messieurs venaient me chercher pour déjeuner. La veille, ô douce surprise! Maricot avait vendu un portrait vingt francs de plus qu'il ne comptait le vendre. Nous allions croquer ces vingt francs. Des folies!... Ne riez pas : en 1811, on pouvait faire des folies, pour vingt francs, au restaurant. Sans doute on ne mangeait pas des perles dissoutes dans du vinaigre, comme Cléopâtre; mais enfin, pour vingt francs, en ce temps, on déjeunait à trois comme on déjeune aujourd'hui pour soixante.

Il existait alors, faubourg du Temple, à gauche, en montant par le boulevard, à la hauteur de l'endroit où l'on creusa plus tard le canal Saint-Martin, un petit restaurant appelé *les Vendanges de Bourgogne*, destiné à devenir, sous ce même nom, une des maisons les plus achalandées de Paris, celle où se célébraient le plus de repas de corps et de noces bourgeoises... jusqu'au jour où, comme tant de nations, tant d'hommes et tant de choses, après avoir brillé du plus vif éclat, tout d'un coup elle s'éclipserait. *Sic transit gloria mundi.*

Ce fut chez Legrand, *aux Vendanges de Bourgogne*, que Maricot nous conduisit. La matinée était belle, on nous servit dans le jardin; et, comme il était encore de bonne heure, l'affluence des déjeuneurs ne gênant point, on nous servit vite et bien.

Nous avions avalé les huîtres. Heureux temps où il y avait des huîtres pour tous... comme il y a aujourd'hui des journaux! Nous attaquions les rognons, quand un vieillard à cheveux d'un blanc sale, au nez couleur de betterave, apparaissant brusquement à l'entrée de notre tonnelle, nous apostropha, d'une voix rauque, en ces termes :

— Bravo! jeunes hommes! Fêtez Comus et Bacchus! Il n'y a encore que leurs joies de réelles en ce monde!... Le reste... la Gloire... la Fortune... l'Amour... peuh!... Ça ne vaut pas tripettes!... Buvez, mangez! Mais, si vous voulez être gentils, offrez-moi un verre de blanc. Je l'aime, le blanc! Et je n'ai pas le sou, ce matin, pour en boire. Concevez-vous ça? S'appeler Dorvigny, avoir soif, et n'avoir pas le sou!...

Près d'évincer ce singulier mendiant, d'un tacite accord, en apprenant son nom, mes amis et moi, nous nous étions ravisés. Dorvigny! c'était Dorvigny qui était devant nous! Dorvigny, l'auteur du *Désespoir de Jocrisse*, de *Janot ou les Battus paient l'amende*, de *Blaise le Hargneux*, des *Tu et des Toi*, et de tant d'autres pièces qui avaient eu des centaines de représentations. Nous le considérions avec curiosité... et avec pitié, car tout en lui était minable : figure et tournure. L'œil seul, bien que troublé par un état d'ivresse qui devait être son état d'habitude, l'œil de Dorvigny avait conservé une expression fine et spirituelle. Il y avait encore une flamme dans ce cerveau fatigué par toutes les débauches.

Le garçon de restaurant, qui l'avait vu s'insinuer sous notre tonnelle, s'était précipité pour l'en expulser. Nous nous interposâmes.

— Monsieur est de nos amis, dit Pàris; il nous fait le plaisir de trinquer, en passant, avec nous.

Dorvigny haussa les épaules en regardant le garçon s'éloigner.

— Ces drôles! dit-il d'un accent que j'ai retrouvé depuis chez Frédérick-Lemaître, dans *l'Auberge des Adrets*, ces drôles! je suis un des piliers de leur cabaret... je m'y nourris... j'y travaille... j'y coucherais s'ils voulaient... et ils ne me respectent pas plus que le premier goujat venu !...

« A votre santé, messieurs. Il n'est pas trop mauvais, leur chablis, ici, quoiqu'ils ne sachent pas le coller. Voyez, ça n'est pas clair... ça n'est pas *niffle* comme ça devrait être. Mais, prrr!... ça passe tout de même!

— Vous habitez ce quartier, monsieur Dorvigny ? demandai-je.

— Oui, mon jeune ami, je demeure en face de la caserne, au-dessus du bal *Luquet* (1); mais je déménagerai prochainement; la trompette et le tambour le matin, les violons et les flûtes le soir, m'importunent.

— Et vous travaillez toujours ?

— Certainement! Je fais des pièces pour Ribié, le directeur de la Gaîté. Mais c'est un pleutre, Ribié! Il me payait, autrefois, soixante francs un vaudeville en un acte, maintenant il ne m'en donne plus que quarante... et il veut les signer, encore!... Avare et vaniteux! Je l'enverrai promener!...

« Un second coup de chablis, messieurs, pour que je ne m'en aille pas sur une jambe, et je vous laisserai déjeuner tranquilles.

— Oh! vous ne nous gênez pas, monsieur Dorvigny! Il est toujours agréable de causer avec un homme d'esprit.

Dorvigny hocha la tête.

— De l'esprit! répéta-t-il. A quoi cela m'a-t-il servi d'avoir de l'esprit ? A enrichir les autres!...

(1) Un bal public fort couru à cette époque. (P. de K.)

— C'est juste, dis-je. Nicolet, en mourant, eût dû vous laisser une pension. Vous lui avez fait assez gagner d'argent pour cela !

— Je ne me plains pas de Nicolet. C'était un brave cœur que Nicolet ; il ne m'a jamais refusé de quoi acheter une bouteille !... Et puis, il était gai, et s'il m'exploitait à ses heures, au moins avait-il toujours le mot pour rire ; tandis que cet animal de Ribié a continuellement l'air de pleurer ses écus rognés !...

— Mais, dit Pàris, si les bruits qui circulent sur votre origine sont fondés... et ils le sont, assure-t-on... je m'étonne, mon cher monsieur Dorvigny, que... ne fût-ce que par égards pour le noble sang qui coule dans vos veines... certaines personnes... haut placées... vous laissent travailler encore à votre âge. Je sais bien que, forcées par les événements de vivre loin de leur pays, il peut être difficile à ces personnes de vous témoigner... directement... leur intérêt ; mais, enfin, elles sont riches, ces personnes, et une centaine de pièces d'or qu'elles vous adresseraient tous les ans ne les ruineraient pas, et vous aideraient à vivre !...

Ce discours, assez embrouillé, de Pàris, faisait allusion à la croyance, de longue date répandue à

Paris, et basée sur une similitude extraordinaire de traits, que Dorvigny était un enfant naturel de Louis XV. Et si cela était, il n'avait jamais paru qu'il eût eu beaucoup à se louer du destin qui lui avait donné un roi pour père, car on l'avait toujours connu pauvre, ne demandant, comme auteur et comme comédien, qu'au théâtre, ses moyens d'existence.

Ce qu'il y a de certain, c'est que, tandis que mon ami lui parlait du *noble sang qui coulait dans ses veines*, le visage de Dorvigny avait pris une expression témoignant du peu de plaisir que lui causait ce sujet d'entretien. Et Pâris s'aperçut de l'effet produit, car ce fut d'un ton de plus en plus sourd qu'il acheva sa dernière phrase. Nous-mêmes, Maricot et moi, nous nous sentions mal à l'aise en face du vieillard devenu subitement grave et triste....

Cette situation, d'ailleurs, ne fut pas de longue durée.

Dorvigny avait ingurgité son second coup de chablis. Posant son verre vide sur la table, et, du bout des doigts, frappant sur l'épaule de Pâris :

— La jeunesse... intelligente, aime à s'instruire, dit-il, mais la vieillesse sage n'aime pas à causer. En tout cas, mon jeune ami, convenez que si j'étais... ce que vous pensez que je suis... j'aurais assez mauvaise grâce à m'en vanter à cette heure ?...

Pâris allait répliquer, mais Dorvigny poursuivit :

— Vous m'avez l'air tous trois de charmants garçons... il me reste donc à vous remercier de votre politesse. A charge de revanche, un jour que je serai en fonds. Et, là-dessus, bien le bonjour ! Si vous rencontrez Ribié, dites-lui que c'est un cuistre, et que je préfère crever de faim plutôt que de continuer à lui écrire des pièces pour quarante francs !...

Dorvigny s'était éloigné.

— Il paraîtrait, dit Maricot, que cela flatte médiocrement le fils de raccroc du *Bien-Aimé* qu'on lui parle de son père !

— Une preuve qu'il en est bien le fils, dis-je. Il a conservé de la fierté dans sa misère.

— Oui, dit Pâris, et je suis fâché d'avoir touché une corde qui lui est, ce semble, désagréable.

« C'est égal, messieurs : fils de roi ou de manant, convenons que, pour un homme de talent que Dorvigny a été, voilà une vilaine fin que de s'en aller, le collet graisseux, les bottes sans empeignes, quêter des verres de vin à la table d'étrangers !....

« Si j'étais riche, je placerais Dorvigny dans une maison de santé.

— Où il ne resterait pas huit jours, dit Maricot, parce qu'il lui faut, pour vivre, du vin et non de la tisane; pour dormir, le coin de la borne, et non un bon lit !...

Maricot avait raison, si bien raison que, deux ou trois mois plus tard, riche d'une couple de cent francs que la générosité de plusieurs comédiens lui avait réunie, sous l'inspiration de Brunet, Dorvigny se soûla d'eau-de-vie à en mourir... et en mourut.

J'ai dit qu'à l'issue de mes vaines poursuites après cet oiseau farouche qu'on nomme un éditeur, j'avais fourré mon *Enfant de ma femme* au fond d'une armoire, et que je l'y laissai deux ans. Pendant deux ans, en effet, découragé du peu de succès de ma première tentative pour me produire, je n'écrivis pas une seule ligne ailleurs qu'à mon bureau. J'avais brisé ma plume de romancier; pendant deux ans, je ne songeai point à en tailler une nouvelle. On aurait tort, pourtant, de croire que le chagrin, résultant pour moi de l'anéantissement de mes rêves littéraires, ait influé, ces deux années durant, sur mon caractère. Je suis né avec un grand fond de philosophie. Je n'ai jamais fait de phrases, comme j'en ai entendu faire à tant de gens en semblable circonstance, quand un malheur ou un ennui m'a frappé; je me suis contenté d'essayer de parer à l'un ou d'oublier l'autre, et j'y ai réussi toujours. Ainsi, à dix-huit ans, après m'être successivement cassé le nez contre la porte d'une quinzaine de libraires. Ces messieurs ne voulaient pas de mon œuvre; ils n'avaient pas confiance en mon mérite naissant! Eh bien! au diable la littérature! Au diable pour un temps. Oh! je n'y renonçais pas à jamais! Non! J'imitais ces joueurs prudents qui, lorsqu'ils sont en mauvaise veine, au lieu de s'acharner contre elle, lui cèdent le champ de bataille, et, en attendant qu'elle daigne leur montrer meilleure mine, s'empressent de lui cacher leurs écus. La Gloire me repoussait.... je me consolais des mépris de la Gloire avec les sourires de l'Amour.

Je n'ai point dessein de vous raconter, dans ce livre, mes bonnes fortunes de jeune homme; non que j'en aie honte! Et au contraire!... Je suis franc : je me les rappelle toujours avec plaisir. J'estime Anacréon, octogénaire, chantant Vénus, plus aimable qu'Origène, renonçant à la virilité, à vingt ans, afin de pouvoir, sans distractions, enseigner les choses saintes aux femmes et aux filles. Mais je sais l'époque pudibonde. Ce n'est pas aujourd'hui que je me risquerais à publier la *Pucelle de Belleville!* Oh! oh! Les journalistes vertueux, M. Veuillot en tête, n'auraient pas assez de pierres dans leur sac pour me lapider. Cependant, comme, j'imagine, les *Mémoires de Paul de Kock*, sans historiettes grivoises, sembleraient une anomalie d'espèce aussi étrange qu'un article d'un des journalistes en question sans une grossièreté ou une impertinence, je demanderai la permission de dire, à l'occasion, quelqu'une des aventures galantes les plus amusantes qui me sont arrivées. Et qu'on ne s'inquiète point! On n'aura pas besoin, pour les lire, de se cacher sous le manteau de la cheminée! Qui dit grivois ne dit point libidineux. Ma plume a pu être, souvent, quelque peu leste, elle n'a jamais été immorale. N'en déplaise à M. Veuillot, un pape même, Grégoire XVI, était de cette opinion, puisqu'il se plaisait à lire mes romans. En son lieu, je donnerai une preuve curieuse et ignorée à l'appui de ce fait.

Voilà bien des précautions oratoires pour m'excuser, vieillard, de me souvenir que j'ai été jeune. Mais c'est une fois pour toutes, et, désormais, je suivrai mon chemin dans ce livre sans plus me soucier des censeurs. J'allais dire : *gêneurs;* un mot nouveau. Il a du bon. Laissons et censeurs et *gêneurs*.

Donc, pendant deux années, de l'automne de 1811 à celle de 1813, renonçant à tout travail littéraire, je ne m'occupai que de mes plaisirs, autant, toutefois, que me le permettaient mes occupations de commis banquier et la modicité de mes ressources pécuniaires. Mais je suis de ceux qui pensent qu'il n'est pas absolument nécessaire d'être riche pour se récréer, et que, surtout, comme moyens de réussir près des femmes, de la jeunesse, un peu d'esprit, beaucoup de gaieté, et un physique agréable, suppléent parfaitement une bourse gonflée d'or. Il en était ainsi, du moins, de mon temps. On a peut-être changé cela... On a changé tant de choses! Si oui, j'en suis fâché pour les jeunes gens... et pour les femmes.

J'avais (je puis bien dire cela maintenant), dans

6.

ma jeunesse, une figure agréable. Ma taille n'était pas élevée, et l'on me reprochait de porter, en marchant, la tête de côté, mais j'étais mince, fluet.... trop fluet, même; longtemps, dans ma famille, on me crut menacé d'une affection de poitrine. Bref, tel que j'étais, si l'on ne se jetait pas à mon cou à première vue, généralement, quand on s'y était jetée, on y restait volontiers. Un de mes endroits de prédilection, pour chercher des conquêtes, c'était Tivoli. Un jardin comme il n'y en a plus à Paris. Reste-t-il beaucoup de gens qui l'aient connu? J'en doute; car il y a bien une quarantaine d'années qu'il a disparu. Tivoli était situé sur l'emplacement où s'étend à présent ce pâté de maisons qui avoisinent la gare du chemin de fer du Havre, à droite, en venant par le boulevard. On y entrait par la rue Saint-Lazare, jadis la rue d'Argenteuil et des Porcherons. Prix d'entrée : trois livres douze sous. Ce n'était pas ruineux, vous voyez. Par exemple, sauf le feu d'artifice et le théâtre de Bobèche, on y payait séparément tous les divertissements : balançoires de toute espèce, en filets ou dans des chars tournants, oiseau égyptien, montagnes russes. Oh! les montagnes russes! j'en étais fou! j'y vidais mes goussets. Il y avait aussi un *grimacier*. Les grimaciers étaient à la mode, alors... ne le sont-ils pas toujours? Celui de Tivoli était un grimacier plaisant; il portait une perruque blanche et jouait de la trompette et du violon. Il y avait un diseur de bonne aventure, un *sorcier*, juché en haut d'un ermitage, et un peintre en ciseaux, ou découpeur de silhouettes, dans une cabane. J'ai raconté, dans *Mon voisin Raymond*, les mésaventures dudit *Raymond*, forcé de se cacher trois heures dans le cabinet du faiseur de silhouettes pour se soustraire aux poursuites de l'homme à l'oiseau égyptien qu'il a éborgné. L'épisode est vrai, d'ailleurs, comme presque tout ce que j'ai raconté dans mes romans. Que de scènes comiques j'ai observées à Tivoli! Que de choses drôles j'ai entendues au sein de la foule se pressant dans ses allées illuminées, et, mieux encore, parmi les couples éparpillés sous ses bosquets. Et quand éclatait le feu d'artifice, que de cris de joie souvent métamorphosés en cris de terreur! Une fusée qui venait s'éteindre sur un châle... sur un chapeau. Et le bal... Ah! quant aux bals publics, à cette époque, on ne contestera pas l'avantage du passé sur le présent. Sans doute la société qui dansait à Tivoli était mêlée, très-mêlée; ce n'étaient ni de grands seigneurs ni de grandes dames qu'on y rencontrait; mais, quoi que ce fût, petits bourgeois ou boutiquiers endimanchés, et leurs *épouses*, commis de magasin et grisettes, si tout cela n'avait rien de distingué, tout cela, non plus, n'avait rien de canaille. Tout cela dansait proprement, honnêtement, sinon élégamment. Les demoiselles *légères* elles-mêmes, les *demi-vertus*, les *demi-castors*, comme on appelait alors ce qu'on appelle maintenant des *cocottes*, qui fréquentaient le bal de Tivoli, s'y comportaient d'une façon convenable; on pouvait leur faire vis-à-vis sans avoir à rougir pour la pudeur de sa danseuse.

J'aimais la danse à vingt ans, la valse surtout. J'aurais valsé une heure, montre en main, sans m'arrêter. Malheureusement, les bonnes valseuses sont rares, du moins l'étaient-elles, en 1812, à Tivoli. Aussi, avant d'inviter une dame... ou une demoiselle, avais-je soin d'étudier ses capacités en la regardant valser avec un autre.

Mon attention se fixa, un soir, à ce sujet, sur une femme que je ne me souvenais pas d'avoir vue encore à ce bal. Une tête originale. Une brune de vingt-cinq à trente ans; de beaux yeux; petit pied; des cheveux magnifiques; mise sans recherche, mais avec goût. Et valsant!... Un toton vivant. Oh! son cavalier n'était pas de sa force! Ce fut lui qui faiblit le premier, qui demanda grâce. Je la vis sourire dédaigneusement...

— Vous êtes déjà fatigué, monsieur? Soit! arrêtons-nous!...

Il la reconduisait à sa place. Je bondis vers elle :

— Madame, si vous n'êtes pas fatiguée, vous, je ne me fatigue pas, moi!

Elle me toisa des yeux, et je gagerais qu'elle devina que mes mérites étaient à la hauteur de mon audace. Les grands talents s'entendent à première vue. Sans dire un mot, lâchant le bras de son valseur poussif, elle prit le mien, et nous voilà nous élançant comme une trombe...

J'abrége : ma valseuse fut si contente de moi et je fus si content d'elle, que, non-seulement nous valsâmes, mais nous dansâmes toute la soirée ensemble, et que, quand le bal finit, nous trouvâmes fort naturel, moi, de lui proposer de la reconduire à son domicile, elle, d'accepter ma proposition.

Elle était venue à Tivoli avec une amie qui nous quitta au faubourg Montmartre, et, comme elle demeurait rue de Grenelle-Saint-Honoré, nous eûmes, chemin faisant, le loisir de causer.

Oh! j'offris de prendre une voiture, mais elle préféra marcher. Elle était mariée; elle se nommait M^me O...; son mari était un ancien marin, de vingt ans plus âgé qu'elle, et qui passait ses jours et ses soirées au café. Il n'y avait que trois mois qu'elle habitait Paris; auparavant, elle résidait au Havre. Ayant entendu parler de Tivoli, elle avait eu la fantaisie d'y aller, et elle ne le regrettait pas, car elle s'y était fort amusée.

Dénoûment de la soirée : M^me O... était devant sa porte, une maison où il y avait une imprimerie de journal.

— Est-ce que je n'aurai pas le plaisir de vous revoir, madame?...

— Mais quand il vous plaira, monsieur.

— Puisque monsieur votre mari est toujours absent, vous me permettez de vous faire une petite visite... demain ou après-demain?

— Mais je vous le permets très-volontiers!

Cela allait tout seul, comme la valse. J'étais ravi. Le lendemain soir, à sept heures, je me présentais chez M^me O...

Un appartement au troisième. Bien meublé. L'ancien marin devait être à son aise. Ce qui me frappa principalement, comme ornement du salon, placé entre la chambre de monsieur et celle de madame (ils faisaient lit séparé), ce fut une panoplie d'armes de sauvages, de toute sorte, accrochée à la muraille. Sapristi! quelle collection de sabres, de flèches, de lances et de casse-tête!... M. O... avait rapporté tout cela de ses voyages aux Indes. C'était superbe!...

— Et la moitié de ces armes sont empoisonnées! me dit M$^{me}$ O...

Empoisonnées!... quels délicieux bijoux!

Lorsque j'étais arrivé, la dame avait congédié sa bonne en lui disant qu'elle n'avait plus besoin d'elle jusqu'au lendemain. Nous étions seuls; j'étais amoureux; le temps s'écoula vite. La pendule marquait onze heures que je croyais qu'il n'en était que huit.

Cependant, si j'avais tous droits de supposer qu'on partageait ma flamme, il ne m'était pas encore permis de chanter victoire. Mon triomphe n'était pas complet. Aussi, fut-ce avec chagrin que, vu l'heure avancée, je me décidai à partir.

Tournant et retournant mon chapeau entre mes doigts, je considérais cette chambre qu'il allait me falloir quitter; mon regard s'arrêtait, surtout, désolé, sur un lit aux rideaux de mousseline bleue, où jusqu'alors mes désirs seuls avaient pris place...

M^me O... riait.

— Oh! tenez, lui dis-je, vous êtes une méchante! Vous ne m'aimez pas!

— Vraiment!... Et pourquoi ne vous aimé-je pas?

— Parce que vous me laissez m'en aller!

— Ah! ah!... Vous voudriez rester, peut-être?

— Mais certainement!... Puisque votre mari a sa chambre à lui, et que, chaque soir, vous me l'avez dit, en rentrant, il est à moitié gris... quand je passerais toute la nuit avec vous, que risquerions-nous?

— Vous êtes fou!...

— La porte de la maison ne fermant pas, à cause des travaux de l'imprimerie, je m'éloignerais au petit jour sans attirer l'attention du portier, qui me prendrait pour un des employés...

— Vous êtes fou, vous dis-je...

— Mais du tout, je ne suis pas fou!... A quelle heure votre mari revient-il, ordinairement?

— A minuit. Et, vous l'avez bien vu par la disposition de l'appartement, il faut qu'il traverse ma chambre pour gagner la sienne.

— Et puis, qu'est-ce que cela fait? Nous éteignons les bougies; nous tirons les rideaux du lit; votre mari vous croit endormie. D'ailleurs, encore une fois, puisqu'il est toujours gris, il ne s'inquiète pas de vous. Il passe donc et va se coucher de son côté.

« Hein! Coralie? (C'était son petit nom, Coralie, à ma valseuse.) Ma jolie Coralie! voulez-vous?... »

Entre nous, c'était pour la forme que j'adressais ces tendres sollicitations à M$^{me}$ O... Par pure forfanterie d'amoureux. Elle me plaisait beaucoup, mais pas au point, néanmoins, de risquer ma vie pour elle. Je l'implorais d'autant plus ardemment que j'étais d'autant plus convaincu qu'elle me refuserait. C'était une scène de roman à la *Faublas* que je jouais en ce moment, pas davantage!

On concevra donc mon saisissement lorsque, soudain, m'étreignant à deux mains par la tête, M$^{me}$ O.... s'écria :

— Eh bien! j'y consens, petit monstre! Reste!...

Je dus pâlir, mais M$^{me}$ O... ne s'en aperçut pas; elle soufflait les bougies. Il n'y avait pas à reculer, et je ne reculai pas non plus. Au bout de cinq minutes, je l'avais rejointe sous les rideaux.

Quelle femme était-ce donc que cette femme qui ne craignait point de recevoir dans ses bras,

7

dans sa couche, à deux pas de la chambre de son mari, un amant?... Et quel amant! Un jeune homme qu'elle connaissait depuis vingt-quatre heures! Pour les moralistes, la réponse ne fait pas doute : cette femme était une libertine de la pire espèce. Pour moi qui, par caractère, suis indulgent envers toutes les faiblesses humaines, je me contenterai de dire que M$^{me}$ O... était tout bonnement une sotte agissant sans réflexion, et, remarquez-le — je parle par expérience *in animâ vili*, c'est le cas de le dire, — obéissant plutôt, en cette occurrence, à un caprice de son cerveau qu'à l'entraînement de ses sens. Il y a plus qu'on ne pense, en ce monde, de femmes qui ont ressemblé, qui ressemblent ou qui ressembleront là-dessus à M$^{me}$ O...

Toujours est-il que, dussé-je donner une piètre opinion de ma valeur juvénile, j'avouerai que je trouvai cette nuit singulièrement longue. Pour moi, le plaisir n'y compensa pas l'inquiétude. Et ce fut moins pendant les heures de la nuit que l'inquiétude me tourmenta. L'époux était rentré, comme à son ordinaire, à minuit, et, d'un pas appesanti par l'ivresse, bien qu'essayant de se faire léger pour ne pas troubler un précieux sommeil, traversant la chambre de madame, il avait gagné, par le salon, son lit, où bien certainement il n'avait pas tardé à s'étendre et à s'endormir. Mais lorsque les premiers rayons de l'aube blanchirent les croisées, m'avertissant de l'instant de m'esquiver, je me sentis vraiment bien mal à mon aise. M^me O... me regardait, en souriant, m'habiller. Moi, je ne souriais pas; j'étais en proie à des frissons convulsifs, à des battements de cœur.

J'avais passé ma culotte, mon gilet, mon habit, mis ma cravate et mon chapeau... mais pas mes bottes.

— Et tes bottes? me dit Coralie.

— Je les mettrai dehors... sur le carré.

— Tu as raison; cela pourrait faire du bruit sur le parquet. Non pas que, quand *il* dort... oh! il n'y a pas de danger! on tirerait le canon dans son alcôve qu'*il* ne se réveillerait pas!

Il n'y avait pas de danger... c'était possible, mais je n'en fus pas moins pressé de partir. M^me O... se leva pour m'accompagner jusqu'à la porte de l'escalier et la refermer sur moi.

Nous devions former un étrange groupe, elle, en chemise, moi, habillé, mes bottes à la main. Et, tout en marchant sur la pointe du pied, savez-vous quelle était ma préoccupation? Je songeais à la panoplie d'armes indiennes; aux lances, aux flèches empoisonnées; je voyais M. O... surgir tout à coup derrière moi en brandissant un arc formidable; j'entendais le sifflement d'une *zagaie*, je sentais son fer aigu s'enfoncer entre mes deux épaules !...

Enfin, j'atteignis la bienheureuse porte !... Elle s'ouvrit.

— Je te reverrai ce soir, n'est-ce pas? me dit tout bas Coralie.

— Oui, oui! ce soir.

Ah! ah! ce soir!... Attends-moi sous l'orme! C'était assez d'avoir joué une fois pareil jeu. Merci! Quand j'eus mis mes bottes, seulement, je respirai. Et quand je fus dans la rue, donc! J'avais envie de danser, de chanter, d'embrasser tous les balayeurs et les chiffonniers que je rencontrais. Pâris, à qui je contai mon aventure, me dit : « Cette femme-là mériterait d'être fouettée en place publique! » Fouettée eût été dur; mais, assurément, si j'avais été un fou, $M^{me}$ O... avait été bien coupable! Inutile de dire que je ne la revis plus! Si... trois ou quatre ans plus tard, au théâtre de la Gaîté, en compagnie d'un vieux monsieur, son mari, probablement. Elle me lança, en passant devant moi, au foyer, un regard de souverain mépris. Sans doute, elle jugeait indigne ma conduite à son égard. J'essuyai son coup d'œil sans sourciller. Si elle regrettait de ne pas m'avoir fait tuer, j'étais enchanté, moi, de vivre encore!

# CHAPITRE V

SOMMAIRE. — Toujours *l'Enfant de ma femme*. — Un commis banquier éditeur de lui-même. — De sept à huit cents francs à trouver. — Un mirage. — Vingt napoléons destinés au jeu. — Intervention de mon beau-père. — Le *cercle des Étrangers*. — Argent gagné. — Argent perdu. — Comment mon premier roman vit enfin le jour. — Les bons amis. — Un succès qui s'arrête en chemin. — Quatre douzaines d'exemplaires seulement. — Ferai-je un second roman ? — Une rencontre heureuse. — Caigniez. — Une halte au *Rocher de Cancale*. — Dois-je me faire auteur dramatique ? — Le Caveau en 1814. — Le chevalier de Piis. — Armand Gouffé. — Brazier. — Eusèbe Salverte. — De Jouy. — Désaugiers. — Théaulon. — Béranger. — Histoire de ma première romance : *le Chevalier errant*. — Rencontre de Martainville. — Une pièce improvisée. — Un rouleau de papier blanc. — Une charge d'homme de lettres. — Corsse, directeur millionnaire. — Comment on appelait Napoléon en 1814. — Quatre mélodrames en deux ans. — Première représentation de *Madame de Valnoir*. — Le triomphateur malgré lui. — Parisiens, girouettes. — Villeneuve. — « Vous venez faire comme moi? »

C'est pendant l'automne de 1813 que la fièvre littéraire me reprit. Je m'ennuyais de plus en plus dans ma maison de banque, où, bien qu'en eût dit ma mère, je ne me voyais pas d'avenir; et je dois être juste, elle-même commençait à comprendre que ce n'était pas là que je ferais fortune. La petite succession grâce à laquelle mon beau-père avait pu m'exonérer, deux fois en six mois, du service militaire, avait répandu quelque aisance chez nous, ma mère ayant eu soin d'en abriter une partie contre les périls auxquels M. Gaigneau, que la passion du jeu ne quittait point, n'eût pas manqué d'exposer le tout. Dans de telles conditions, il m'était permis d'espérer que si, m'appuyant sur un premier succès comme écrivain, je manifestais l'intention d'abandonner mon emploi, ma mère ne s'y opposerait pas.

Mais ce succès, comment l'obtenir, puisque les éditeurs ne voulaient pas publier mon roman?

Je songeais à cela, un soir, en feuilletant mon manuscrit que j'avais retiré du placard où, depuis deux ans, il jaunissait, et, tout en en relisant complaisamment quelques passages, à l'instar de Galilée murmurant son « *Et pourtant elle tourne!* » je répétais : « Et pourtant ça n'est pas mal!... On en a imprimé de plus mauvais!... »

Imprimé!... Mais qu'est-ce que cela coûtait donc à imprimer un roman en deux volumes, à cinq cents exemplaires? Un tirage à cinq cents exemplaires, pour la première édition, me suffirait. Six à sept cents francs qui, à six francs l'ouvrage, remise d'un tiers faite aux marchands, en rapporteraient de treize à quatorze cents. C'était clair. Clair si l'on vendait l'édition. Et pourquoi ne la vendrait-on pas? Il y avait un libraire, du nom de Pigoreau, qui, moyennant une légère commission, se chargerait du placement de mon œuvre, le jour où je la lui apporterais imprimée. Il me l'avait offert, cet excellent Pigoreau!

Oui! mais où trouver les sept cents francs indispensables pour l'impression?...

J'avais touché, dans la journée, mes appointements : dix pièces d'or toutes neuves. Dire qu'avec ces dix pièces d'or, un peu plus que triplées, je pouvais commander l'attention du public!... des journaux!... Faire un premier pas, peut-être, vers le temple de Mémoire!...

Je faisais mélancoliquement sauter mes napoléons dans le creux de ma main, en rêvant de la sorte, mais, hélas! cet exercice ne les augmentait pas. Soudain une lueur traversa mon esprit. Une lueur fâcheuse, je le confesse; mais, dans les circonstances désespérées, on s'éclaire comme on peut. Je n'étais jamais entré dans une maison de jeu; qu'est-ce qui m'empêchait d'y aller demander l'argent dont j'avais besoin?

Mais le jeu est la plus décevante des ressources ; celle sur laquelle il y a le moins à compter. Depuis des années, n'en avais-je pas eu mille fois la preuve dans les combats mille fois livrés et mille fois perdus, sur les tapis verts, par M. Gaigneau? Il est vrai, mon beau-père perdait plus souvent qu'il ne gagnait ; mais c'était un joueur d'habitude, mon beau-père ; las de ses luttes incessantes avec lui, le sort, neuf fois sur dix, lui tournait le dos. Moi, au contraire, je serais un joueur de hasard. Ah! favorisé ou non, je le jurais, je ne retournerais jamais au jeu! Et qui sait! « *Aux innocents les mains pleines!* » dit le proverbe. Qui sait si mon inexpérience même, ma gaucherie, ne me seraient pas des motifs de bon accueil près du sort ?...

Je mis mes deux cents francs dans ma poche et je m'acheminai, par les boulevards, vers le Palais-Royal.

Je passais en face de la Porte Saint-Denis quand je m'entendis appeler par une voix connue, la voix de mon beau-père qui revenait de son bureau.

— Où cours-tu donc ainsi ?
— Je... je vais à un rendez-vous.
— Ah !... Ta mère est chez elle ?

— Oui... c'est-à-dire, je ne sais pas. Si, cependant, je crois qu'elle y est.

J'étais troublé, le trouble d'une conscience en faute. M. Gaigneau s'en aperçut, car il reprit :

— Ah çà! qu'est-ce que tu as, ce soir, Paul? Tu n'as pas ta figure accoutumée. Est-ce qu'il t'est arrivé quelque chose de désagréable, dis-moi ça, mon ami?

M. Gaigneau avait prononcé ces mots d'un ton affectueux, en glissant son bras sous le mien. Après tout, ce n'était pas un Caton que mon beau-père, et tant s'en fallait! En échange de la confidence de mon projet, il pouvait, mieux que qui que ce fût, me donner un bon conseil.

— Eh bien! cher père, lui dis-je, tu ne me gronderas pas! Voici ce que c'est : j'ai absolument besoin de sept cents francs, et je vais tâcher de les gagner à la roulette.

M. Gaigneau fit un soubresaut.

— Comment, malheureux, tu vas jouer!...

— Oh!...

— Oui, je sais bien qu'il ne m'appartient guère de faire de la morale à propos du jeu!...

— Oh! ce n'est pas cela que j'ai voulu dire, cher père; et, quoi que vous fassiez pour votre part, je vous reconnais tous droits de vouloir m'empêcher, pour la mienne, de faire peut-être une sottise. Mais, je vous le répète : il me faut sept cents francs.

— Pourquoi donc faire, ces sept cents francs ?

— Pour imprimer mon roman. Les libraires me repoussent... je veux me passer des libraires. Vous concevez ? quand mon *Enfant de ma femme* sera imprimé, il faudra bien qu'on le lise !...

— Il faudra... Enfin, c'est ton espoir, mon ami, et j'aime mieux, d'ailleurs, te voir dépenser ton argent de cette façon qu'en folies d'une autre espèce. Ça te rapportera toujours davantage.

« Et combien as-tu pour tâcher de gagner sept cents francs ?

— J'en ai deux cents. Mes appointements que j'ai touchés tantôt.

— Deux cents. Oui, il y a moyen de se retourner avec deux cents francs.

« Et où avais-tu l'intention d'aller jouer ?

— Quant à cela, je ne sais pas trop, puisque c'est la première fois que...

« J'avais pensé au 113, ou à *Frascati*.

— *Frascati !* Non, non ! ne vas pas à *Frascati !* C'est une très-dangereuse maison pour des joueurs jeunes. Il y a des femmes.... et les femmes... à ton âge... ça trouble. Va plutôt au Palais-

Royal... ou mieux encore... Mais non, tu n'as pas été présenté, on ne te recevrait pas au *cercle des Étrangers*.

— C'est bien, le *cercle des Étrangers?*

— C'est l'endroit le plus convenable en ce genre, le plus sérieux, le mieux tenu. C'est un ancien chambellan de l'empereur qui le dirige : le marquis de Cussy.

—Et vous y allez, vous, au *cercle des Étrangers?*

— Quelquefois, oui, quand je suis en fonds. J'y ai même été assez souvent heureux!

— Ah! ah!...

— Mais la meilleure de ces maisons n'est toujours qu'un triste lieu, mon ami... je suis payé pour le dire!... et si tu étais sage...

— Cher père!...

— Non... tu ne veux pas être sage! tu as résolu de risquer tes deux cents francs!... Eh bien! il me vient une idée, une idée qui ne te plaira peut-être pas!... N'importe, je vais te la communiquer.

— Je vous écoute.

— Tu n'as jamais joué... donc, tu ne sais pas jouer. Avec cela, tu es nerveux... impressionnable; tu joueras mal... et tu perdras!

— On assure pourtant que ceux qui jouent pour la première fois...

— Gagnent toujours? C'est bon à dire aux niais, ces bêtises-là! Non, non, la Fortune n'est pas si gracieuse que cela pour les novices; sinon tous les novices seraient sûrs de leur affaire : ils feraient, à tour de rôle, sauter toutes les banques! Il y a un certain talent dans la manière de jouer... du sang-froid à montrer... des calculs, basés sur des probabilités, à faire. Évidemment, malgré tout cela, on n'est pas sûr de...

— Et votre idée, mon père?

— Ah! mon idée... elle est bien simple! Ce qui arrive souvent... très-souvent... oh! ce que l'on remarque tous les jours... c'est que, lorsqu'un joueur joue pour le compte d'un autre... avec l'argent d'un autre... il gagne.

— Ah! ah!...

— Tu as confiance en moi?

— Oh!

— Tu me confies tes deux cents francs; j'entre au *cercle des Étrangers;* tu te promènes devant la porte en m'attendant. Je joue... je joue prudemment... mais pas en poltron, cependant! comme pour moi. Et, je te le jure, tu entends, Paul? je te le jure sur mon honneur, dès que je t'ai gagné mille francs... sept cents francs, ce n'est pas un compte... je te les apporte!

« Et puis? qu'en dis-tu? »

J'hésitais; non que je doutasse de la loyauté de M. Gaigneau! Mais risquer ainsi mes dix napoléons, et les perdre peut-être, sans avoir eu même les bénéfices de l'émotion du jeu!...

Mais si cette émotion même était cause de ma perte?...

— J'accepte! dis-je.

Sans prononcer un mot de plus, ni l'un ni l'autre, nous gagnâmes à grands pas la rue de Richelieu, où était situé le *cercle des Étrangers*, à peu de distance de *Frascati*.

M. Gaigneau y resta une heure. Une heure que je trouvai longue comme un siècle. Oh! la plus jolie femme de la terre eût pu me sourire en passant devant moi, cette heure durant, je ne m'en fusse pas plus soucié que d'une bossue. Enfin, de l'autre côté de la rue, où, à bout de force, je m'étais assis sur une borne, je vis apparaître mon beau-père. Il me sembla pâle, défait. Ce fut d'un air lugubre qu'il me rejoignit...

— Eh bien?

— Eh bien! mon pauvre ami, ce n'est pas ma faute!...

J'eus un nuage sur le cœur et sur les yeux. Mon *Enfant* retournerait dans son armoire !

Mais, surmontant mon chagrin :

— Il suffit ! dis-je. N'en parlons plus, mon père.

— Ah ! s'écria M. Gaigneau, changeant tout à coup de ton et de visage, tu es trop gentil, Paul c'est un meurtre de te faire souffrir !

« J'ai gagné tes mille francs !

— Vrai ?... Comment, bien vrai ?... Vous... vous ne vous moquez pas ?...

— Dieu m'en garde ! Entrons dans un café, je t'y remettrai ton bien.

Résigné devant l'adversité, j'étais comme un fou dans la joie. Blotti, avec mon beau-père, dans un coin d'un café, je ne me lassais pas d'admirer mes mille francs ! Mes douze cents francs, car mon beau-père avait gagné mille francs intégralement. J'étais donc plus riche que je ne l'avais souhaité ! J'étais trop riche.

— Je ne désirais que sept cents francs, dis-je à M. Gaigneau, j'en ai douze... il est juste que vous en gardiez cinq cents.

— Non ! non ! tout est à toi !

— Je vous en prie !...

— Du tout, mon ami ; mieux vaut que tu aies

plus que moins pour publier ton livre. Il peut se présenter des frais que tu n'as pas prévus.

— Eh bien! je garderai neuf cents francs et vous en prendrez trois cents.

— Mais non!

— Si! ou je me fâche!

M. Gaigneau empocha les trois cents francs, puis :

— Soit! dit-il, je les prends... et sais-tu pourquoi je les prends? Parce que j'ai la certitude de te les rendre avant une heure, après en avoir gagné mille autres.

— Ah! vous croyez?...

— Je suis en veine, ce soir, je le sens! Aussi, il m'a fallu du courage, va, pour quitter le tapis!... Mais je l'avais juré!...

« Attends-moi là... attends-moi! Ça ne sera pas long! »

Comment dire à quelqu'un qui vient de vous rendre heureux : « Prenez garde!... la Fortune est inconstante! » D'ailleurs, je suis franc : je ne m'imaginais pas que M. Gaigneau pût perdre...

Ce ne fut pas long en effet. Le temps d'aligner quelques chiffres relatifs à l'impression de mon livre, tout en prenant un riz au lait, et je vis reparaître mon beau-père.

Il essayait de sourire...

— Vous avez gagné?

Il secoua négativement la tête. Je crus qu'il plaisantait encore.

— Allons! dites?

— J'ai tout perdu, mon ami. Oh! cette fois, c'est sérieux. En cinq coups... psiiitt!... raflé!... Mais c'était inévitable, je n'y ai pas réfléchi. J'avais coupé la veine en quittant le jeu... je n'ai pas pu la recoudre.

Je fouillai à ma poche.

— Voulez-vous?...

— Quoi?

— Que je vous donne encore deux cents francs?

M. Gaigneau avança vivement la main, la main du joueur. Mais l'homme, le père, l'ami, eut honte de ce mouvement, et, son geste attractif se transformant en geste répulsif :

— Non! dit-il vivement, c'est assez! Paye la consommation et rentrons nous coucher, il est tard.

Et pour se dérober, probablement, à la tentation, tandis que je soldais le garçon, mon beau-père sortit précipitamment du café. Je ne le rattrapai que boulevard Bonne-Nouvelle.

Terminons avec un épisode sur lequel je me suis peut-être un peu trop appesanti : celui de la publication de mon premier roman. Mais il faut me le pardonner, lecteur : si faible que soit ce livre, c'est le point de départ de ma carrière, et si vous m'avez donné sujet de me féliciter d'avoir voulu être un romancier, je serais un ingrat de mépriser mes débuts, quelque peu éclatants qu'ils aient été.

Je fis imprimer mon livre chez un imprimeur, rue de Turenne. Cinq cents exemplaires qui me coûtèrent, couvertures et brochage compris, seize sous le volume.

Ci, pour mille volumes : huit cents francs.

Maintenant, il y avait la remise aux libraires; le droit de commission à Pigoreau...

Plus une infinité de faux frais auxquels je n'avais pas pensé, tels que le transport de l'édition chez le vendeur, l'hommage, par deux exemplaires, de l'ouvrage aux principaux journaux. Si je désirais que les journalistes parlassent de mon livre, il fallait bien que je le leur fisse connaître.

Bref, mon édition, tout entière vendue, si j'étais rentré dans mes déboursés, je devais m'estimer très-satisfait.

Et la douzaine d'exemplaires que j'avais gardés pour offrir à mes amis et connaissances, que je ne comptais pas!...

Eh bien! ce fut la répartition de cette douzaine qui me procura le moins d'agrément.

Ma mère et mon beau-père me firent quelques éloges. Pàris et Maricot aussi. Mais mes autres amis!... — « Ah! c'est de vous, ça!... Ah! ah! nous voulons devenir un homme célèbre!... Hum! une rude tàche, mon cher! Vous connaissez l'axiome : *Non licet omnibus adire Corinthum.* — *L'Enfant de ma femme*... je n'aime pas ce titre! il n'est pas de bon goût!... — Y a-t-il des revenants, des fantômes, dans votre roman? Il n'y a que ça qui m'amuse. — J'ai lu votre livre, mon cher Paul; c'est drôle. Mais défiez-vous! vous avez du penchant aux choses égrillardes... et un écrivain qui ne respecte pas son lecteur, voyez-vous, ne sera jamais qu'un écrivain de troisième ordre! »

Et le mot d'une dame galante, à qui je faisais la cour à ce moment, et à qui je m'étais empressé de porter mon livre, sitôt son apparition, me flattant que cela m'avancerait dans ses bonnes grâces : — « Par exemple, vous êtes bien bon de vous donner la peine d'écrire ainsi des volumes!... » Ce « *vous êtes bien bon* » me sembla si bête que mon amour n'y résista pas.

Cependant, j'allais chaque jour chez Pigoreau m'informer du résultat de la vente. La première semaine, elle monta à quatre douzaines. Je jubilais. Point de doute : en deux mois l'édition serait épuisée. Mais, la seconde semaine, on ne vendit que deux douzaines; qu'*une* la troisième. Puis, plus de douzaines du tout! Un, deux exemplaires par-ci par-là. J'avais ébauché, de verve, un second roman, *Georgette ou la Nièce du tabellion*... ma verve se glaça net. Pourquoi écrire si l'on ne me lisait pas! J'étais d'autant plus attristé que, dans les premiers transports d'ivresse que m'avait causée la vente des *quatre douzaines*, j'avais quitté ma place. Romancier en réputation, pouvais-je rester petit commis?... Oui, mais le petit commis gagnait deux cents francs par mois, et le romancier... dans l'attente de la réputation, ne gagnait rien.

Je m'en revenais un soir, rêveur, de chez Pigoreau, lorsque, en descendant la rue Montorgueil, je rencontrai Caigniez, l'auteur, alors célèbre, de quantité de mélodrames qui rivalisaient de succès avec ceux de Guilbert de Pixérécourt. On appelait Caigniez le *Racine* et Pixérécourt le *Corneille* du boulevard. Racine-Caigniez était un petit homme, d'une cinquantaine d'années déjà à cette époque, doux et modeste, qui m'avait pris en affection parce qu'en lui rappelant une de ses premières pièces, que j'avais vu jouer n'ayant pas plus de sept ans, *la Forêt enchantée ou la Belle au bois dormant,* mélodrame-féerie représenté en l'an VIII au théâtre de la Gaîté, je lui en avais cité, tout au long, un couplet. Il avait été un des premiers à qui j'eusse offert un exemplaire de mon roman, et il m'avait fait, à son sujet, un compliment que je n'ai jamais oublié :

— On peut juger de l'avenir d'un écrivain par son premier ouvrage. Le vôtre n'est pas un chef-d'œuvre, mais il a de la gaieté. Quand on a écrit cela à dix-huit ans, on doit être un homme de talent à trente.

Caigniez est mort fort vieux, car il venait encore me voir en 1832 ou 1833, à Romainville. Ma femme, par parenthèse, se souciait peu de ses visites, et voici pourquoi : dans sa jeunesse, l'auteur de *la Pie voleuse* avait eu la lèpre; oui, la lèpre; et il se plaisait à réveiller ce souvenir; il lui semblait curieux d'être l'unique Parisien peut-être qui pût *se vanter* d'avoir été lépreux. Une manie de vieillard. En tout cas, chaque fois qu'elle le voyait arriver, ma femme faisait la grimace. J'avais beau lui dire qu'il n'y avait pas de danger, que Caigniez était guéri depuis longtemps, elle n'était tranquille, après qu'il était parti, que lorsque j'avais lavé, à grand renfort de savon et d'eau de Cologne, la main qui avait serré celle du bonhomme.

Retournons aux premiers jours de 1814 et à ma rencontre avec Caigniez rue Montorgueil.

— Eh bien! me dit-il, comment va notre *Enfant?*

— Comme ci comme ça, monsieur Caigniez. Il est vrai que Pigoreau m'assure que la vente, en librairie, baisse toujours au mois de janvier...

— Il a raison; le mois de janvier n'est bon que pour les marchands de joujoux et de bonbons...

— Et pour les théâtres.

— Hum! cette année, les théâtres commencent mal! Après cela, les affaires politiques sont si sombres! On n'a pas envie de courir les spectacles.

« Et où allez-vous ainsi, de Kock?

— Je rentre chez mes parents.

— Vous n'avez pas dîné? Voulez-vous dîner avec moi chez Baleine? Sans façon.

L'invitation était trop cordiale pour que je la refusasse. J'entrai, avec Caigniez, au *Rocher de Cancale*, restaurant sis au coin de la rue Mandar, que les dîners mensuels du *Caveau moderne* avaient mis en vogue. C'était justement le 20 du mois, jour de réunion des chansonniers. Pour les entendre chanter à travers les cloisons, on se disputait les cabinets avoisinant la salle réservée à ces messieurs. En sa qualité d'habitué de la maison, et surtout d'auteur dramatique, titre fort prisé de Baleine, Caigniez obtint un de ces cabinets. Mais il était de bonne heure encore, nous eûmes le loisir de dîner et de causer avant que l'assemblée des chansonniers n'entamât le feu de ses refrains.

— Pourquoi n'essayez-vous pas de faire du théâtre, mon cher de Kock? me demanda Caigniez entre la poire et le fromage.

— Je crains de ne pas réussir.

— Bah! ce n'est pas la mer à boire que d'écrire un mélodrame ou un vaudeville. Un roman exige des mois de travail, tandis qu'en trois semaines, quand on veut, on écrit ses trois actes.

— Mais je ne connais pas les directeurs de théâtres.

— Vous ferez connaissance. Corsse, le directeur de l'Ambigu-Comique, est un très-bon enfant.

— Et M. Bourguignon, de la Gaîté (1)?

— Bourguignon est aimable aussi, mais c'est sa femme qui porte les culottes, et elle ne les porte pas toujours très-gracieusement.

— Alors, mieux vaut que je fasse quelque chose pour l'Ambigu...

— Que pour la Gaîté, oui. Travaillez, et, quand vous serez prêt, je vous présenterai à Corsse.

— Oh! je vous remercie d'avance.

J'étais si content de me voir une nouvelle voie ouverte que, tout en prêtant une oreille distraite aux chansons de ces messieurs du *Caveau*, car ils avaient commencé de chanter, je ruminais déjà un plan de mélodrame. Cependant, les éclats de rire et les applaudissements me rappelèrent bientôt à l'attention due au talent et au renom de mes voisins. Caigniez, qui les connaissait intimement presque tous, me nommait chacun d'eux, sur l'organe, à mesure qu'il *prenait le galoubet;* expression consacrée pour dési-

---

(1) Celui qui avait succédé à Ribié. (P. de K.)

gner le chanteur succédant, dans l'arène, à un confrère. Il y avait Piis, qui cumulait alors les lauriers du chansonnier et les émoluments de secrétaire général à la préfecture de police; Armand Gouffé, qu'on appelait *le Panard du XIX<sup>e</sup> siècle;* Brazier; Eusèbe Salverte, qui, délaissant plus tard la poésie pour la politique, entra à la Chambre et se mit dans l'opposition; de Jouy, qui n'avait pas encore fait *Guillaume Tell* avec Rossini, mais qui avait fait déjà *la Vestale* et *Fernand Cortez* avec Spontini, et, tout seul, *l'Ermite de la chaussée d'Antin,* deux volumes qu'on s'arrachait; Rougemont; Désaugiers, le plus franchement gai de tous; Théaulon; Béranger, qui chanta, ce soir-là, à la demande générale, son *Roi d'Yvetot,* cette spirituelle critique du gouvernement despotique de l'empereur, plus semblable, malheureusement, en 1814, à un *De profundis* qu'à une chanson railleuse.

Je me liai par la suite avec la plupart de ceux que je viens de citer, et je dus même à Armand Gouffé, qui était l'homme le plus aimable du monde quand il n'en était pas le plus vert et le plus aigre, l'idée de commettre, moi *quoque,* des chansons. Sous la Restauration, notamment, j'en fis une dont, sans doute, vous n'avez jamais entendu parler, quoiqu'elle ait, en son temps, couru, non pas seulement Paris, mais toute la France sur tous les orgues de Barbarie. L'air était de Mengal et est resté des années au théâtre. Cela s'intitulait *le Chevalier errant*, et me valut l'honneur d'une réplique, sur le même air, d'un poëte de Bordeaux, me disant, au nom du beau sexe de sa ville natale, que si mon *Chevalier errant* n'avait pas trouvé de dames fidèles, c'est qu'il n'avait pas poussé jusque dans le chef-lieu de la Gironde.

Voici le premier couplet du *Chevalier errant;*

> Dans un vieux château de l'Andalousie,
> Au temps où l'amour se montrait constant,
> Où beauté, valeur et galanterie
> Guidaient au combat un fidèle amant;
> Un preux chevalier, un soir se présente,
> Visière levée et lance à la main,
> Il vient demander si sa douce amante
> N'est pas, par hasard, chez le châtelain.

Il y a quatre couplets, mais, ne vous effrayez pas, je ne vous en donnerai qu'un! Cependant, jeune homme qui me lisez, si vous avez encore votre grand-père ou votre grand'mère, mettez-lui ce couplet sous les yeux, et en *le* ou *la* voyant aussitôt sourire, en le fredonnant, doux souvenir de sa jeunesse, gageons que vous ne regretterez pas que je vous aie parlé de ma première chanson!

J'étais en bonne veine le soir du 20 janvier 1814, car, comme nous nous en retournions chez nous par les boulevards, Caigniez et moi, nous fûmes accostés par Martainville, que je ne connaissais encore que de réputation, et avec qui je fus très-fier de causer en prenant un verre de punch au café du théâtre de la Gaité.

Quand je dis causer... on ne causait guère avec Martainville, par ce motif que c'était lui qui parlait toujours. J'ai rencontré, dans ma vie, beaucoup de gens de l'école de Martainville. A vingt ans, au surplus, en pareille occasion, je n'avais rien de mieux à faire que d'écouter. Ce que je fis. Et, vraiment, je n'eus pas à m'en repentir! Qu'il avait d'esprit, ce Martainville! Quel entrain!... Les mots drôles, les anecdotes comiques affluaient sur ses lèvres. On sait qu'il était royaliste. Flairant déjà, à ce moment, le renversement de l'empire, ébranlé par plusieurs revers successifs, il ne tarissait pas en railleries à propos de *M. de Buonaparte* et de toute *sa farceuse de famille*, je cite ses expressions, « *qui allaient enfin être balayés de France par notre roi légi-*

*time.* » On pourrait augurer des destinées d'un gouvernement par le plus ou moins de sans gêne avec lequel on s'exprime sur son compte dans les lieux publics. Six mois auparavant, Martainville n'eût pas dit la moitié de ce qu'il dit, ce soir-là, au café de la Gaîté, sans être arrêté.

Il nous quitta pour aller, nous assura-t-il, « travailler à une pièce que Bourguignon venait de lui commander. » Et Caigniez, haussant doucement les épaules, en le regardant s'éloigner, me dit :

— Quel fou!... un fou pétri de talent; mais qui, malgré tout son mérite, mourra sur la paille. Que gagnera-t-il à ce que Louis XVIII *balaye M. de Buonaparte et sa farceuse de famille?* Martainville ramènerait demain, dans sa poche, les Bourbons aux Tuileries, qu'après-demain les Bourbons auraient complétement oublié l'auteur du *Pied de mouton.* C'est toujours une faute de la part d'un écrivain léger de vouloir jouer à l'homme politique. On n'accepte pas que celui qui vous a fait rire d'une bêtise, hier au soir, ait la prétention, demain, de vous entretenir de choses sérieuses. »

Pas trop mal raisonné pour un fabricant de mélodrames, n'est-ce pas? Et Caigniez prophétisait. Martainville, royaliste quand même, Martainville, plus royaliste que le roi, n'en fut pas le bon marchand. Il ne trouva ni le bonheur ni la fortune sous les plis du *Drapeau blanc.*

En passant, deux anecdotes non politiques, à son sujet, que Caigniez me conta, et qui sont, je crois, peu connues :

Martainville avait promis, depuis longtemps, une féerie à Ribié, alors directeur de la Gaîté, et il ne s'exécutait pas. Un jour, ayant besoin d'argent (un besoin qui le pressait souvent), il s'en va en demander, à titre d'à-compte sur sa pièce, à Ribié.

— Je ne vous donnerai pas d'à-compte, lui répond celui-ci, parce que vous m'avez prouvé vingt fois que les à-compte ne vous engageaient à rien; mais, nous sommes le 10 du mois... venez, le 30, me lire les deux premiers actes de votre féerie, et je vous verse *illico* cinq cents francs comme avances sur vos droits d'auteur.

Martainville réfléchit une seconde, puis :

— Soit! dit-il; mais ce n'est pas le 30 que je viendrai, c'est le 20. Dix jours me suffisent pour écrire deux actes.

— A votre aise, je vous attends.

Au jour fixé, Martainville arrive à midi dans

le cabinet directorial, où il trouve Ribié en compagnie de Marty, un de ses principaux artistes et son conseiller ordinaire en fait de questions administratives. Martainville tient sous son bras ses deux actes entourés d'une faveur rose. Il s'installe près de la fenêtre et entame sa lecture, que Ribié et Marty, assis à quelques pas, devant la cheminée, écoutent, dès la première scène, en se tordant de rire. Le premier acte est lu. Au tour du second. Martainville ne se donne pas le temps de boire le verre d'eau sucrée sacramentel, tant il a hâte de recevoir les éloges de son auditoire. Et il les reçoit : le second acte vaut au moins le premier !

Sa lecture est terminée ; il a remis son œuvre en rouleau, et le rouleau sous la faveur rose.

Ribié et Marty rient encore. C'est charmant ! cela aura cent représentations. Ah ! que Martainville se dépêche d'apporter le troisième acte !...

— Vous l'aurez dans huit jours. Maintenant, mes cinq cents francs.

— Les voici ! Oh ! vous avez tenu votre parole, je tiens la mienne !

— Très-bien ! Au revoir.

Martainville a glissé les vingt-cinq napoléons dans sa bourse, il jette son manuscrit sur une table, et s'esquive en répétant : « Dans huit jours! »

— Quel succès! quel succès! continue Ribié, occupé de refermer son secrétaire. Je parlais de cent représentations... il y en a trois cents là dedans, si...

— Ah!...

— Qu'est-ce?

Ce cri, qui a interrompu Ribié, a été poussé par Marty en train de feuilleter le manuscrit déroulé et dégagé de son ruban rose...

— Mais qu'est-ce donc? réitère le directeur en s'élançant vers son ami.

— Voyez!!...

Horreur!... Le manuscrit se compose d'une couple de mains de papier absolument vierges de tout signe calligraphique!... Pas une ligne nulle part, pas un mot, pas même un pâté!

Pour gagner ses cinq cents francs, Martainville avait improvisé, séance tenante, les deux actes de sa féerie, prose, couplets et trucs. Il ne l'écrivit que six mois plus tard. Et Ribié et Marty disaient qu'elle ne valait pas celle qu'il leur avait lue... dans sa tête.

En tout cas, celle-là valait bien, comme tour de force littéraire, cinq cents francs.

La seconde anecdote est d'un genre plus... décolleté.

En été, pendant les grandes chaleurs, Martainville avait pour coutume de travailler dans le costume de notre père Adam... avant le péché. Il affirmait que les idées lui venaient plus fraîches ainsi.

Une après-midi, une dame, d'âge respectable, se présente chez l'écrivain qui, justement, pour l'instant, n'avait pas de domestique.

Préoccupé de son travail, Martainville, sans songer au laisser-aller de sa mise, va ouvrir...

Et la dame de s'enfuir en poussant des cris de paon.

Cependant, comme il fallait absolument qu'elle lui parlât, la dame court chez le commissaire du quartier qu'elle supplie d'aller inviter M. Martainville à faire choix d'une tenue plus décente pour la recevoir. Le commissaire, qui connaissait l'auteur de *Grivoisiana*, se rend, tout en riant *in petto* de sa nouvelle excentricité, à son logis. Martainville était toujours dans le même costume primitif.

— Monsieur Martainville, on vient de se plaindre de vous à mon bureau, et je vois que l'on a eu raison.

— On s'est plaint!... et qui ça? et pourquoi, monsieur le commissaire?

— Une dame, que des affaires d'intérêt appelaient chez vous... et qui vous y a trouvé... comme je vous y trouve moi-même.

— Ah! c'est juste!... Mais que voulez-vous! il fait si chaud!... Et puis, chez soi, est-ce qu'on n'a pas le droit...

— On a le droit, chez soi, de travailler tout nu, sans doute! Pourtant, lorsqu'il se présente une visite... sérieuse...

— Eh bien! je vais réparer ma faute, monsieur le commissaire; soyez tranquille! Où est cette dame, s'il vous plaît?

— En bas de votre escalier, attendant que je lui dise qu'elle peut monter.

— Qu'elle monte donc dans cinq minutes. Ma tenue sera irréprochable, je vous le promets!

— A la bonne heure!...

Le commissaire a rejoint la dame et lui a fait part du résultat de son intervention. Dans cinq minutes Martainville sera en état de la recevoir. Les cinq minutes sont écoulées; la dame monte et sonne derechef...

Et derechef elle jette un cri d'indignation et s'enfuit à l'aspect de Martainville revêtu, pour tout costume, d'un habit noir et de gants blancs.

Elle venait exprès de province au nom d'un oncle qui, à la veille de mourir, avait l'intention de le nommer son légataire universel. Martainville ne revit jamais la dame... mais il ne vit pas non plus l'héritage. Une plaisanterie qui lui coûta cher.

Caigniez m'avait donné trois semaines pour écrire un mélodrame; j'y mis quinze jours. Il est vrai que je travaillai d'arrache pied. Cela avait pour titre *Madame de Valnoir*, et était tiré d'un roman de Ducray-Duminil. Trois actes. Trois actes que je recopiai tout entiers, en deux nuits, de ma plus belle écriture, pour les porter à Caigniez, qui les lut immédiatement, le brave homme, et, quand je me représentai à lui pour connaître son jugement, qui ne me dit que ces mots : « C'est très-bien! Allons voir Corsse; il vous jouera cela tout de suite. »

Corsse, qui, après avoir, comme acteur, douze ans auparavant, relevé l'Ambigu-Comique en y jouant *Madame Angot au sérail*, de Aude, était devenu directeur de ce théâtre et y avait fait une fortune évaluée à trois millions, Corsse songeait à se retirer sur ses écus, en 1814, et commençait déjà à laisser le soin des affaires administratives à son associée, M^me de Puisaye. Pourtant, quand il s'agissait de réception de pièces, il tenait à être consulté. C'est donc chez lui que Caigniez me conduisit. Son accueil fut, comme gracieuseté, au-dessus de ce que j'avais espéré. Il professait pour Caigniez, à qui il devait nombre de succès d'argent, la plus haute estime...

— Vous avez lu la pièce de monsieur, cher ami? lui dit-il.

— Oui.

— Et votre avis, puisque vous la patronnez, est qu'elle a du mérite?

— Beaucoup de mérite.

— Il suffit. J'y vais jeter un coup d'œil pour voir un peu ce que c'est, et, d'ici à deux ou trois jours, nous mettrons *Madame de Valnoir* en répétitions.

« Votre adresse est sur le manuscrit, n'est-ce pas, monsieur Paul de Kock? Demain, probablement, je vous écrirai pour venir vous entendre avec moi sur la distribution de la pièce. Y a-t-il un rôle pour Fresnoy?

— Oui, monsieur, et il y en a un aussi, très-beau, pour Villeneuve... et un également, comique, pour Raffile.

—Bien, bien!... Et comme femmes, qui voyez-vous? *Madame de Valnoir?*...

— Ce serait M^lle Le Roy.

— Il n'y a rien pour Adèle Dupuis?

— Je vous demande pardon, monsieur. Oh! M^lle Adèle Dupuis a un rôle qui ne lui déplaira pas, je pense!...

— Bravo! Nous vous donnerons donc M^elle Le Roy et M^lle Adèle Dupuis; Villeneuve, Fresnoy, Raffile; nous vous donnerons ce que nous avons de mieux comme acteurs et actrices, et ce ne sera pas notre faute... ni la vôtre non plus, j'en suis sûr... si *Madame de Valnoir* ne fait pas son chemin; ce sera celle de cet enragé, de ce fou, qui est en train, à l'heure qu'il est, de ruiner la France... et, par conséquent, Paris!...

Cet *enragé*, ce *fou* dont parlait Corsse, c'était l'empereur. En 1814, à Paris, après son départ, à la fin du mois de janvier, pour aller combattre l'ennemi qui envahissait la France, c'est ainsi que l'on traitait partout Napoléon. Loin des yeux, loin du cœur. On l'acclamait encore lorsqu'il était aux Tuileries, on avait foi en son étoile; il était en Champagne, s'épuisant en efforts de génie et de courage pour chasser les coalisés du sol de la patrie, ce n'était plus qu'un *fou*, qu'un *enragé* dont chacun prédisait, je pourrais dire : désirait la chute, sans se rendre compte des irréparables désastres pour tous que cette chute d'un seul entraînerait avec soi.

Je vous donne ma pensée sur l'opinion publique en 1814 telle qu'elle me vient en écrivant ces souvenirs, car, en 1814, je confesserai humblement que les événements politiques ne me préoccupaient guère. Comme Rétif de la Bretonne, l'auteur du *Paysan perverti*, qui, au plus fort de la Terreur, ne s'inquiétait que d'écrire et d'imprimer lui-même ses romans, pendant ces deux années 1814 et 1815, de si triste mémoire, puisqu'elles sont deux dates d'invasion, je ne songeais, moi, qu'à écrire et faire jouer mes pièces. « J'étais un bien mauvais citoyen! » dira-t-on. Pas plus mauvais qu'un autre, car si je ne m'étais pas senti de force à défendre, comme soldat, mon pays, au moins avais-je l'honnêteté de ne point m'ériger en juge sévère des faits et gestes de l'homme qui, après l'avoir glorieusement gouverné pendant quatorze ans, l'avait précipité dans l'abîme, non plus qu'en plat flatteur de celui que les revirements de la fortune venaient d'appeler à gouverner à son tour la France. D'ailleurs, je ne le cache pas, ainsi que mon ami Benjamin

Antier, j'ai toujours trouvé la politique, en tant que sujet de préoccupation, la chose la plus vaine et la plus assommante du monde. J'admets parfaitement qu'un journaliste, qu'un député, qui se fait un nom, et parfois une fortune, à applaudir ou à dénigrer, chaque jour, telle ou telle forme de gouvernement, ne partage pas mon opinion; mais si les gens qui vivent de la monarchie ou de la république ont raison... surtout quand ils en vivent bien... de préconiser l'une ou l'autre, j'estime que ceux qui n'ont rien à gagner, et trop souvent qui ont à perdre à ce que l'on change ceci par cela, sont terriblement niais de se soucier de cela ou de ceci.

Maintenant, parce que j'évitai toujours de m'y mêler de fait ou de réflexions, est-ce à dire que je suis resté indifférent aux trop nombreuses révolutions que, depuis tantôt quarante ans, j'ai vues bouleverser successivement mon pays? Non sans doute. Certains événements m'ont fort chagriné, tandis qu'au contraire certains autres ont eu toutes mes sympathies. Mais, sympathies ou chagrins, j'ai tout gardé pour moi, n'attendant pas plus du maître qui me plaisait que ne redoutant celui qui ne me plaisait pas...

Et... et encore une digression qui m'a entraîné loin de mon sujet! Mais il fallait bien, pourtant, que je vous expliquasse comme quoi, tandis que Napoléon tombait pour céder la place à Louis XVIII, qui la lui rendait bientôt pour la lui reprendre de nouveau, je faisais, moi, des mélodrames...

D'abord *Madame de Valnoir*, représenté le 23 mars 1814.

Puis *Catherine de Courlande*, qu'on joua le 1er septembre suivant.

*La Bataille de Veillane*, joué le 15 avril 1815.

Et *le Troubadour portugais*... (hein! quel titre!)... le 7 novembre de la même année.

Quatre mélodrames en deux ans! Un mélodrame tous les six mois! Mon Dieu! oui. Et tous les quatre à l'Ambigu-Comique. Corsse et M^me de Puisaye m'avaient ouvert leur sein... j'y avais élu domicile. Et s'il est surprenant que, pendant que la France meurtrie, ensanglantée, changeait quatre fois de souverain, et pendant qu'à deux reprises l'étranger foulait en vainqueur le pavé de Paris, il ait existé des plumes pour écrire des mélodrames, n'est-il pas plus étonnant encore que, dans ce même Paris, il se soit trouvé un public pour les écouter, ces mélodrames, et les applaudir? Car, sur mes quatre pièces, deux surtout eurent du succès : *Madame de Valnoir* et *la Bataille de Veillane*. *Madame de Valnoir*, principalement, à sa première représentation, me valut une ovation dont je me fusse bien passé. Jugez-en :

Cette première représentation eut lieu, je vous l'ai dit, le 23 mars 1814, soit huit jours avant l'entrée des alliés dans nos murs. Au matin du 23 mars, une armée de cent quatre-vingt mille hommes était en vue de Paris, que Marmont et Mortier s'apprêtaient à défendre en désespérés, et, le soir de ce même jour, on jouait, au théâtre de l'Ambigu-Comique, un mélodrame nouveau; et la salle était pleine!

Du pain et des spectacles, *panem et circenses*, voilà, dit-on, ce qu'il fallait aux Romains. Les Parisiens sont moins exigeants; pourvu qu'ils aient des spectacles, ils oublient de manger... ils oublient même de pleurer sur leurs misères.

La pièce marcha comme sur des roulettes. Fresnoy, Villeneuve, Joigny, furent superbes! Raffile fut charmant! M$^{lle}$ Le Roy, le troisième rôle, la *traîtresse*, magnifique! M$^{lle}$ Adèle Dupuis, la *victime persécutée*, attendrissante à faire fondre en larmes des rochers.

Naturellement ceci est mon appréciation de

1814. Et, en vérité, les acteurs d'autrefois valaient bien ceux d'aujourd'hui. Ils avaient même cet avantage sur ceux d'aujourd'hui d'être infiniment moins vaniteux.

J'étais aux anges. Après le premier et le second actes, je n'avais pas eu assez d'éloges à donner aux *éminents* interprètes de mon œuvre; après le troisième, je me proposais de leur tresser des couronnes. Des couronnes pour ces messieurs, des baisers pour ces dames. Cela se fait très-bien, entre auteurs et actrices, à l'issue d'une *première* heureuse; et il y avait notamment, parmi mes interprètes féminins, une demoiselle Éléonore que je tenais à remercier de cette façon.

On en était à la dernière scène; quelques minutes encore et c'était fini, il n'y avait plus qu'à dire, au milieu des bravos unanimes : « Messieurs, la pièce que nous venons d'avoir l'honneur de représenter devant vous est de... » Mon nom!... mon nom que j'allais entendre proclamer!... A cette pensée, mon cœur battait à m'ôter la respiration.

La pièce se termine par cette tirade, que le comte *Albert de Rivebelle* adresse à *Timon Vaklin* :

« Bon vieillard, j'espère que vous ne nous

quitterez pas; nous tâcherons de vous faire oublier, par nos soins et notre amitié, le malheur d'avoir donné le jour à *un monstre tel que celui dont nous sommes heureusement délivrés.* »

A ces mots, prononcés par Villeneuve, représentant le comte *Albert de Rivebelle*, ce ne sont pas des applaudissements qui éclatent dans la salle, ce sont des hurlements, des rugissements d'approbation. Qu'est-ce que cela signifie? De la coulisse, où je suis blotti, j'écoute, stupéfait, ces clameurs frénétiques. La toile est tombée. On demande l'auteur en continuant de crier, de trépigner. La toile se relève. Fresnoy s'avance vers le trou du souffleur....

— Messieurs, la pièce que nous venons d'avoir l'honneur de représenter devant vous est de M. Paul de Kock.

— Bravo! bravo!... Vive Paul de Kock!... Qu'il paraisse!... qu'on nous amène l'auteur !...

Villeneuve s'approchait, en riant, de moi.

— Ils veulent me voir.... lui dis-je ahuri; à quel propos? Ce n'est pas l'habitude, il me semble?...

— Non, sans doute... si ce n'est pour les pièces hors ligne.

— Eh bien?...

— Eh bien! cher monsieur, le succès de votre pièce est hors ligne, paraîtrait-il... et savez-vous pourquoi? A cause de sa dernière phrase : « Nous tâcherons de vous faire oublier le malheur d'avoir donné le jour à *un monstre tel que celui dont nous sommes heureusement délivrés.* »

— Je ne comprends pas.

— Vous ne comprenez pas que le public voit dans cette phrase une allusion au *tyran,* à *l'ogre de Corse,* battu par les coalisés, et qui, selon l'espoir général, ne rentrera jamais à Paris?

— Ah! mon Dieu!... mais cette allusion n'a jamais été dans ma pensée!...

— Je le crois; mais il suffit qu'elle soit dans celle des spectateurs pour qu'ils veuillent vous en témoigner leur gratitude... Eh! eh!... entendez-vous? Ils vous appellent... Il n'y a pas à résister, cher monsieur... il vous faut aller savourer votre triomphe!

Villeneuve m'entraînait vers la scène, mais me dégageant de son étreinte :

— Non, m'écriai-je, non, je n'ai pas écrit cela en vue de l'empereur, je rougirais de l'avoir écrit dans cette intention insultante; je n'obéirai donc pas à l'appel dont je suis l'objet. Adieu!...

Et de m'enfuir sans remercier mes acteurs...

et, ce qui me fut le plus cruel, sans embrasser mes actrices...

Et ce qu'il y a de plus curieux, c'est que ma mère, mon beau-père et tous mes amis étaient, comme le public, convaincus que j'avais visé Napoléon vaincu dans mon *monstre*. J'eus mille peines à les dissuader de cette idée. A quoi tiennent pourtant les destinées! C'eût été dans mes goûts, que, de ce jour, j'eusse pu me poser en écrivain politique. Heureusement que la tirade qui avait fait tant d'effet à la première représentation passa inaperçue à la seconde, par ce motif que l'approche de l'ennemi et l'imminence d'une bataille commençant, malgré tout, à effrayer quelque peu les Parisiens, c'est tout au plus s'il y avait moitié salle. Et mon horreur de la politique dominant, en cette circonstance, mes intérêts d'auteur, je fus plus satisfait que fâché du tiède empressement de la foule.

Oh! les Parisiens! quelles girouettes!... J'ai toujours plaint du plus profond de l'âme les gens qui ont entrepris l'impossible tâche de les fixer.

Je les ai vus, les Parisiens, à l'Ambigu-Comique, le 23 mars 1814, applaudir à la perspective du renversement de l'empire...

Huit jours plus tard, sur les boulevards, je les

ai vus salir leurs mouchoirs blancs à essuyer la poussière sous les pas des chevaux des souverains alliés caracolant à la tête de leurs armées...

Je les ai vus encore, au mois de mai suivant, quand Louis XVIII fut entré aux Tuileries, danser sous les fenêtres de ce château en hurlant : « Vive notre roi légitime !... »

Puis, parce que leur roi légitime se permettait de ne pas penser absolument comme eux ; parce que, pour récompenser ses amis d'avoir souffert avec lui dans un long exil, il songeait à leur rendre des biens qu'on leur avait volés ; parce que, dans un pieux et noble sentiment, il voulait élever une tombe aux restes de Louis XVI et de Marie-Antoinette, bientôt, ces mêmes Parisiens, je les ai entendus se désoler de ce qu'on leur eût ramené un Bourbon...

Regretter le *père la Violette*, ainsi que les soldats appelaient l'empereur...

Et quand il revint à Paris, en mars 1815, le *père la Violette*, je les ai vus l'entourer, sur la place du Carrousel, en l'assourdissant de cris de joie et d'amour... en lui jurant tous de mourir pour lui !

Des serments qui durèrent cent jours. A cent jours de là, les Parisiens avaient de nouveau cessé d'aimer Napoléon pour se reprendre à chérir Louis XVIII...

Le 8 juillet 1815, ils dansaient derechef aux Tuileries, sous les croisées de leur monarque légitime...

Ce qui ne les empêchait pas, quelques années plus tard, en juin 1821, de commencer une petite répétition de la révolution de juillet, sur les boulevards, aux cris de « Vive la charte! »

Mais je m'arrête, car j'emplirais un volume à enregistrer tous les changements de front que j'ai vu faire aux Parisiens.

Et puis, je prêche des convertis, je suppose. Mes lecteurs sont édifiés, aussi bien que moi, sur le compte de ce peuple dont je ne sais plus quel écrivain a dit qu'il serait le premier du monde, « s'il pouvait se décider une bonne fois à savoir ce qu'il aime et ce qu'il veut. »

Un matin de l'année 1837, ma domestique entra dans ma chambre à coucher, qui est en même temps mon cabinet de travail, pour m'annoncer « qu'un ancien ami » désirait me parler.

Un ancien ami! Son titre méritait que j'allasse au-devant du visiteur. Ce que je fis, non sans une secrète défiance. Quand on a quelque réputation, il vous pousse tant d'amis... qu'on ne connaît pas et qu'on ne se soucie pas de connaître!

Un vieillard, pauvrement vêtu, se tenait au milieu de mon salon.

— Bonjour, mon cher Paul de Kock, me dit il en me tendant la main.

Et comme la mienne restait immobile, par cette raison que je ne reconnaissais pas du tout celui qui me la demandait :

— Ah! ah! reprit-il gaiement, je conçois!... il y a si longtemps que nous ne nous sommes vus!... Vous ne me remettez pas, et c'est tout simple! Vous, vous êtes toujours le même... mais vous, vous êtes encore tout jeune... tandis que moi... j'aurai mes soixante-douze ans le mois prochain! Hélas! oui, il frise ses petits soixante-douze ans, ce pauvre Villeneuve!...

— Villeneuve!... ah! pardon, mon ami! pardon de ne vous avoir pas reconnu!...

— Il n'y a pas d'offense! Je dois être si changé depuis quinze ans que j'ai quitté Paris! Dame! c'est que, ces quinze ans-là, je n'ai pas mangé de biftecks aux pommes tous les jours!... C'est tout au plus même si j'ai tous les jours mangé des pommes sans biftecks!...

— Vous avez été malheureux?...

— Je l'ai été et je le suis encore. Vous voyez... le plumage répond au ramage. J'ai toute ma garde-robe sur le dos, et elle n'est pas brillante, hein?... Ah! il est loin le temps où l'on m'appelait l'élégant Villeneuve. Mais, d'abord, si vous vous le rappelez, en 1820, ma femme est morte... et cela a commencé à jeter du désarroi dans mon existence. Non pas qu'elle eût beaucoup d'ordre, ma femme! Oh! l'économie et elle n'ont jamais habité sous le même toit! Mais c'est égal... elle me tenait en bride; elle m'empêchait de faire des sottises... des coups de tête. Si elle eût vécu, jamais, par exemple, je n'aurais quitté l'Ambigu-Comique!...

« Eh! eh! vous souvenez-vous? c'est moi qui ai créé le principal rôle dans votre première pièce, à l'Ambigu.

— Oh! je m'en souviens très-bien.

— *Madame de Valnoir*, un bon petit mélodrame, ma foi! pour un débutant... à la fin de la première représentation duquel on voulut vous porter en triomphe à cause de certaine tirade... où l'on s'imagina voir une allusion...

— Qui n'y était pas. Et d'où venez-vous, maintenant, Villeneuve?

— J'arrive de province. J'ai traîné mes guêtres un peu partout, depuis une quinzaine d'années... dégringolant de plus en plus à mesure que je vieillissais. J'étais engagé pour jouer les premiers rôles à Bordeaux... maintenant, c'est à peine si l'on veut de moi pour porter les lettres dans les théâtres de Meaux ou de Coulommiers!...

« Et vous, mon cher Paul de Kock? Vous, c'est différent, vous êtes plus heureux que jamais à présent?

— J'ai beaucoup travaillé.

— Oui! oui!... vous vous êtes fait un nom comme romancier, je sais cela. Oh! j'ai lu plusieurs de vos ouvrages en province. Entre autres votre *Maison blanche*. C'est très-bien. Il y aurait un fier mélodrame à tirer de là dedans!

« Ah çà! vous ne m'en voulez pas de vous avoir fait une petite visite... à titre de vieille connaissance?

— Non, certes! Mais quel est votre projet en revenant à Paris? Est-ce que vous espérez...

— Rentrer dans un théâtre? Non! je suis trop vieux. Oh! je ne m'illusionne pas. Je suis trop vieux. Aucun directeur ne peut vouloir de moi aujourd'hui. Ce que j'ambitionne... et j'ai quelques protections pour l'obtenir... c'est d'être admis dans un genre d'établissement tout différent. Eh! eh!... j'ai soixante-douze ans... l'âge exigible...

— Et le nom de cet établissement?

— C'est Bicêtre, parbleu! Au moins, là, je ne crèverai pas de faim!

Pauvre Villeneuve!... réduit à l'hôpital!...

— Tenez, mon ami; lui dis-je en lui glissant un louis dans la main, en attendant votre admission à Bicêtre, voici de quoi vivre quelques jours.

Il regarda la pièce d'or comme s'il eût eu envie de l'embrasser.

— Merci! fit-il. Vous êtes bon... je n'en espérais pas moins de vous. Ah! ça me rajeunit, parole d'honneur! la vue de ce jaunet!... Avant que je n'entre là-bas, vous me permettez de revenir vous rendre mes devoirs?

— Très-volontiers.

— Merci encore, et au revoir!

Le vieux comédien s'était éloigné. Onze heures sonnaient; je déjeunai, puis je sortis. J'avais l'habitude, à cette époque, chaque matin, mon premier repas achevé, d'aller lire les journaux au café de l'Ambigu, café-restaurant, alors tenu par un nommé Quiney, dont les amateurs appréciaient les talents comme cuisinier, tout en enviant son bonheur comme époux. Le fait est que si les mets préparés par Quincy étaient excellents, sa femme, chargée de rédiger au comptoir les cartes à payer, était bien jolie! trop jolie!... Point de rose sans épines. Le bruit courait que Quiney était jaloux comme un tigre de sa séduisante moitié. Othello restaurateur! Othello contraint de surveiller un coulis en même temps qu'un galant!... Othello-Quiney a dû bien souffrir.

J'avais déjeuné; ce fut dans la salle réservée aux consommateurs de rafraîchissements que j'entrai. Le matin, il y avait peu de monde, j'y pouvais lire tranquillement ce qui m'intéressait. J'avais franchi le seuil de cette salle, et déjà je tenais en main un journal, lorsqu'une voix joyeuse, proférant ces mots, sollicita mon attention:

— Tiens, tiens!... Paul de Kock!... Vous faites comme moi, cher ami, vous venez prendre votre petit café après déjeuner...

Je me retournai vivement, et, je l'avoue, je demeurai pétrifié. Celui qui me parlait ainsi n'était autre que Villeneuve! Villeneuve, le vieil acteur à qui je venais de faire l'aumône, et qui, par moi surpris en train de prendre du superflu, quelques minutes après que je lui avais donné de quoi se procurer un peu du nécessaire, ne craignait pas de m'interpeller en plaisantant!

La chose me sembla d'une telle force que je ne trouvai rien à répondre. Cependant, sans paraître autrement ému de mon silence, Villeneuve, qui avait humé son *petit café*, payait le garçon, et, passant devant moi en me saluant d'un signe familier :

— Au revoir, mon cher Paul de Kock! disait-il.

Quiney entrait dans la salle comme Villeneuve en sortait.

— Est-ce que ce vieux monsieur a déjeuné ici? demandai-je au restaurateur.

— Oui.

— Quelle espèce de déjeuner, s'il vous plaît?

— Mais une assez bonne espèce, et, entre nous, cela m'a même étonné, car il ne paye pas de mine, le bonhomme! Des huîtres, un filet aux olives, une sole frite, du roquefort, et une bouteille de moulin-à-vent. Il en a eu pour ses huit francs.

« Mais pourquoi me demandez-vous cela, monsieur Paul de Kock? Vous connaissez ce vieux monsieur?

— Oui, je le connais un peu; c'est un ancien

comédien. Mais ma question n'a pas d'importance. Je vous suis obligé, monsieur Quiney.

C'était trop fort! Il avait dépensé huit francs à son déjeuner, et, avec des protections, tout son avenir se réduisait à une cellule à Bicêtre!... « Faites donc l'aumône à des farceurs pareils!... » grondais-je entre mes dents.

Mais la réflexion me calma. Grands ou petits, riches ou pauvres, il est notoire que les artistes ne comprennent pas, ne comprendront jamais la vie comme le commun des martyrs de la vie bourgeoise. A la veille de manger le pain bis de la charité, Villeneuve avait voulu manger une dernière fois le pain blanc du plaisir. Et pourquoi pas? Pour une misérable pièce de vingt francs que je lui avais donnée, étais-je en droit de lui reprocher sa dernière joie? Je regrettai de lui avoir fait froide mine. Je lui eusse souri que, je gage, il eût été ravi de me rendre politesse pour politesse en m'offrant, avec mon argent, *mon petit café*.

# CHAPITRE VI

Sommaire. — Une halte.— Mon premier succès. — *Georgette ou la Nièce du tabellion.* — Mme de Saint-Phar. — Les soirées du Marais. — Une mansarde. — Comment naissent les situations romanesques. — Hubert, libraire des galeries de bois, au Palais-Royal. — Premier argent touché. — *Frère Jacques.* — *Mon voisin Raymond.* — Chez Ladvocat. — Chateaubriand. — *Gustave ou le Mauvais Sujet.* — Cris de paon des pudibonds. — Un duel avec un pharmacien. — Une bonne fortune. — Oie, dinde ou poulet. — Comment l'aventure devait finir. — Un galant qui se sauve à toutes jambes. — Nicolas Barba. — Visite à Pigault-Lebrun. — Encore Ladvocat. — Charles Nodier et Zozo. — Le libraire aux truffes. — Hippolyte Souverain, meunier. — M. Alexandre Dumas fils. — Baudry. — Lachapelle. — Alexandre Cadot. — Comment on dînait chez lui. — Sartorius. — Un éditeur dont je ne parlerai pas.

Dans les cinq chapitres qui précèdent, et qui, selon le mode de classification que je me suis assignée au début, commençant en 1793 pour aboutir à 1815, représentent, en quelque sorte, la première partie de mes *Mémoires*, je vous ai initié, sinon jour par jour, au moins à peu près année par année, à tout ce que, de mon enfance et des premiers temps de ma jeunesse, j'ai jugé capable de vous intéresser. Maintenant, j'irai à plus larges enjambées à travers mes souvenirs, d'abord parce que ce n'est pas l'histoire de ma vie que j'ai entrepris d'écrire ici (ma vie, et je m'en félicite, a été trop calme et trop simple toujours pour mériter que le public s'en occupe); ensuite, parce que l'obligation de suivre un ordre chronologique et méthodique, dans ces récits, me paraissant non moins gênante que monotone, je trouve bon de ne m'y point astreindre.

Ainsi, par exemple, je vous ai dit comment j'avais publié mon premier roman et fait représenter ma première pièce; eh bien! assurément, je me garderai de vous donner, l'un après l'autre, l'historique de chacune des œuvres, sorties de ma plume, qui ont suivi, en librairie et au théâtre, *l'Enfant de ma femme* et *Madame de Valnoir*. J'ai écrit, jusqu'à ce jour, près de quatre cents volumes, et fait représenter plus de deux cents pièces : mélodrames, drames, opéras-comiques, féeries, comédies et vaudevilles; convenez que, si je voulais vous parler en détail de tout cela, je montrerais une grande vanité en mettant votre patience à une terrible épreuve.

Donc, quand une anecdote me viendra, au courant de la mémoire, à propos de tel ou tel de mes romans, de telle ou telle de mes pièces, ou bien encore de telle ou telle individualité, plus ou moins marquante, avec laquelle j'ai été en relation, cette anecdote, je vous la rapporterai. Mais, c'est convenu, de ce moment, dans cette seconde partie, mes souvenirs ne s'inquiètent plus de l'ordre des dates; ils vont, à leur fantaisie, en avant ou en arrière. Qui m'aime me suive!

Cependant, je croirais manquer à tous mes devoirs de gratitude, si, revenant pour une seule fois sur ma détermination, je ne disais pas tout de suite à qui je dois la publication de mon second roman, *Georgette ou la Nièce du tabellion*, c'est-à-dire mon premier succès comme romancier, celui qui commença de me faire sortir de l'ombre. Entre nous, *l'Enfant de ma femme* m'y avait complétement laissé.

Et, après que j'en aurai terminé sur le chapitre d'un libraire dont le nom est resté dans mon esprit et dans mon cœur comme le synonyme de gracieuseté, d'honnêteté et d'obligeance, faisant d'une pierre deux coups, j'esquisserai la silhouette de quelques autres de mes éditeurs. Une dette, pas uniformément de reconnaissance, celle-là, que j'acquitterai encore envers ces messieurs.

Vous vous rappelez que j'avais entamé *Georgette* en mè croyant *lancé*, et que, trop tôt désabusé d'un glorieux espoir, voyant qu'on n'achetait pas mon premier roman, j'avais renoncé à en écrire un second. Mais s'il est vrai que « qui a bu boira, » il est plus vrai que « qui a écrit écrira. » Le succès de *Madame de Valnoir*, à l'Ambigu, m'avait été très-agréable sans doute; mais, tout en conservant le désir de continuer de travailler pour le théâtre, je sentais d'instinct que ce n'était pas là que je me ferais une réputation...

En conséquence, je me remis à *Georgette*.

Si *Georgette ou la Nièce du tabellion* n'est pas encore un de mes bons romans (je parle, bien entendu, pour ceux qui estiment que j'ai fait de bons romans), il est évident, néanmoins, qu'il y a progrès dans cet ouvrage sur son aîné. C'est que, dans *Georgette*, la part faite à l'imagination, il y en a une, et la plus large, tout à l'observation. Je commençais à comprendre, en l'écrivant, que, dans le genre comique surtout, un romancier est bien mieux inspiré de copier sur le vif que d'inventer. Ainsi, un des chapitres de *Georgette*, intitulé *une Soirée au Marais*, est la reproduction exacte d'une réunion hebdomadaire à laquelle j'assistais souvent. C'était au Marais, en effet, rue du Pont-aux-Choux, chez une dame de Saint-Phar.

Quelles joyeuses heures j'ai passées dans cette maison! Car, si le plus grand nombre de ses commensaux habituels se composaient de gens peu divertissants, en revanche il y en avait aussi de fort aimables, principalement dans la partie féminine. On dansait, on faisait de la musique, et l'on jouait aux jeux innocents, chez M^me de Saint-Phar; j'y étais tombé amoureux d'une certaine demoiselle... majeure, Caroline M***, une grande blonde qui ne demandait qu'à être aimée. Un soir, justement, en jouant à cache-cache, je ne sais comment il se fit que sortis, Caroline M*** et moi, de l'appartement de la maîtresse de la maison, nous nous rejoignîmes, tout en haut de l'escalier, dans une petite chambre mansardée dont, par heureuse aventure, la porte s'était trouvée ouverte devant nous. Ah! c'est que nous tenions à nous bien cacher, ma belle et moi! Et nous y serions peut-être encore, dans cette hospitalière petite chambre... du diable si l'on nous eût cherchés là!... si la personne à qui elle appartenait, une ouvrière gantière, ne nous y eût dénichés. Elle était descendue dans le quartier acheter son souper, cette grisette, et, comme elle ne redoutait pas les voleurs, elle avait négligé, en sortant, de fermer sa porte. Voyez-vous sa surprise, à son retour à son logis, d'y apercevoir un jeune homme et une jeune fille, assis sur une seule chaise, en train de se jurer qu'ils s'adoreront toujours! Une bourgeoise eût crié... la gantière se mit à rire; je crois même qu'elle poussa la gracieuseté jusqu'à nous éclairer pour regagner l'étage de M$^{me}$ de Saint-Phar. Car nous ne savions plus où nous étions ni l'un ni l'autre. On se perd dans le septième ciel.

*Georgette ou la Nièce du tabellion* vaut donc mieux que *l'Enfant de ma femme*, et, comme *l'Enfant de ma femme*, pourtant, *Georgette* eut à subir les rebuffades des libraires, et, de guerre lasse, la retraite dans une armoire. Elle y resta même plus longtemps que *l'Enfant*, dans son armoire. Quatre ans. Pendant quatre ans, j'oubliai volontairement mon second roman. Mais je n'étais pas resté inactif ces quarante-huit mois; j'avais fait des mélodrames, des vaudevilles. Un beau jour, en vendant le manuscrit d'un mélodrame à Barba, car j'étais entré en relations d'affaires avec le célèbre Nicolas Barba du Palais-

Royal, je me souvins de *Georgette* et j'eus l'audace de la lui proposer.

— Je ne veux plus éditer de romans, me dit-il, mais apportez-moi le vôtre, et, s'il en vaut la peine, je vous adresserai à un confrère qui l'imprimera.

Ce confrère était Hubert, établi, à quelques pas de Nicolas Barba, sous les *galeries de bois*.

Je vois encore la figure affable de Hubert lorsque je lui fis ma visite :

— Ah! vous êtes M. Paul de Kock... Donnez-vous donc la peine de vous asseoir. J'ai lu votre roman, qui m'a beaucoup plu. Nous allons mettre cela sous presse tout de suite, quand nous aurons décidé un prix. Un prix doux; pour une première affaire je ne puis pas vous payer cher. Mais si, comme je le suppose, votre *Georgette* marche bien, je vous ferai des conditions plus avantageuses à votre ouvrage suivant. Oh! vous verrez, je suis sûr que nous nous entendrons!

Et moi aussi, j'en étais sûr, que nous nous entendrions!... Nous nous entendions déjà. Hubert avait lu mon roman « qui lui avait beaucoup plu!... « Oh! il l'avait dit!... Et non-seulement il allait le mettre tout de suite sous presse, mais il me le payerait!... Et il m'invitait à lui en faire un autre!... Mais ce n'était pas un libraire que cet homme, c'était un bon ange!... le bon ange des jeunes auteurs. S'il leur cachait ses ailes, c'était pour ne point les intimider.

Ah! quand je quittai sa boutique, emportant dans ma poche la moitié du prix de la vente de *Georgette*... car nous signâmes immédiatement notre traité, et il me versa immédiatement la moitié du prix arrêté entre nous, et que je n'avais pas longtemps débattu, je vous jure... les galeries du Palais-Royal n'étaient pas assez élevées pour moi... j'en touchais les voûtes du front. Imprimé... et payé!... J'avais un éditeur qui me payait!... Plus tard, j'ai vendu mes romans assez cher. *L'Amant de la lune*, notamment, dix volumes, me fut payé comptant, par Baudry, vingt mille francs. Eh bien! alors, ces vingt gros billets de banque étalés sur mon bureau ne me firent pas le plaisir que m'avaient causé jadis les quelques louis de Hubert. J'aurais voulu à la fois les conserver toujours, comme le premier et précieux fruit d'un travail aimé, et les dépenser tous, d'un seul coup, dans une *fête* de réjouissance.

Je ne les dépensai pas d'un seul coup ni ne les conservai, mais l'amour et l'amitié profitèrent de mon bonheur. Caroline M\*\*\*, la demoiselle du

*cache-cache*, eut une bague en turquoises, et Maricot, Pâris, et deux autres amis encore à moi, les frères C...z, firent avec moi, à mes frais, un excellent dîner chez Beauvilliers. On y but à la santé de *Georgette* et de Hubert. — « De nouveaux mariés? » nous demanda un vieil indiscret, notre voisin de table. — « Pas encore, monsieur, lui répondit gravement Maricot; Hubert et *Georgette* ne sont encore que fiancés; mais leur mariage ne tardera pas; et, nous l'espérons, ils seront heureux... et ils auront beaucoup d'enfants!... — Ainsi soit-il! fit le vieux curieux. — Ainsi soit-il! » répétâmes-nous en chœur.

Après *Georgette*, Hubert édita *Gustave ou le Mauvais Sujet*, puis *Frère Jacques*, puis *Mon voisin Raymond*, qu'on s'accorde à considérer comme mon meilleur ouvrage. Chateaubriand, qui, quoique poëte, ne méprisait pas le rire (une différence à son avantage entre lui et Lamartine), Chateaubriand en personne me fit l'honneur, un jour, de me complimenter sur ce roman. C'était trois ou quatre mois avant la révolution de juillet; j'étais chez le libraire Ladvocat quand M. de Chateaubriand y arriva. Je me disposais à me retirer, mais Ladvocat, me retenant du geste, dit à l'auteur d'*Atala* :

— Monsieur de Chateaubriand, voulez-vous me permettre de vous présenter l'auteur d'un livre qui, m'avez-vous dit maintes fois, est un des plus amusants, des plus gais, des plus franchement gaulois que vous ayez lus : l'auteur de *Mon voisin Raymond*.

— M. Paul de Kock!... dit M. de Chateaubriand en s'avançant vers moi avec un aimable sourire; mais je suis enchanté de faire votre connaissance, monsieur. Oui, certes, *Mon voisin Raymond* est un très-joli roman; une des études de mœurs parisiennes les plus vraies et les plus spirituelles qu'on ait écrites. Mais je n'ai pas lu que ce roman de vous, monsieur; j'ai lu, je crois, la plupart de vos ouvrages, et, s'ils ne m'ont pas tous satisfait au même degré que *Mon voisin Raymond*, je me plais à reconnaître, au moins, que j'ai remarqué dans tous une gaieté... un peu vive quelquefois, peut-être, mais jamais de mauvais aloi. Continuez dans cette voie, monsieur, et, je vous le prédis, vous aurez votre place parmi les romanciers français.

On m'accusera peut-être, après avoir lu ce qui précède, de me pourlécher trop complaisamment les lèvres au souvenir du lait que daigna me verser jadis un illustre écrivain. Mais si je n'ai jamais voulu répondre aux critiques acerbes dont j'ai été souvent l'objet, et si ces critiques n'ont laissé dans mon esprit pas ombre même de ressentiment, ne suis-je pas excusable aujourd'hui de citer un épisode de ma vie littéraire dont je suis en droit d'être fier, et que je n'ai, jusqu'à présent, jamais raconté qu'à mes intimes? Au surplus, que je sache, on n'écrit guère ses *Mémoires* qu'en vue de la partie du public qui s'intéresse à vous comme homme, parce qu'on lui est sympathique comme auteur. Donc mon anecdote sur ma rencontre avec Chateaubriand ne saurait m'être reprochée par mes lecteurs, et au contraire, puisqu'elle leur prouve qu'ils ne sont pas si malavisés d'aimer des romans auxquels Chateaubriand reconnaissait du mérite.

*Georgette ou la Nièce du tabellion* se vendit bien, mais ce fut surtout *Gustave ou le Mauvais Sujet* qui commença de faire parler de moi. Pas d'une façon élogieuse par tout le monde... Non!... Beaucoup de personnes trouvèrent le livre quelque peu leste, et je conviens qu'elles n'eurent pas tort; mais je déclare aussi, sans vergogne, que je ne ressentis alors, pas plus que je ne ressens à présent, le moindre remords de mon crime.

Franchement, voyons, un roman qui a pour titre *Gustave ou le Mauvais Sujet*, ne saurait avoir rien de commun avec *Télémaque*... si ce n'est lorsque le fils d'Ulysse se laisse aller à causer, en catimini, dans les grottes, avec la belle nymphe Eucharis. Eh! eh!... il n'y a pas à le nier, *Télémaque* est bien près, là, de ressembler à mon *Gustave*. Enfin, l'apparition de ce livre souleva contre moi, non-seulement dans les journaux, mais dans quelques rayons de mon entourage, des tempêtes de pudeur alarmée. Où allais-je, mon Dieu! Mais la *Folie espagnole*, de Pigault, n'était que du Ducray-Duminil près de *Gustave!*... L'Arétin était ressuscité; il s'appelait Paul de Kock. Chez une amie de ma mère, où je m'immolais parfois aux somnolentes douceurs d'un boston à un liard la fiche, une dame, que six semaines plus tard son mari surprit en conversation criminelle avec un de ses cousins, refusa de s'asseoir en face de moi à la table de jeu, sous prétexte que *je l'épouvantais*. Ailleurs, une autre dame, déjà mûre et très-laide, que, par politesse, j'avais invitée à danser, s'évanouit lorsque je lui pris la main. Elle dit, le lendemain, qu'il lui avait semblé que mes doigts étaient des charbons ardents. Comme les doigts de Satan, ni plus ni moins. Je riais de ces simagrées ; mais un jour, dans un atelier d'artiste, un monsieur s'étant permis de dire, en ma présence, que « *s'il était du gouvernement*, il ferait brûler *Gustave* en place de Grève, comme livre obscène, et jeter, pour le restant de ses jours, son auteur dans un cul de basse-fosse, » la moutarde me monta au nez si fort que le nez même du monsieur en eut à souffrir. Je lui administrai la plus magnifique chiquenaude que, probablement, il eût jamais reçue.

Échange de cartes. Mon adversaire... que nous nommerons Durand ; il existe encore, et, si je ne m'abuse, continue quelque part son état... mon adversaire était un pharmacien. Où la pudibonderie va-t-elle se nicher !... Le lendemain, à huit heures du matin, nous nous rencontrions au bois de Boulogne. Pàris et Maricot étaient mes témoins ; ceux de M. Durand devaient être de ses confrères ; au moins avaient-ils la mine de gens habitués à manier d'autres instruments que des pistolets. C'était au pistolet qu'il avait été arrêté que se viderait l'affaire.

Je me promenais depuis un quart d'heure à l'écart, attendant qu'on eût chargé les armes, et, quoique peu inquiet de ses conséquences, commençant à trouver que les dispositions du combat traînaient bien en longueur, lorsque je vis venir à moi Maricot et Pâris se tordant de rire.

— Qu'y a-t-il donc? demandai-je.

— Il y a, parbleu! répliqua Maricot, que ton duel est terminé.

— Complétement terminé! dit Pâris.

Et le combat finit, faute de combattants.

— Comment! M. Durand?...

— M. Durand a pris la poudre d'escampette.

— Mais ses témoins?

— Oh! ses témoins, en hommes prudents, l'avaient prise avant lui.

— Vous vous moquez!...

— Du tout.

« D'abord, quand j'ai tiré les pistolets de leur boîte, un des messieurs qui assistaient M. Durand... un petit jaune... tourna subitement au vert d'une si effroyable manière que nous ne nous étonnâmes point, Pâris et moi, qu'il manifestât le désir d'aller reprendre haleine plus loin. Le second témoin fit meilleure contenance; il assista à la charge d'un pistolet, mais lorsque je passai au second : « — Achille est peut-être malade, nous dit-il (il paraîtrait que le monsieur qui avait tant verdi se nomme Achille); je vais voir s'il n'a pas besoin de moi. »

« Et, sans attendre notre réponse, le second témoin de s'éloigner en courant, à travers les taillis, par le même chemin que le premier.

« Cependant M. Durand, qui avait vu, de loin, s'éclipser l'un après l'autre ses seconds, s'approcha de nous :

« — Où sont donc allés mes amis?

« — Ma foi! monsieur, nous l'ignorons, répondit Pâris; mais nous croyons que vos amis ne sont pas très-familiarisés avec les choses du duel, et que, si vous désirez que celui-ci suive son cours, vous ferez bien de leur remonter un peu le moral par quelques mots de fermeté.

« — Ah! murmura M. Durand, qui, tandis que Pâris parlait, considérait les pistolets d'un œil hagard, ah! l'aspect de ces instruments de mort a affecté mes témoins!... Eh bien! messieurs, veuillez patienter quelques minutes, je vous prie; je vais les chercher... et vous les ramener... Oh! je vous les ramène dans une minute, soyez tranquilles!.. »

Maricot s'était arrêté à ce passage de son récit pour se remettre à rire, de concert avec Pâris.

— Et puis après? dis-je, riant à mon tour,

gagné par l'exemple; sans doute, selon sa promesse, M. Durand va ramener ses témoins...

— Ah! bien oui! reprit Maricot, combattant et témoins sont loin, s'ils ne sont pas tombés tous trois dans un fossé!... Tu penses bien qu'après le discours de M. Durand nous ne sommes pas restés en place, Pàris et moi. Nous avons voulu voir ce qu'il allait faire. Nous l'avons donc suivi à distance...

— Et vous avez vu...

— Nous avons vu ton adversaire rejoindre au galop ses amis, à trois ou quatre cents pas de cette clairière, dans une allée qui conduit à Paris, et, leur prenant à tous deux le bras, avec eux, toujours au galop, s'acheminer, sans même se retourner, vers la capitale.

— Ce n'est pas possible!...

— C'est si possible que je vais, de ce pas, remettre dans leur étui les pistolets que j'ai laissés là-bas sur l'herbe, et que, si tu en crois ma vieille expérience, Paul, sans plus attendre, nous nous occuperons de déjeuner. Après cela, si tu veux accorder le quart d'heure de grâce à ton farouche ennemi, libre à toi. Mais ce sera de la patience perdue, va. Tu sais comment nos pères appelaient les gens de pharmacie? « *Les mousque-*

*taires à genoux.* » M. Durand ne se battra pas... il ne peut pas se battre. Allons donc!... mais si les apothicaires se battaient, qui est-ce qui nous donnerait donc des clystères!...

Ce duel est le seul que j'aie eu, et je ne le regrette pas, car j'estime le duel une absurdité; et, si j'eusse été désolé d'occire un pharmacien, je dirai, comme Calino, que s'il m'eût tué, ce pharmacien, je ne me le fusse pardonné de ma vie.

*Gustave ou le Mauvais Sujet* ne me valut pas, d'ailleurs, que de méchants propos et des querelles. Tous les lecteurs ne se ressemblent pas, et heureusement! Ce qui déplaît aux uns plaît aux autres. Et il est probable que les *autres* furent en majorité, pour mon roman, puisque sa première édition s'écoula en quatre mois.

En tout cas, beaucoup de dames se montrèrent fort gracieuses avec moi après avoir lu *Gustave*. Des dames qui aimaient les mauvais sujets, évidemment. Il y avait de ces dames-là autrefois.

A ce propos, une historiette :

Un matin, chez Hubert, un commis me remit un billet qu'une domestique avait apporté à mon intention, la veille, à la boutique. Ce billet était ainsi conçu :

« Monsieur l'auteur,

« Ne sachant pas votre adresse, je vous écris
« chez votre libraire. J'ai lu votre *Gustave*, et ça
« m'a donné l'envie de vous connaître. Voulez-
« vous venir souper après-demain à la maison?
« Nous ne serons que nous deux, ça va sans
« dire! Je n'ignore pas que ce n'est guère la mode
« que les femmes invitent les hommes, mais je
« suis une bonne bourgeoise qui y va à la bonne
« franquette; si le cœur vous en dit, promenez-
« vous après-demain jeudi, à sept heures du soir,
« devant la Porte Saint-Martin; vous verrez arri-
« ver, du côté de la rue, une servante d'une cin-
« quantaine d'années, coiffée d'un bonnet de
« Normande et tenant un plumeau d'une main
« et un balai de l'autre. Ce sera ma servante.
« Vous irez à elle et vous lui direz : « *C'est moi
« le monsieur.* » Elle vous conduira où il faut.

« Tâtez-vous. Si ça peut vous décider, je suis
« veuve, j'ai vingt-huit ans, et tous les hommes
« me reluquent. Voilà!

« Mon petit nom est

« Joséphine. »

Une bonne bourgeoise. Le style du billet et les nombreuses fautes d'orthographe qui l'émaillaient eussent suffi à m'apprendre qu'il n'avait pas été tracé par une duchesse. Mais « veuve, vingt-huit ans, » et « reluquée par tous les hommes!... » J'étais jeune, curieux d'aventures de toute sorte; je ne me *tâtai* pas longtemps...

Le surlendemain, à l'heure dite, j'étais au lieu du rendez-vous.

La servante normande y arriva bientôt, munie de ses signes de ralliement : son plumeau et son balai. Je m'en approchai et lui glissai la phrase convenue : « *C'est moi le monsieur.* » Elle me regarda, et il me parut que ses yeux exprimaient de l'étonnement. Le *monsieur* qu'elle s'attendait à voir n'était pas celui qu'elle voyait, peut-être. Pourtant, faisant une inclinaison de tête :

— Bon! bon! dit-elle, si c'est vous le monsieur, suivez-moi; je marche devant.

J'y comptais bien qu'elle marcherait devant! Quoiqu'il fût nuit, je ne me souciais pas de causer en route avec cette vieille Marton campagnarde...

Nous n'allâmes pas loin; rue Saint-Martin, à la hauteur à peu près de l'endroit où s'étend aujourd'hui le square des arts et métiers. Une maison à allée avec une boutique de rôtisserie à droite et d'épicerie à gauche.

— Nous y sommes, dit la Normande. Emboîtez-moi toujours le pas.

— Est-ce haut? demandai-je en touchant la rampe de l'escalier, un escalier sombre, tortueux et sale.

— Non, à l'entresol. Vous avez peur de monter?

— Je n'ai pas peur, mais ça m'étouffe.

— Je conçois ça!

Hein! pourquoi *concevait-elle ça?*... Décidément, je ne lui revenais pas, à Marton!...

Elle m'avait introduit dans une antichambre, et de là dans un petit salon, pas luxueux, mais qui, toutefois, sentait son honnête aisance : un meuble en acajou recouvert de velours; une pendule à sujet, en cuivre, flanquée de vases en porcelaine garnis de fleurs artificielles; des portraits de famille accrochés aux murailles...

— Je vais avertir madame que vous êtes là, dit la servante.

J'examinai les portraits : des têtes laides et communes, et quelle peinture! Cela avait dû coûter quinze francs pièce, cadre compris. Mon opinion est qu'on peut juger de l'espèce des gens chez qui l'on est par les tableaux qu'ils étalent. Mᵐᵉ Joséphine devait être une bourgeoise tout ce qu'il y a de plus bourgeoise.

Mais la porte par laquelle la bonne s'était éloignée se rouvrit. J'étais en train d'étudier l'image d'un gigantesque monsieur à barbe en collier, à chaîne d'or grosse comme le petit doigt, encadrant deux fois le gilet... l'époux de ma veuve, peut-être... je me retournai... j'étais devant Mᵐᵉ Joséphine : une grosse commère pas laide, elle, non! très-fraîche, même; mais si grosse, si grosse!... Ah! certainement le monsieur à la chaîne d'or avait été son époux!

Ma physionomie décela-t-elle le vague effroi que me causa l'apparition de tant d'embonpoint? Toujours est-il que, pour son compte, Mᵐᵉ Joséphine ne dissimula pas une légère grimace en me voyant.

Il y eut un moment de silence assez embarrassant pour tous deux. Enfin, prenant la parole :

— Vous êtes M. Paul de Kock, monsieur? me dit la veuve.

— Oui, madame.

— C'est drôle!...

— Qu'est-ce qui est drôle?

— Eh bien!... d'après votre livre, je m'étais

figuré que vous étiez... tout autre que vous êtes!

— Ah! ah!... quel homme supposiez-vous donc que j'étais?... Contez-moi ça, madame.

— Dame! je croyais... je pensais...

— Que j'étais un grand jeune homme de six pieds... aux larges épaules... à la chevelure épaisse... à la barbe bleue?...

— Oh! je ne tenais pas absolument à la barbe bleue... mais... vous ne devez pas être fort, de santé, hein?

— Mais pardonnez-moi, madame; je suis rarement malade.

— C'est singulier! vous êtes si mince. Au moins, vous avouerez que vous n'avez pas bonne vue?

M$^{me}$ Joséphine faisait allusion aux besicles que je portais depuis mon adolescence, et que je portai jusqu'à l'âge de trente-cinq ans. Ce ne fut que vers 1828 que ma vue, ayant repris de la force, put se passer d'un auxiliaire qui nuit beaucoup à la physionomie, cela est positif.

Je me mordis les lèvres. Ma veuve m'agaçait avec ses questions. Ce n'était pas une amoureuse qui m'avait écrit, c'était un président de conseil de révision.

— Mon Dieu! madame, répliquai-je assez

sèchement, il est vrai, j'ai la vue très-basse; mais mes besicles ne m'empêchent ni de manger, ni d'aimer, et, si je les garde ordinairement à table, je les retire au lit.

Mme Joséphine éclata de rire.

— Eh! eh! fit-elle, vous avez raison. Je suis bête de m'interloquer comme ça parce que vous ne ressemblez pas à un Hercule. Il y a des Hercules... d'apparence... qui ne sont pas si solides que ça! Mon mari, tenez... on aurait cru qu'il défoncerait un mur d'un coup de poing... et il n'était pas capable seulement de défoncer une cloison. Je le *boulais* d'une main quand je voulais.

« Et puis, n'est-ce pas? un auteur n'est pas obligé d'être bâti en fort de la halle.

« Allons souper, mon petit. Avez-vous faim?

— Hum! hum!...

— L'appétit vous viendra en mangeant. A table!...

Mme Joséphine m'entraînait, c'est le mot, dans la salle à manger, au milieu de laquelle était dressé le souper. Une oie rôtie de taille à rassasier un régiment.

Près de la table un panier rempli de bouteilles.

— Aimez-vous l'oie? me dit ma veuve.

— Hum! hum!...

— Encore : hum! hum!... Vous auriez préféré une dinde, peut-être?...

— Oh!...

— Faut pas vous gêner!... Si vous préférez la dinde, je vas dire à Gervaise de descendre nous en choisir une... ou un poulet... Oui, hein? un poulet vous irait mieux. Eh! Gervaise!...

Puisque je n'avais de penchant ni pour l'oie ni pour la dinde, on allait me *choisir* un poulet... Ce mot fut une révélation pour moi. Cette boutique de rôtisserie que j'avais remarquée en entrant dans la maison, appartenait à M<sup>me</sup> Joséphine. J'avais fait la conquête d'une rôtisseuse. Et la conquête... en imagination, car, en réalité... Oh! mes besicles avaient bien refroidi ma grosse marchande!...

Gervaise était accourue. Elle sourit ironiquement en s'entendant ordonner de remplacer la volaille servie par une pièce moins substantielle. « Pas de souffle! pas d'appétit!... Un piteux galant que madame a déniché là! » disait ce sourire.

Le fait est que plus je considérais M<sup>me</sup> Joséphine, et, contre ma propre assertion, moins je me sentais jaloux de lui prouver qu'on peut porter des lunettes et être un fort convenable amoureux. Ce n'était pas une femme que cette rôtisseuse, c'était un phénomène. La Vénus hottentote de la rue Saint-Martin. Rien que pour lui baiser la main il devait falloir une heure!...

Comment me tirer de ce guêpier?

Elle m'avait fait asseoir à table à ses côtés.

— Nous pouvons toujours boire un coup en attendant le poulet, dit-elle en emplissant mon verre jusqu'aux bords.

— Merci!... nous avons le temps... murmurai-je.

— Vous ne voulez pas trinquer avec moi?

— Pardon!... Mais je n'ai pas l'habitude, avant de manger, de...

— Oh! oh! Ah! bien, moi, je *flûte* sans me gêner ma bouteille pendant qu'on trempe la soupe! Buvez donc. Il est bon, mon vin; c'est du mâcon.

« Comme ça, c'est votre état de faire des livres? Ça rapporte-t-il un peu, cet état-là? Non, pas vrai? On gagne plus dans le commerce. Mais où prenez-vous toutes les bêtises que vous y mettez, dans vos livres?

— Je ne les prends pas, on me les donne.

— Qui ça qui vous les donne?

— Une infinité de gens que je rencontre partout. Oh! il ne manque pas de personnes disposées à me fournir de sujets et de types pour mes romans.

— Tiens! tiens! Je me figurais, moi, que vous les recopiiez dans d'autres vieux bouquins que vous achetiez sur les quais, vos romans. En les arrangeant, en les retapant.

Bête, avec cela! Non-seulement énorme, cette rôtisseuse, mais bête!... Mon parti fut pris.

Gervaise rentrait.

— Madame, il ne reste plus de poulet; je monte une demi-dinde en place.

— Bon! bon! Tant pis! n'est-ce pas, mon petit? Vous mangerez, pour une fois, de la dinde?

— Certainement, madame; mais, auparavant...

Je m'étais levé...

— Quoi? fit Mme Joséphine. Vous avez besoin de quelque chose?

— Oui; avec votre permission, j'aurais besoin d'être seul... cinq minutes... dans votre salon.

— Dans mon salon? Pourquoi dans mon salon?

— Parce que j'y serai à merveille pour écrire quelques lignes sur mon agenda.

— Ah! c'est pour écrire que... Je croyais...

— Excusez-moi, mais, dans mon état, voyez-vous, quand il vous pousse une idée, il est urgent de la noter...

— Très-bien! Allez! allez!... Je m'en vas découper la moitié de dinde pendant que vous écrirez votre idée.

Entrer dans le salon, où j'avais laissé mon chapeau, le traverser d'un bond, ainsi que l'antichambre, puis, quatre à quatre, descendre l'escalier, franchir l'allée, et, une fois dans la rue, m'enfuir à toutes jambes dans la direction des boulevards... tout cela fut, pour moi, l'affaire de quelques secondes...

Ma rôtisseuse ne devait pas avoir détaché une aile de sa moitié de dinde que j'étais devant le théâtre de la Porte-Saint-Martin, jurant de ne plus mordre si facilement, à l'avenir, aux billets doux des bonnes bourgeoises...

Faut de la bonne franquette, mais pas trop n'en faut.

Et M$^{me}$ Joséphine en avait vraiment trop.

Après Hubert, dans cette revue rétrospective de mes libraires éditeurs, je dirai quelques mots de Nicolas Barba, bien que certains vilains événements, dont il ne me convient pas de parler, survenus quelques années avant sa mort, et dans lesquels il joua, à mon égard, un assez triste rôle, aient rompu brusquement toutes relations entre nous.

Au demeurant, c'était un brave homme que Nicolas Barba; le *gros* Barba, comme on l'appelait à juste titre, car il avait à la fois l'encolure et la taille d'un géant. Un peu bavard, un peu hâbleur, mais hâbleur et bavard souvent spirituel. Pigault-Lebrun était son dieu, et, en vérité, il est si rare de voir des marchands se montrer reconnaissants envers l'artisan de leur fortune, que c'était sans fatigue qu'on écoutait le gros Barba vous parler sans cesse de son cher auteur et ami. Il fit mieux que de parler de l'affection qu'il avait vouée à Pigault, il la prouva en lui payant, sa vie durant, à dater de la publication de son quarantième volume, une rente annuelle de douze cents francs. Douze cents francs!... L'exiguïté du chiffre vous fait sourire; mais, il y a une quarantaine d'années, une telle somme semblait encore très-respectable.

Je rencontrai plusieurs fois, dans ma jeunesse, Pigault-Lebrun chez Nicolas Barba, à son appartement de la cour des Fontaines, mais affecta toujours tant de froideur à mon égard que, malgré moi, car j'avais toute l'estime possible pour son mérite, je dus m'en tenir près de lui à de simples compliments de politesse. En 1832, cependant, un jour d'automne, me promenant avec ma femme à la Celle-Saint-Cloud, où il s'était retiré, j'acceptai la proposition que me fit Nicolas Barba de rendre visite à Pigault-Lebrun. Il était bien vieux alors; il touchait à ses quatre-vingts ans; mais il était vert encore. Il m'accueillit, cette fois, très-cordialement.

— Vous me continuez, me dit-il. Je ne lis pas vos romans... il y a longtemps que je ne lis plus rien... mais on m'a dit qu'ils sont très-gais. Vous avez raison; faites rire; c'est plus difficile que de faire pleurer.

Nicolas Barba fut longtemps un des familiers de mon modeste logis. Quand j'eus acheté, après 1830, ma première maisonnette au bois de Romainville, il ne restait pas une semaine sans me consacrer au moins une journée. Il arrivait, de son pied léger, du Palais-Royal, appuyé sur sa canne à bec de corbin, à l'aide de laquelle, pour amuser mes enfants, il s'en allait, dans les champs environnants, gauler des pommes et des noix, au risque de se faire un mauvais parti avec le *mes-*

*sier* ou garde champêtre. Il nous contait sa vie, à ma femme et à moi; ses aventures de soldat. Il avait été chasseur au régiment de Boulonnais, et il n'en était pas peu fier. Il nous disait les escapades de Pigault en compagnie du prince Jérôme... escapades qui ont fourni matière au fameux roman intitulé *Mon oncle Thomas*.

Un nuage au ciel... un nuage qui ne tarda point à se convertir contre moi en un orage, et adieu Nicolas Barba! adieu sans retour. J'en fus chagrin; je l'aimais. Peut-être, par la suite, lui-même songea-t-il quelquefois, en soupirant, à ma petite maison, à mes enfants, à nos causeries. Enfin!... J'avais appris déjà, à l'user, que, pas plus que les serments d'amour, les serments d'amitié ne sont gravés sur l'airain; j'en fus quitte, pendant des années, en passant au Palais-Royal devant la boutique de Nicolas Barba, pour détourner la tête. Un torticolis périodique. On n'en meurt pas.

J'eus peu de rapports commerciaux avec Ladvocat, le célèbre éditeur de quantité de *Mémoires* dont il tira des monceaux d'or... qu'il eut la maladresse de jeter par les fenêtres; je ne fis guère pour lui qu'un article dans son ouvrage des *Cent-et-un;* mais je me plais à me souvenir de lui comme d'un homme aimable, au ton et aux manières ne sentant, en quoi que ce fût, son marchand. Et cet éloge n'est-il pas, dans l'espèce, une critique? N'eût-il pas mieux valu, pour Ladvocat, être moins gentilhomme et plus commerçant, pour n'en être pas réduit, à bout d'efforts, à se faire *couturière?* Car, chacun le sait, c'est ainsi que finit Ladvocat. De la librairie il passa à la couture. Il n'est pas prouvé qu'il prît en personne la mesure des robes qu'on taillait dans ses ateliers, mais ce qu'il y a de certain, c'est qu'il présidait, et s'en vantait, à leur confection.

J'ai dit que j'avais eu l'honneur de me trouver chez lui avec Chateaubriand. Un autre jour que j'y causais avec Merle, l'auteur du *Ci-devant jeune homme* et du *Bourgmestre de Saardam*, le rédacteur du feuilleton théâtral de *la Quotidienne;* comme Martainville, un royaliste forcené, et, comme Martainville, un écrivain de talent; je vis entrer un homme d'assez haute taille, aux yeux très-vifs, au nez un peu prononcé, à la bouche moqueuse, au-devant duquel Ladvocat, nous quittant brusquement, Merle et moi, se précipita, les deux mains tendues, en s'écriant : « Ah! ce cher Nodier! Comment vous portez-vous? »

— Connaissez-vous Charles Nodier? me demanda Merle.

— Du tout!

— Eh bien! il vous connaît, lui! et il y a longtemps!

— Bah!... Qui est-ce qui vous a dit cela?

— Lui.

— Et d'où me connaît-il? Où m'a-t-il vu?

— Quelque part où vous alliez beaucoup, paraît-il, autrefois. Attendez; il va vous conter cela lui-même.

Merle était allé à Nodier et, en me désignant à lui du regard, lui avait dit quelques mots à demi-voix. Aussitôt, l'auteur de *la Fée aux miettes* venant à moi :

— Merle ne vous a pas trompé, monsieur Paul de Kock, me dit-il, il y a plus de vingt ans que j'ai le plaisir de vous connaître!

— En vérité, monsieur! Et auriez-vous la bonté de m'apprendre...

— Où nous nous sommes rencontrés non pas une fois, mais cent... deux cents!... Très-volontiers.

« Nous sommes en 1833, n'est-ce pas? Eh bien! au temps où le boulevard du Temple était encore le boulevard du Temple, c'est-à-dire l'endroit le plus original de Paris, avec ses baraques de saltimbanques attitrés, ses salons de figures de cire, ses phénomènes et ses ménageries, vous souvient-il de certain paillasse, moitié Jocrisse, moitié Arlequin, dont les parades étaient ce qu'il y avait de plus désopilant?

— Zozo?

— Zozo, c'est cela; Zozo. De 1810 à 1820, n'est-il pas vrai que, bien jeune encore, vous étiez un des spectateurs les plus assidus des parades de Zozo?

— En effet. Habitant du quartier, il ne s'écoulait pas deux jours sans que j'allasse écouter l'amusant bobèche.

— Eh bien! quoique ne demeurant pas au Marais, moi aussi, qui aimais... que dis-je! qui adorais Zozo, je ne restais pas deux jours de suite sans aller me tenir les côtes de rire à ses farces. Et comme, à force de faire partie de son public, j'avais fini par en posséder dans les yeux les figures les plus intelligentes à mon sens... parce qu'elles étaient celles qui, comme moi, riaient le plus franchement... il n'est donc pas extraordinaire que, lorsque Merle vous a montré à moi, il y a un mois ou deux, au théâtre, je me sois écrié: « C'est là Paul de Kock! Eh! il y a des siècles que je le connais! Et, sans avoir jamais échangé un mot avec lui, je parierais que c'est un excellent homme! Il rit bien. »

Un libraire qui avait de grands points de ressemblance, comme manières et comme langage, avec Ladvocat, c'était Charlieu, l'éditeur de mes romans dans le format in-quarto illustré. M. de Charlieu était le type du négociant grand seigneur. Il avait des voitures, des chevaux; maison de ville, maison de campagne. Très-riche, d'ailleurs, par lui-même, et faisant de fort bonnes affaires, il pouvait se permettre les joies du luxe sans crainte qu'on ne l'accusât de leur sacrifier ses intérêts. Possesseur de grandes propriétés dans le Midi, il ne manquait pas, chaque hiver, et cela à trois ou quatre reprises, de m'expédier quelque magnifique terrine, quelque succulent pâté de foies gras, bourrés de truffes noires récoltées dans ses terres. Et, je ne le cache pas, il ne m'était pas désagréable d'être en relation avec un libraire qui récoltait des truffes dans ses terres... et qui m'en envoyait dans des pâtés de foies gras!...

Je suis gourmand, je l'avoue. Est-ce un défaut? Pour ceux qui ne le sont pas, oui. Mais j'avoue encore que je ne connais rien d'ennuyeux, à table, comme les personnes qui n'aiment rien et ne mangent de rien. En définitive, qu'est-ce que cela prouve? Qu'elles ont un mauvais estomac, voilà tout! Et être sobre, parce qu'on a un mauvais estomac, c'est de la prudence, ce n'est pas de la vertu.

C'est comme les gens qui vous disent, d'un petit air pincé, quand vous leur proposez une partie de bouillotte ou de whist : « Merci! je ne joue jamais! Je n'ai, de ma vie, touché une carte. Oh! j'ai le jeu en horreur! » Défiez-vous de ces puritains; en les grattant au vif, vous découvrirez des pingres. Ce n'est pas dans l'horreur du jeu qu'ils puisent leur soi-disant sagesse, c'est dans la crainte de perdre une pièce de cent sous. Que de fois j'ai répété ce mot de Voltaire à une dame, à de jeunes hommes qui croyaient faire merveille en se posant devant moi en contempteurs et ennemis du jeu :

« Vous ne jouez pas? Je vous plains! Vous vous préparez une bien triste vieillesse!... »

Sans doute, le jeu, comme l'entendait mon beau-père surtout, a ses dangers, mais... mais je bavarde, je moralise à ma manière, et cela à propos de l'esquisse d'un de mes éditeurs! Passons à une autre bien vite; à celle d'Hippolyte Souverain; un grand éditeur encore, celui-là, dans son temps; qui publia nombre d'ouvrages de nos écrivains les plus célèbres : les Balzac, les Dumas, les Soulié. Un homme d'esprit aussi, Souverain! Fin! très-fin! archifin! Un exemple: le premier de mes romans pour lequel nous fîmes affaires, c'était *Ce Monsieur*. Deux volumes. Au moins l'avais-je écrit pour deux volumes, et traitâmes-nous en conséquence. Je ne fus donc pas peu surpris, en commençant de corriger les épreuves de *Ce Monsieur*, de voir que Souverain prenait ses dispositions pour l'imprimer en trois volumes.

J'allai le trouver.

— En effet, me dit-il, *Ce Monsieur* aura trois volumes. Mais que vous importe?

— Il m'importe... que je ne vous en ai vendu que deux... et que je suis étonné...

— De quoi? Raisonnons, s'il vous plaît. Vous ai-je, oui ou non, payé vos deux volumes le prix que vous m'en avez demandé?

— Oui.

— Eh bien! parce que, d'un blé que j'ai acquis de mes deniers, il me convient, en meunier habile, de tirer trois moutures au lieu de deux, où est le mal? Ce qui est à moi est à moi pour en faire l'usage qui me semble le plus profitable. Je vous défie de me prouver le contraire!

Je ne répondis point, bien que le raisonnement de ce cher Souverain me parût spécieux; mais, à notre prochaine affaire, je me promis d'agir en sorte d'avoir ma part de toutes les *moutures* qu'il tirerait de mon *blé!*

Cette fois, ce fut *l'Amoureux transi* que je lui cédai. « En *trois* volumes... » lui dis-je, en lui remettant le manuscrit.

— Soit! répliqua-t-il sans sourciller; je vous payerai donc *trois* volumes.

Et il me les paya réellement. Mais de ces *trois* volumes, il en fit *quatre!* Comme libraire, décidément, Souverain était un meunier trop habile pour moi! Je me déclarai vaincu.

Conteur instruit, car il a beaucoup voyagé, causeur attachant... excepté quand il se lance dans certaines dissertations religieuses et sociales... — excepté pour moi, parce que ses dissertations ne sont pas le moins du monde dans mes eaux, — Souverain, même après avoir cessé d'être mon éditeur, a continué d'être amicalement accueilli dans ma maison. Il y a deux ou trois ans, il me parla du désir que lui avait manifesté

Alexandre Dumas fils de se rencontrer avec moi.

— Mais je ne demande pas mieux que de satisfaire au désir de M. Dumas fils! répondis-je.

— Alors vous acceptez de déjeuner avec lui et moi un de ces jours?

— J'accepte.

A une huitaine de là, je recevais un billet m'invitant à me trouver le surlendemain, à midi, au restaurant Notta, au coin du faubourg Poissonnière et du boulevard. Je me rendis au rendez-vous; Souverain m'y attendait, et M. Alexandre Dumas fils ne tarda pas à nous y joindre. Je passe sur les compliments qu'il voulut bien m'adresser; la gracieuseté comme l'esprit est dans le sang chez les Dumas; je le savais déjà par les quelques entretiens que j'avais eus avec le père; mais ce sur quoi je ne passerai pas, parce que cela m'amusa extrêmement, c'est sur l'étude que Dumas fils se plut à faire de moi, à table, en même temps que j'en faisais une de lui. J'ai conservé jusqu'à présent, et j'en remercie le ciel, un excellent appétit, et l'on se rappelle que j'ai confessé que je suis quelque peu amateur de bonne chère. Il résulte de là que... lorsqu'on m'a invité à déjeuner... je déjeune. En sa qualité d'amphitryon, Souverain me laissait carte blanche pour commander le menu... je le commandai à mon goût : huîtres d'Ostende, filet aux truffes, salade de homard, salmis de perdreaux, asperges en branches; le tout arrosé, au début, de vin de Sauterne, et, dans le courant du repas, de vieux bourgogne. Cependant, Dumas fils, qui mangeait comme un oiseau, lui, et qui trempait son vin d'une eau minérale quelconque qu'il avait apportée dans sa voiture, de me regarder officier en souriant et en s'écriant, de temps à autre :

— C'est bien cela! oh! c'est bien cela! Voilà bien le Paul de Kock bon vivant tel que je me l'étais imaginé!... C'est superbe!...

Mais où la gaieté de mon jeune confrère éclata, c'est, au moment du dessert, lorsque lui... et Souverain aussi, ma foi!... se déclaraient satisfaits, je déclarai, moi, que je mangerais encore volontiers la moindre des choses : par exemple, une tranche de plum-pudding au rhum; et que, pour faire couler le fromage, je boirais avec plaisir un verre de champagne.

— Du champagne! du plum-pudding! s'écria Alexandre Dumas fils. Allons, *j'ai mon Paul de Kock complet!...*

Je me tus, parce que, j'en suis sûr, le mot n'avait pas été dit à intention méchante, mais, en vérité, quelle belle balle l'auteur de *la Dame aux camélias* me lançait là pour lui répondre :

— Oui, monsieur, vous avez votre Paul de Kock, complet encore à soixante-dix ans, comme j'ai mon Dumas fils, complet déjà à quarante. Nous sommes chacun, selon notre époque, dans notre caractère. Je mange et je bois toujours, et vous ne mangez ni ne buvez plus. Et si, des choses physiques, nous passions aux choses intellectuelles, si de l'estomac nous passions au cœur, parions que ma vieillesse aurait encore l'avantage sur votre jeunesse, car je crois encore à tout ce à quoi il est doux et consolant de croire en ce monde, et, si j'en juge par vos écrits, vous ne croyez plus guère à rien de bon!...

Mais, je le répète, M. Alexandre Dumas fils s'était montré trop aimable avec moi pour que je parusse me formaliser de l'expression de son jugement, tant soit peu railleur, sur ma personne. En manière de petite revanche, aujourd'hui seulement je me permettrai une observation à son sujet : entre nous, j'avais supposé qu'en se rencontrant avec Paul de Kock, Dumas fils, ne fût-ce que par curiosité du passé, ne serait pas fâché d'écouter causer le vieux romancier. Or, pendant tout le déjeuner, ce fut lui qui parla toujours. J'en pris d'autant plus aisément mon parti qu'il parle fort bien, et que, de ma nature, je suis peu causeur. Mais quand je revis Souverain, qui me demanda si je m'étais amusé à son *festin* : « Oui, lui répondis-je, le *festin* était excellent et M. Dumas y a été charmant. Mais, je vous prie, pourquoi a-t-il désiré de me connaître, M. Dumas fils? Il ne m'a pas laissé dire deux mots. A ma place, à table, on eût mis mon portrait, qu'il m'eût tout aussi bien connu. »

De l'éditeur Baudry je n'ai rien à dire, si ce n'est qu'il est le premier qui m'ait payé mes ouvrages en raison des bénéfices qu'il savait devoir en tirer. Or, comme je n'y avais pas été accoutumé jusqu'alors, semblable procédé me parut des plus agréables, et mérite bien que je le mentionne ici à titre de bon souvenir de son équitable créateur à mon endroit.

Je glisserai également sur Lachapelle, qui publia, de 1842 à 1844, plusieurs de mes romans; cet éditeur, en dehors de la peine extrême qu'il ressentait à verser ses écus, et de son singulier état physique (par suite d'une maladie terrible, il avait les os transparents; on pouvait lire le journal à travers son dos); cet éditeur n'ayant laissé qu'une trace bien effacée dans ma mémoire.

J'appuierai davantage sur Alexandre Cadot, un digne et galant homme, dont je n'eus jamais qu'à me louer. Et mon fils, en contractant avec lui une liaison d'affection qui ne s'est pas démentie une minute depuis dix ans, m'a prouvé que mon estime pour Cadot n'était que juste; car Henry n'est pas prodigue de son amitié. Je n'adresserai qu'un reproche à Cadot, non pas comme éditeur, mais comme maître de maison, c'est, quand on dîne chez lui, de vous faire manger six heures de suite sans débrider. Je me souviens, entre autres, d'un dîner auquel j'assistai, dans son appartement de la rue Serpente, en compagnie de mon fils et de ma fille, et de MM. de Foudras, Paul Duplessis et Xavier de Montépin. On s'était mis à table à six heures; à minuit, quand on était raisonnablement en droit de croire qu'on allait prendre le café, on servit une poularde truffée! Comment, même après six heures d'exercice, rester indifférent aux séductions d'une poularde truffée?... Son apparition avait étonné... mais on en mangea... on en mangea même beaucoup, et Paul Duplessis surtout, un romancier de talent, mort si tristement dans ces derniers temps (1), Paul Duplessis, qui était, comme moi, une *belle fourchette*, me tint tête en face de la poularde. Mais mon fils, qui est un peu, à table, de l'école de M. Dumas fils, qui a tout de suite fini d'avoir faim, et qui n'a jamais soif, mon fils ne put s'empêcher de s'écrier :

— En vérité, ce n'est plus un dîner que vous nous donnez, Cadot, c'est un guet-apens que vous nous tendez!... Vous voulez nous renvoyer, demain, tous morts d'indigestion, à nos logis !

En tout cas, le guet-apens n'avait rien de cruel; et je plaisantais, tout à l'heure, en accusant Cadot de nourrir trop bien ses convives; cela vaut certes mieux que de ne point les nourrir assez, comme je l'ai vu faire à tant d'amphitryons... que je ne nommerai pas, qu'ils se rassurent! Je n'ai pas la rancune de l'estomac.

Que dirai-je de Sartorius, mon dernier éditeur? Que c'était, lui aussi, un bon et honnête homme. *C'était*, car il est mort dernièrement; il est mort comme Hubert, comme Nicolas Barba, comme Ladvocat, comme Charlieu, comme Baudry,

(1) Subitement, dans la rue, d'une rupture d'anévrisme. (P. DE K

comme Lachapelle, comme de Potter; comme un autre encore, que je n'ai pas nommé, que je ne nommerai pas, estimant inutile, sinon pénible, de parler d'un homme qui, en échange de la fortune qu'il m'a due, et qui ne lui a guère profité, d'ailleurs, n'a su que me faire du mal. De tous les libraires avec qui j'ai été en relation, il n'en est plus que deux aujourd'hui à qui je puisse encore serrer la main : Cadot (1) et Souverain. C'est ainsi quand on fournit une longue carrière; les rangs s'éclaircissent autour de soi. Amis et ennemis disparaissent. Et il suffit alors de se rappeler ses amis sans faire aux ennemis l'honneur d'un souvenir.

(1) Mon père écrivait ces lignes vers la fin de 1869. Quelques mois plus tard, en avril 1870, des deux derniers de ses éditeurs, dont « il était heureux de pouvoir encore serrer la main, » un mourait, jeune encore, Alexandre Cadot, pleuré de tous ceux qui, comme moi, l'avaient intimement connu. HENRY DE KOCK.

# CHAPITRE VII

SOMMAIRE. — Une des bonnes époques de ma vie. — Mes travaux à l'Opéra-Comique. — *Une Nuit au château.* — *Le Philosophe en voyage.* — *Les Infidèles.* — *Le Muletier.* — Une proposition de Merle. — Une de mes aversions. — Ce que me disait Nestor Roqueplan à ce sujet. — Voyage à Rosny. — Visite au château de la duchesse de Berry. — Rencontre de la duchesse. — Le petit tablier. — Comment deux fois, par la suite, je me suis souvenu de ce petit tablier. — Le foyer de l'Opéra-Comique. — Garat. — Hoffmann. — M. de Saint-Georges toujours jeune. — Boïeldieu. — Hérold. — Fleuriste et compositeur. — Autres commensaux des soirées du foyer de l'Opéra-Comique. — Perpignan, ou le censeur comme il n'y en a plus. — Une manière de savoir ce qui se passe à Paris. — Histoire de l'acteur Piberlo et du peintre Mistenflute. — La petite bonne. — Cocu, battu, et... pas content. — Mais philosophe. — Monomanie de Perpignan. — Je lui sacrifie mes assiettes. — Adolphe Adam. — *Les Bergers de Syracuse.* — A propos du tabac. — Destruction de la salle Feydeau. — Le chant du cygne. — Les directeurs de théâtre.

Une des époques de ma vie dont je me souviens avec le plus de plaisir est celle où je travaillai pour le théâtre de l'Opéra-Comique. J'ai toujours beaucoup aimé la musique; musicien moi-même, je devais me plaire au milieu de musiciens...

Car, si vous l'ignorez, lecteur, je vous apprendrai, non sans une certaine vanité (on est toujours très-fier de ses petits talents), que j'ai non-seulement écrit les paroles, mais la musique de quantité de chansons et de chansonnettes, qui, pendant des années, ont défrayé les intermèdes de représentations à bénéfice et les cafés-spectacles. Je vous citerai notamment *le Concert-monstre*, qui eut la gloire d'être mis en quadrille, à grand orchestre, aux concerts du jardin Turc, par le fameux maestro Jullien. *Le Maître d'école* et *le Caissier*, que Levassor et Joseph Kelm interprétaient si gaiement.

Pour en revenir à mes travaux à l'Opéra-Comique, malheureusement je ne fus pas souvent favorisé dans ma collaboration avec les compositeurs, d'où il résulte que, sur une vingtaine d'actes de moi représentés à ce théâtre, il n'en reste qu'un au répertoire, *le Muletier*, avec Hérold. Encore, depuis quelque temps, ne le joue-t-on plus guère, bien que ce soit une perle. Une perle comme musique, bien entendu! Une perle dont mon libretto se contente d'être la coquille. Et Nestor Roqueplan, à son passage à la direction de l'Opéra-Comique, fut de mon avis et de celui de tous les dilettantes quant au mérite musical du *Muletier*, car, contrairement à ses devanciers, il le remonta d'une façon digne de son illustre auteur.

Mon premier opéra-comique, datant de 1818, est *une Nuit au château*, avec Mengal, mon professeur de violon. Assurément ce n'était pas, comme musique, de la force du *Muletier*, cependant il y avait des qualités dans *une Nuit au château*; aussi cela fut-il honorablement accueilli. C'était joué par Huet, Juliet fils, M$^{me}$ Desbrosses et M$^{me}$ Boulanger. Ensuite, je donnai *le Philosophe en voyage*, trois actes, avec Frédéric Kreubé et Pradher. Hélas! cent fois hélas!... (Ils sont morts, je puis bien le dire tout haut.) Frédéric Kreubé et Pradher... en voilà deux compositeurs qui pouvaient se vanter de ne pas posséder le moindre talent!... Si!... Pradher avait le talent d'être le mari d'une délicieuse artiste. Délicieuse comme chanteuse et comme femme. Un bijou, auquel on n'a pu comparer, par la suite, qu'Anna Thillon. Cependant, comme la pièce était, paraîtrait-il, intéressante, *le Philosophe en voyage* eut une centaine de représentations consécutives; mais à force d'en retirer, chaque soir, un duo, un trio, un quatuor, on finit par le jouer en comédie... ce qui flatta médiocrement Kreubé et Pradher, si cela ne me chagrina qu'à moitié. *Les Infidèles*, un acte encore avec Mengal, suivirent; puis, la même année (1823), *le Muletier*, chanté par Lemonnier, Vizentini, Féréol, M^me Boulanger, et la ravissante M^me Pradher. Quel succès! J'en étais comme un fou de joie, bien qu'abandonnant sincèrement les trois quarts du mérite du triomphe à Hérold, car, je dois l'avouer, le public, à la première représentation du *Muletier*, avait jugé la pièce un peu bien égrillarde! Une pièce tirée d'un conte de la Fontaine, songez donc!... Oh! si le charme de la musique ne l'eût adouci, peut-être se fût-il fâché tout rouge, ce bon public! On était très collet-monté, sous la Restauration; collet-monté... à la ville, pour faire du genre, car à la cour on n'affectait pas tant de rigorisme. La preuve, et ce fut ma consolation des coups de griffe que m'avait attirés, en tant que libretto trop leste, *le Muletier*, la preuve, c'est qu'en 1825 il fut joué, par ordre, à Saint-Cloud, et que personne, là-bas, ne s'en plaignit; au contraire; que si l'on y applaudit la musique on ne dédaigna pas de rire de la pièce. La duchesse de Berry, principalement, m'apprit-on, trouva *le Muletier* fort amusant. J'avais pour moi une princesse de cœur et d'esprit, je me moquais bien, désormais,

12.

des rougeurs hypocrites de messieurs les bourgeois et de mesdames leurs épouses !

Un souvenir, ici, qui a rapport à ce sujet :

J'avais donc été très-sensible à l'espèce de protection dont la duchesse de Berry avait bien voulu couvrir mon *Muletier*, et je ne m'en étais pas caché. Un jour, Merle, qui, je l'ai dit, était royaliste des pieds à la tête, un jour d'été, en 1826 ou 1827, je ne me rappelle plus au juste l'année, Merle, me rencontrant au foyer de l'Opéra-Comique, me dit :

— Qu'est-ce que vous faites demain, Paul de Kock ?

— Demain... mais je ne sais pas. Vous avez quelque chose à me proposer ?

— Une promenade, oui; une promenade un peu éloignée; mais, avec un bon cabriolet et un bon cheval, quatorze lieues, ce n'est pas le Sahara à franchir !...

— Quatorze lieues !... Ah ! mon Dieu ! Et où voulez-vous donc me conduire ?

— A Rosny, voir la demeure d'une dame que vous aimez beaucoup; le château de Son Altesse Royale M$^{me}$ la duchesse de Berry. Nous partirons à six heures du matin; à neuf heures, nous serons à Triel, où nous nous arrêterons pour déjeuner et laisser reposer notre cheval; à onze heures, nous nous remettrons en route, et nous arriverons de deux à trois à Rosny. J'ai une lettre du comte de Mesnars, premier écuyer de Madame, qui m'ouvre toutes les portes...

— Mais la duchesse?...

— La duchesse n'est pas à son château, nous aurons donc pleine liberté de visiter les appartements, la chapelle, le parc; le pays même, ensuite; car, ne pouvant revenir que le lendemain, pour ne pas éreinter notre bête, nous dînerons et nous coucherons à l'auberge.

« Eh bien! qu'en dites-vous?...

— Mais j'en dis... j'en dis... que j'accepte.

— Bravo! A demain donc, six heures, chez moi, heure militaire.

On l'a vu, tout agréable que me semblât la partie que me proposait Merle, ce n'avait pas été sans quelque hésitation que je l'avais acceptée; et cette hésitation avait sa cause dans une aversion que je nourrissais, jeune homme, et que j'ai continué de nourrir jusqu'au jour où j'écris ces lignes, ce qui doit vous donner à penser qu'elle est solidement établie : l'aversion des voyages. C'est peut-être un ridicule, mais je n'ai jamais pu souffrir quitter mes pénates. La plus grande excursion que je me sois permise, et j'avais vingt-trois ans alors, avait Beaugency pour but. Beaugency, près d'Orléans, à trente-six lieues de Paris. C'est plus fort que moi, j'ai horreur du déplacement, j'ai horreur des auberges, j'ai horreur des diligences. « Mais on ne voyage plus en diligence, maintenant, me dira-t-on; on voyage en chemin de fer ! » Eh ! j'exècre bien plus encore, s'il est possible, les chemins de fer que les diligences ! Brrr !... Des machines qui geignent, qui grondent, qui soufflent, qui sifflent, qui crachent !... De la poussière qui vous aveugle ! De la fumée qui vous noircit ! Sans compter la perspective des explosions et des déraillements ! Lorsque, pendant deux étés, mon fils habita à Gournay, près de Chelles, il fallait, vraiment, que ce fût mon fils pour que je me décidasse à aller le voir.

Après Beaugency, Rosny; voilà mes colonnes d'Hercule.

— Quoi ! me disait, un jour, Nestor Roqueplan, vous n'avez jamais eu le désir de connaître la Hollande, la patrie de votre père, de vos frères ?

— Non.

— Il ne vous est jamais passé par la tête la

fantaisie de visiter l'Angleterre... où l'on vous aime presque autant que Dickens?

— Non.

— La Russie, où votre nom est aussi répandu qu'en France?

— Non.

— Au moins, vous avez vu la mer au Havre ou à Dieppe?

— Je n'ai jamais vu que la Seine... du haut de ses quais, et, par-ci par-là, la Marne, son associée, en me promenant à Joinville ou à Nogent.

— C'est trop fort!...

Roqueplan riait, mais, soudain, redevenant sérieux :

— Eh bien! vous avez eu raison! reprit-il. Paul de Kock, l'écrivain parisien par excellence, Paul de Kock ne devait jamais s'absenter de Paris. En y réfléchissant, je m'étonne même que vous ayez l'audace de passer la belle saison au bois de Romainville; votre unique campagne devrait être une douzaine de pots de fleurs sur les fenêtres de votre appartement du boulevard Saint-Martin. Quand vous mourrez... ce qui n'arrivera, j'espère, que le plus tard possible... il faudra qu'on mette sur votre tombe : « Ci-gît Paul de Kock, qui naquit à Paris, qui mourut à Paris, et qui ne sortit jamais de Paris. » Et si Paris est reconnaissant envers vous, comme c'est son devoir, ce sera sur une tombe élevée à ses frais que cette épitaphe vous sera consacrée!...

Je n'en demande pas tant qu'en désirait Roqueplan pour moi, supposant que mes enfants m'aiment trop pour laisser à qui que ce soit le soin d'abriter mes restes; mais, ce que j'affirme, c'est que je compte finir mes jours là où j'ai toujours vécu... bien que les changements qu'on y a opérés depuis quelques années en aient fait, en quelque sorte, une ville nouvelle, qui n'a plus à mes yeux le charme de l'ancienne...

Mais... le progrès, n'est-ce pas? Le progrès satisfait les jeunes, s'il mécontente les vieux. Et comme, dans l'ordre naturel, ce sont les vieux qui partent les premiers, les jeunes, en travaillant pour eux, sont donc dans leur droit de ne pas s'inquiéter des regrets des vieux.

Je reviens à mon voyage à Rosny.

Un voyage pour moi. Quatorze lieues!... Et, ce qui me coûtait le plus, dans ce voyage, c'était la nécessité de coucher hors de mon logis. Comme compensation, il est vrai, j'allais voir la résidence favorite d'une princesse aimable. Et puis, j'étais assuré de ne pas m'ennuyer, chemin faisant, avec Merle! Et puis, je lui avais dit : oui.

A six heures du matin, j'étais chez lui; à six heures cinq minutes nous montions en voiture; à neuf heures nous étions à Triel, où nous déjeunions; à onze heures, nous nous remettions en route; bref, à deux heures et demie, nous descendions à Rosny. Oh! jusque-là rien ne clocha dans le programme indiqué. Après avoir mis le cabriolet et le cheval à l'auberge, nous nous étions empressés de gagner le château, et, tandis que mon compagnon présentait son : « Sézame, ouvre-toi! » au concierge, j'avais commencé de me dégourdir les jambes dans une magnifique avenue formée d'une double rangée d'arbres séculaires.

— Paul de Kock!...

C'était Merle qui m'appelait, du seuil du pavillon du concierge.

— Qu'y a-t-il?

— Que nous jouons de guignon, mon ami.

— Nous ne pouvons pas entrer?

— Nous ne pouvons pas entrer parce que Madame est au château. Elle vient d'y arriver, il n'y a pas une heure, avec plusieurs dames de sa suite, et son premier aumônier, l'évêque d'Amiens.

— Oh! oh!... Alors nous n'avons plus qu'à retourner à Paris?

— Non! Attendez! Le concierge est allé, avec ma lettre, demander ses ordres au comte de Mesnars.

— En effet; si M. le comte de Mesnars est là...

— Il y est... et il nous dira donc si nous pouvons, au moins, faire un tour dans le parc.

« Parbleu! si le grand aumônier de Son Altesse n'était pas au château, je suis bien convaincu qu'on ne ferait aucune difficulté pour nous y laisser pénétrer!... Mais, vous concevez? un évêque...

— Ne saurait risquer de se trouver nez à nez avec deux écrivains profanes de notre sorte! Je conçois parfaitement :

— Je suis désolé, mon cher Paul de Kock, de vous avoir transporté si loin en pure perte, mais Madame ne devait pas venir à Rosny avant la semaine prochaine, et...

— Et vous n'avez pas à vous excuser, mon ami, puisqu'il n'y a nullement de votre faute dans ce contre-temps.

« Mais n'est-ce pas le concierge qui revient, là-bas?

— Oui, c'est lui!... Il précède M. de Mesnars. M. de Mesnars a pris la peine de se déranger... c'est d'un bon augure!...

Merle avait couru au-devant du premier écuyer. Ils s'entretinrent quelques minutes. Un entretien qui fut à notre avantage, car, lorsque M. de Mesnars l'eut quitté, mon compagnon, me faisant signe de le rejoindre, rayonnait.

— Eh bien?

— Eh bien! nous pouvons aller partout, mon ami, partout!... C'est la princesse elle-même qui l'a voulu. M. de Mesnars n'eût pas osé prendre sur lui, dans la circonstance, de nous permettre plus qu'une promenade dans le parc; mais quand Madame a su que nous étions venus tout exprès de Paris pour voir sa demeure : « Il ne faut pas que ma présence soit un obstacle au plaisir de ces messieurs! » a-t-elle dit. M. de Mesnars m'a demandé avec qui j'étais; je vous ai nommé...

— Et il n'a pas paru effarouché?

— Mais pas du tout. Tout le monde a de l'esprit, ici.

En parlant, Merle avait passé son bras sous le mien et nous nous étions acheminés fièrement vers le château, que, guidés par un valet de pied, nous visitâmes en entier, à l'exception d'une pièce où la princesse se trouvait, à ce moment, avec sa compagnie : son boudoir, qui était en même temps son atelier ; car on sait, ou on ne sait pas, que Son Altesse royale dessinait, et dessinait même en véritable artiste. Nous vîmes les salons, la salle à manger, la bibliothèque, la chambre à coucher de la duchesse, celle du duc de Bordeaux et celle de sa sœur, Mademoiselle. Tout cela était meublé avec une recherche plus élégante que somptueuse ; on y sentait partout la femme de goût. Mais, ce qui me plut particulièrement, ce fut une galerie de tableaux parmi lesquels je remarquai un superbe portrait en pied de la princesse. Un chef-d'œuvre.

Des appartements nous nous rendîmes à la chapelle, où s'élevait le monument renfermant le cœur du duc de Berry ; puis, notre guide ayant pris congé, nous pûmes, à notre caprice, errer sous les ombrages du parc et dans les allées sinueuses du jardin anglais, découvrant, à chaque mouvement de terrain, un point de vue nouveau qui nous enchantait, sans nous douter que notre bonne étoile nous ménageait une surprise bien plus agréable encore.

Six heures avaient sonné ; il s'agissait de regagner notre auberge. Notre déjeuner était loin; nous avions faim.

Nous suivions, en causant, un sentier bordé d'une charmille, et aboutissant, pensions-nous, à la grande avenue du château...

Soudain, à une portée de fusil en avant de nous, débouchant d'une allée sur notre gauche, nous apercevons un groupe de femmes marchant dans notre direction.

— La duchesse! murmure Merle.

— Sapristi! Retournons-nous sur nos pas?

— Oh! nous aurions l'air de nous sauver. Il ne vous déplaît pas, après avoir tant admiré l'image, de voir de près le modèle?...

— Non, certes!...

— Eh bien! nous sommes là, restons-y.

— Restons-y.

La duchesse de Berry, accompagnée de la comtesse d'Hautefort, de la marquise de Béthisy, et de deux autres dames que Merle me nomma quelques instants plus tard (il connaissait sa cour de France sur le bout de son doigt), mais dont j'ai oublié les noms, la duchesse de Berry continuait de s'avancer. Nous nous rangeâmes de côté pour lui livrer passage, et nous demeurâmes immobiles, le chapeau à la main, la tête respectueusement inclinée.

Madame, qui devait avoir approchant trente ans à cette époque, n'était pas jolie, dans l'acception littérale du mot, elle était attrayante. Elle avait la grâce qui vaut la beauté. Mais ce qui me frappa surtout en elle, ce fut sa toilette. Quand chacune des dames de sa suite, pour se promener dans un parc, était vêtue, comme pour une réception aux Tuileries, de soie ou de velours, la duchesse, elle, portait tout uniment une robe de toile peinte, comme on en pouvait voir, à Paris, aux petites marchandes assises à leur comptoir; et, détail original, sur cette robe s'étalait un tablier de taffetas.

Une Altesse royale en tablier!... Je ne m'étais pas attendu à cela...

Je n'ai pas l'amour-propre de croire que c'était à dessein qu'elle était venue à nous, parce qu'on lui avait dit que l'auteur du *Muletier*, de ce *Muletier* qui l'avait amusée, était un des visiteurs de son domaine, et pourtant, si mes yeux y virent clair à travers mes besicles, je certifierais que Madame nous regarda curieusement tous deux, en passant, en même temps que, d'une voix au timbre vibrant, elle nous disait :

— Eh bien! messieurs, comment trouvez-vous mon Rosny?

— Charmant, Madame, répliqua Merle, comme tout ce qui appartient à Votre Altesse royale.

— Il faudra donc y revenir. En automne, le parc est magnifique. Au revoir, messieurs.

Là-dessus, la duchesse s'éloigna, suivie de ses dames de compagnie, et nous poursuivîmes notre route, Merle et moi, heureux de cette rencontre, enchérissant à l'envi sur la distinction de la tournure de Madame, le charme de son organe, l'expression à la fois affable et fine de son visage, et la simplicité de sa mise. Oh! la robe de toile peinte et le petit tablier de taffetas ne me sortaient pas de la tête!...

Trois ou quatre ans plus tard, à un mois d'intervalle, je me rappelai, en souriant la première fois, en étouffant un soupir, la seconde, ma rencontre dans le parc de Rosny avec la duchesse de Berry.

La première fois, c'était en juin 1830, un soir que le duc d'Orléans recevait, au Palais-Royal, le roi de France et le roi de Naples.

Je passais sur la place vers neuf heures. En me montrant un des carrosses de gala qui pénétraient à cet instant dans la cour du palais, quelqu'un de la foule me dit :

— C'est dans cette voiture qu'est Madame.

— Pas avec son petit tablier! pensai-je.

La seconde fois, c'était après les journées de juillet, *les Trois Glorieuses*, comme on disait alors, lorsque j'appris que la duchesse de Berry avait quitté la France pour suivre Charles X à Holy-Rood.

— Elle ne se promènera plus avec son petit tablier dans son bien-aimé parc de Rosny! me dis-je.

En effet, Madame ne revit jamais cette propriété qui lui était d'autant plus chère qu'elle la tenait de son mari. A la suite de la révolution de juillet, la terre de Rosny fut vendue et morcelée. Certains individus s'acharnent volontiers après ce qui a appartenu aux grands; une façon, pour eux, de se consoler de ne pouvoir jamais être que petits. Le château seul, m'a-t-on dit, est resté debout. On m'offrirait, aujourd'hui, de m'y transporter en chaise longue, que je refuserais. La rencontre, à craindre, par là, de quelque grosse marchande enrichie, en robe à queue, me gâterait mon doux souvenir de *la bonne duchesse*, comme on l'appelait dans le pays qu'elle comblait de bien, en petit tablier de taffetas.

De 1818 à 1829, époque à laquelle l'Opéra-Comique quitta la salle Feydeau, qui menaçait ruine, pour s'installer place Ventadour, je ne manquai pas, au moins deux soirs par semaine, d'aller passer une heure ou deux au foyer de ce théâtre; un foyer qui ressemblait à un salon, et à un salon comme il en a, je crois, existé peu à Paris; où se réunissait tout ce que les arts comptaient d'illustrations.

Peu causeur de ma nature, je l'ai dit, et, conséquemment, plus disposé toujours à écouter... qui me paraît mériter qu'on l'écoute... qu'à m'en faire écouter moi-même, j'ai pu observer ainsi les sommités artistiques de toutes sortes que j'ai rencontrées au foyer de l'Opéra-Comique.

Et voulez-vous que je les fasse passer sous vos yeux? Encore une quasi-revue nécrologique. Mais les vivants ont-ils à se plaindre qu'on leur parle des morts, quand ces morts sont dignes qu'on parle d'eux?

Je ne choisis pas, je prends chaque figure comme elle me revient en mémoire, sans me préoccuper du plus ou moins d'importance de ses titres à la célébrité.

D'abord, voici Garat. C'est en 1818, lorsque je faisais répéter ma première pièce au théâtre Feydeau, que je vis, pour la première fois, Garat, au foyer des artistes. Toujours élégant, toujours habillé en petit-maître, bien qu'il eût, alors, déjà franchi la cinquantaine; toujours grasseyant, et toujours riant d'un rire qui n'avait rien de communicatif, et loin de là! Le rire de Garat ressemblait au grincement d'une porte dont on a négligé d'huiler les gonds; c'était à douter, en entendant ce bruit agaçant, que la voix qui le produisait fût la même qui vous ravissait quand elle chantait. M<sup>me</sup> Boulanger, qui jouait dans *une Nuit au château*, était élève de Garat. Il assista à deux répétitions de la pièce, et, la veille de la première représentation, à propos d'un couplet que M<sup>me</sup> Boulanger phrasait mal, à son gré, au milieu de tous les visiteurs et artistes, Garat se mit à chanter ce couplet. Ah! de ce jour, je lui pardonnai son rire en crécelle! M<sup>me</sup> Boulanger était jeune encore, en 1818; elle avait une jolie voix; mais elle ne chantait pas, comme Garat, mon refrain :

> Oui, les femmes de ce pays
> Sont fidèles à leurs maris,
> Tout comme celles de Paris.

Garat avait une verve, un entrain de Gascon... qu'il était; il disait à merveille ses souvenirs sur la cour de Marie-Antoinette, sur le Directoire et sur l'Empire; Elleviou, qui, bien qu'ayant quitté le théâtre depuis longtemps, n'avait pas de plus grand bonheur que de se retrouver au milieu de ses anciens camarades, Elleviou causait fort agréablement aussi; mais quand Hoffmann, le critique des *Débats*, l'auteur du *Roman d'une heure* et des *Rendez-vous bourgeois*, était au foyer de Feydeau, « *il n'y en avait plus que pour lui!* » comme disait Garat, en renfonçant avec humeur son menton dans sa cravate. Et nul, au surplus, hormis Garat, ne s'en formalisait. Hoffmann avait de l'esprit jusqu'au bout des ongles; je pourrais dire : de ses griffes, car il était méchant. Mais méchant si amusant, si vif, si original, qu'égratigné par lui on était le premier à rire de son égratignure. Et notez qu'il bégayait... ce qui est un genre d'infirmité qui éloigne d'ordinaire les auditeurs. Picard, qui n'était pas de ses amis, parce qu'il avait souvent maltraité ses pièces, disait d'Hoffmann : « Il fait exprès de bégayer pour se donner le temps de mâcher ses impertinences! » Pour ma part, j'eus le don de plaire à Hoffmann, et il me le prouva en différentes occasions. Peut-être est-ce parce que j'aimais autant à parler peu qu'il aimait à parler beaucoup.

Parmi les écrivains avec lesquels je nouai d'amicales relations à l'Opéra-Comique, je citerai : Emmanuel Dupaty, l'auteur de *Picaros et Diégo* et d'un poëme qui eut, sous la Restauration, un retentissement immense : *les Délateurs;* Alexandre Duval, encore un qui n'était guère républicain; le vieux Bouilly, qu'on avait surnommé le *conteur lacrymal;* Scribe; Planard; Saint-Georges, bien jeune à cette époque, comme moi, ce dernier. Et dois-je dire : *bien jeune à cette époque,* quand, par une grâce du ciel, que lui ont value probablement ses bonnes œuvres, après plus de quarante années écoulées, je vois cet heureux M. de Saint-Georges aussi droit, comme taille, aussi frais, comme teint, et aussi noir, comme cheveux, que le premier jour où nous nous sommes connus. Auber me disait, l'hiver dernier, de M. de Saint-Georges : « C'est le Laferrière des auteurs dramatiques ! » Et le malin octogénaire s'empressa d'ajouter en riant : « Le Laferrière comme obstination à demeurer jeune ! Entendons-nous !... »

Parmi les musiciens, je citerai Chérubini, Berton, Gaveaux; Boïeldieu, le plus modeste et le plus bienveillant des hommes de génie; Auber et Hérold, qui rivalisaient de verve caustique avec Hoffmann; Kreutzer, l'habile chef d'orchestre de l'Opéra; Panseron, dit *Néanmoins;* Caraffa, Frédéric Kreubé et Pradher; Blangini, qui avait été le directeur de la musique de Pauline Borghèse, et, suivant la chronique scandaleuse, qu'il n'avait garde de démentir, un peu aussi le directeur de son cœur. Batton, qui cumulait les palmes de l'art et les bénéfices du commerce. Il était fabricant de fleurs artificielles. Et pourquoi ne s'en tint-il pas aux fleurs toute sa vie! Nous n'eussions pas, de complicité, commis un opéra-comique en trois actes, dont je ne veux pas même me rappeler le titre, et dont l'effroyable chute ne contribua pas médiocrement, j'imagine, à crevasser les vieilles fondations de la salle de la rue Feydeau.

Parmi les peintres, Carle et Horace Vernet, Isabey, Picot, Alaux, Ciceri.

Parmi les artistes du cru : Martin, Moreau, le beau Lemonnier, Gavaudan, Ponchard, Féréol, Baptiste, Vizentini, Lafeuillade, Huet, Cholet; la grosse maman Desbrosses; M^{mes} Pradher, Boulanger, Rigaut, Gavaudan, Ponchard, Lemonnier; M^{lles} Jenny Colon et Jawureck.

De grands artistes d'autres théâtres assistaient parfois à ce qu'on pourrait appeler les soirées du foyer de l'Opéra-Comique. J'y ai vu Talma et M<sup>lle</sup> Mars; Lays, une des étoiles, près de s'éclipser, de l'Opéra; Ligier; Armand; M<sup>me</sup> Pasta, des Italiens; Léontine Fay, du Gymnase; Minette, du Vaudeville. J'y ai connu aussi un homme qui, par l'effet de sa profession, naturellement peu prisée des gens de théâtre (il était censeur), eût dû se trouver assez mal à l'aise en telle société, et qui y était au contraire accueilli toujours à bras ouverts, tant il avait d'esprit et de gaieté.

Ce censeur, comme on n'en voit plus, se nommait Perpignan. Sa joyeuse humeur était intarissable; les mots drôles, les anecdotes plaisantes, sortaient, comme l'eau d'une source, de sa bouche. Chaque soir il savait tout ce qui s'était passé, dans la journée, dans le monde artiste, et il accourait nous le raconter à Feydeau, en petit comité, dans un coin du foyer; car ses récits étaient souvent égrillards.

— Il n'est pas possible, mon cher, lui disait Hérold, qui ne détestait pas les récits égrillards, il faut que vous ayez une police à vos ordres, pour être toujours ainsi, le premier informé des scandales!

— En effet, répondit Perpignan, j'ai une police dans ma poche; mais, comme moi, chacun peut l'avoir dans la sienne, cette police; il ne s'agit pour cela que de savoir l'utiliser.

— Et elle se compose?

— De tous les imbéciles que j'ai l'avantage de connaître, et que je questionne, en leur passant la main sur le dos, quand je les rencontre. Les imbéciles sont presque toujours vaniteux et bavards. Pour faire rire leur prochain, surtout quand leur prochain a la réputation d'être un rieur, ils ne craignent pas de se mettre personnellement en scène devant lui, et cela même dans un rôle ridicule ou sacrifié...

« Et voilà comme, mon cher Hérold, rien qu'en arpentant au pas, de trois à cinq heures, les boulevards, du coin de la rue Louis-le-Grand au coin de la rue Montmartre, je puis, sans la moindre peine, récolter tous les faits du jour, plus ou moins curieux, plus ou moins comiques, certain que je suis que, dans mes deux heures de promenade, je rencontrerai au moins une demi-douzaine de niais, tout prêts à m'attester leur bêtise en me contant leurs petites affaires intimes, plutôt que de me laisser m'éloigner sans leur avoir dit : — « Merci! elle est superbe, votre histoire!... — N'est-ce pas? Mais gardez-la pour vous, parce que, vous concevez? je ne veux pas qu'on sache... — Allons donc! pour qui me prenez-vous? Ce qu'on me confie, c'est mort!... »

Une histoire superbe que je dois à Perpignan, et que j'ai placée, en l'arrangeant, dans un de mes romans, c'est celle-ci, qui avait pour héros un acteur comique des Variétés, des plus en vogue sous Charles X et pendant les premières années du règne de Louis-Philippe, et un peintre de portraits, très à la mode également à cette époque.

Nous nommerons l'acteur : Piberlo, et le peintre : Mistenflute. Les cocus laissant, généralement, des descendants, il est prudent, même après quarante ans, de ne point risquer d'effaroucher des susceptibilités de famille.

Donc, Piberlo, l'acteur, avait une femme, et une femme jolie, mais qu'il négligeait fort, d'abord parce qu'elle était sienne depuis une couple de lustres, ensuite parce qu'il était foncièrement libertin, ce farceur de Piberlo, et que, comme tous les libertins, dont les voluptés de fantaisie ont blasé les sens, les saines joies du pot-au-feu n'avaient plus de charme pour lui.

M<sup>me</sup> Piberlo, qui aimait son mari, souffrit

longtemps, sans s'en venger autrement que par de doux reproches et des larmes, d'un abandon insultant pour ses attraits. Mais on se lasse de pleurer, surtout quand cela ne sert à rien. Un jour, M^me Piberlo s'essuya les yeux en se disant : « Ah! c'est ainsi! Il va de son côté! Eh bien! j'irai du mien! Vienne une occasion... agréable, et que mon mari perde son nez, cause de tous ses succès, si je ne la saisis pas!... »

L'occasion agréable se présenta. Une amie de M^me Piberlo avait fait faire son portrait par le peintre Mistenflute; ce portrait était très-ressemblant, très-bien peint, et, relativement au renom de l'artiste, d'un prix modéré. Ce fut l'opinion de Piberlo lui-même.

— Alors, lui dit sa femme, tu ne t'opposerais pas à ce que je me fisse peindre, à mon tour, par M. Mistenflute?...

— Moi... du tout! si cela t'amuse.

— Cela m'amusera beaucoup.

— Soit!... Fais faire ton portrait par M. Mistenflute, ma bonne.

Or, c'était moins la peinture que le peintre que M^me Piberlo avait en vue en adressant sa requête à son mari. M^me Piberlo avait rencontré M. Mistenflute chez son amie; c'était un bel homme de trente-cinq ans... il lui avait tout de suite donné dans l'œil. De son côté, M. Mistenflute avait déployé une galanterie extrême à l'endroit de M^me Piberlo dont il connaissait les douleurs conjugales...

Dans de telles conditions, les choses ne pouvaient pas traîner. A la première séance, Mistenflute avait tout au plus ébauché les contours du visage de son nouveau modèle, mais, en revanche, il lui avait exposé l'aveu complet de sa flamme; à la seconde séance, encouragé par une éloquente rougeur, le peintre, cédant la place à l'amant, était devenu pressant. On avait résisté cette fois encore... mais si l'axiome : *le troisième coup fait feu,* est vrai, à la troisième séance, M^me Piberlo devait avoir puni son mari de ses infidélités; d'autant mieux que, pour rendre cette troisième séance plus agréable, il avait été convenu qu'elle aurait lieu dans un cabinet de restaurant, avec accompagnement d'huîtres, de truffes et de vin de Champagne.

Et Mistenflute avait ses raisons pour désirer que son triomphe s'accomplît au dehors. Il était garçon, cependant, Mistenflute, partant libre, chez lui, de ses actions. Libre en apparence, oui, mais en réalité, non; et cela par ce motif que notre peintre, peu difficile, à ses heures, sur le choix de ses distractions, avait eu la faiblesse de se mettre, à son logis, sous le joug d'une servante maîtresse. Catherine, une petite Bourguignonne, jeune et accorte, du reste, mais jalouse!... oh! jalouse!... Quand une dame venait poser chez monsieur, Catherine guettait, par le trou de la serrure, ce qui se passait entre monsieur et la dame, et c'était des scènes, ensuite, si elle avait cru voir ou entendre quelque chose de louche!... des scènes effrayantes!... dans le genre de celle qui couronna le départ de M$^{me}$ Piberlo après la seconde séance :

— Eh! eh!... elle est à votre goût, cette dame-là, monsieur; vous ne le nierez pas!

— Quoi? qu'est-ce que tu dis, Catherine? De quelle dame parles-tu?

— Pardi! de celle qui sort d'ici. Pas de la dame de pique!

— Tu es folle!

— Ah! je suis folle!... Ce n'est pas vrai que vous l'avez embrassée?...

— J'ai embrassé M$^{me}$ Piberlo!... moi?... tu l'as vu?...

— Ne faites donc pas le malin! Je ne l'ai pas vu puisque vous aviez mis une toile devant le trou de la serrure... une preuve que vous mijotiez une coquinerie !... Mais une toile n'empêche pas d'entendre si elle empêche de voir, et j'ai fort bien entendu le bruit des baisers ! Si bien que je me suis tenue à quatre pour ne pas enfoncer la porte et sauter à poings fermés sur votre belle dame !...

— Il n'aurait plus manqué que cela !...

— Tiens ! pourquoi qu'elle se laisse cajoler par vous ? Une femme mariée... c'est honteux ! Elle mériterait que son mari lui flanquât une dégelée ! Après ça, ces acteurs... car je le connais bien, son mari, à votre madame Piberlo, c'est un acteur... un acteur des Variétés ; je l'ai vu jouer ; il a même l'air assez bête en scène...

— Et puis ?...

— Et puis, peut-être que, dans leur métier, à ces individus-là, ça leur est égal de porter des cornes !...

— Tu es folle, je te le répète, Catherine. M$^{me}$ Piberlo est digne de tous les respects.

— Oui ? Eh bien ! si elle est si digne que ça de respects, croyez-moi, monsieur, écrivez-lui tout à l'heure que vous êtes obligé d'abandonner son portrait... que vous partez en voyage... que vous êtes malade... Tout ce que vous voudrez, pourvu que vous ne la revoyiez plus.

— Allons, tu m'ennuies ! Si je t'écoutais, je ne pourrais bientôt plus peindre une seule femme.

— Peignez-en des laides, je ne vous dirai rien.

— Et moi, je te dis d'aller te promener avec ta jalousie !

— C'est votre dernier mot ? Vous refusez d'écrire à M<sup>me</sup> Piberlo qu'elle aille se faire peindre ailleurs ?

— Mais assurément, je refuse !

— Eh bien ! tant pis pour vous !... Vous êtes averti : il vous en cuira !... et à elle aussi !...

— Bon ! bon ! En attendant, va faire cuire mon beefteck, cela vaudra mieux que de me débiter des sottises.

L'ingénieuse précaution de la toile placée devant le trou de la serrure de la porte de son atelier, pendant les deux amoureuses séances, rendait fort Mistenflute. Donc, sans s'inquiéter des menaces de Catherine et de sa bouderie tout le reste de la journée, le lendemain, exact au rendez-vous accepté par M<sup>me</sup> Piberlo, il la conduisit, en voiture hermétiquement close, au *Méridien*, restaurant du boulevard du Temple, renommé pour l'excellence de ses filets de sole au gratin et l'élasticité des divans de ses cabinets particuliers.

Cependant, à l'heure où nos amants se mettaient à table, Piberlo était à son théâtre où il répétait un vaudeville dans lequel il jouait un rôle important. A l'issue d'une scène capitale, qu'il avait *enlevée*, aux applaudissements enthousiastes de l'auteur, il causait derrière un portant avec un camarade, lorsque le concierge du théâtre, s'approchant d'un air mystérieux, lui dit :

— Monsieur Piberlo, un mot, s'il vous plaît ?

— Qu'est-ce ?

Le camarade, discret, s'était retiré. Le concierge continua :

— Monsieur Piberlo, il y a en bas, dans ma loge, une femme qui dit qu'il faut absolument qu'elle vous parle à l'instant.

— A l'instant !... Je répète, je ne puis pas quitter la répétition. Qu'est-ce que c'est que cette femme ?

— Ça a la mine d'une domestique.

— Une domestique !...

— Oui, et j'avais commencé aussi par lui répondre que, quand vous répétiez, il n'y avait pas moyen de vous déranger. Mais elle s'est écriée d'un ton si furibond : « Comment, quand il s'agit d'un service que je veux lui rendre, d'un grand malheur qui menace sa tête, et que, grâce à moi, il peut éviter, M. Piberlo refuserait de m'entendre ! »

— Un service ! un malheur !... Oh ! oh ! c'est différent ! La répétition m'attendra !...

Piberlo avait dégringolé l'escalier des artistes; il était dans la loge du concierge avant ce dernier. La femme qui voulait lui parler, on l'a deviné, c'était Catherine; Catherine, la servante maîtresse de Mistenflute; Catherine, les joues en feu, les yeux étincelants, la respiration haletante, comme une personne en proie à une violente émotion.

Elle reconnut Piberlo.

— Ah ! vous voilà pourtant, monsieur ! Ce n'est pas dommage ! Venez vite. J'ai un fiacre; nous arriverons peut-être à temps.

— Nous arriverons à temps où cela, et pourquoi ?

— Je vous l'apprendrai en route. Venez.

— Permettez, ma chère enfant; encore aurais-je besoin, avant de vous suivre, de savoir...

— Ah ! vous voulez savoir tout tout de suite ?... Soit !...

Prenant Piberlo par le bras, Catherine l'avait

entraîné hors de la loge, dans la cour, et là, lui faisant signe de baisser la tête, car il était grand et elle était petite, pour pouvoir lui parler à l'oreille :

— Vous êtes marié, n'est-ce pas, monsieur? avait-elle repris d'un ton saccadé.

— Oui.

— Et vous aimez votre femme?

— Hein?... Cette question!... Sans doute, j'aime ma femme! Mais...

— Mais, en ce cas, vous avez fièrement tort, car elle ne vous le rend pas, puisqu'elle vous fait cocu!...

— Cocu!... Quoi!... qu'est-ce que vous dites, la fille?...

— Je dis que votre femme vous trompe... ou que, si ça n'est pas fait déjà, ça le sera bientôt; ce n'est pas l'envie qui lui en manque, à cette dame, et mon maître, M. Mistenflute, ne demande pas mieux que de l'aider à la contenter, son envie!...

— M. Mistenflute?... le peintre?...

— Eh! oui, M. Mistenflute, le peintre, qui, à l'heure où je vous parle, est, avec M<sup>me</sup> Piberlo, dans un cabinet, chez un traiteur!...

— Oh!...

— Ah! ça vous chiffonne, pas vrai?

— Madame Piberlo infidèle !... Et vous savez où elle est, maintenant, la misérable, avec son amant ?

— Bien sûr que je le sais puisque je viens vous chercher pour vous y conduire.

— Conduisez-moi donc ! conduisez-moi !... Perfide Eléonore ! je la tuerai ! oui, je la tuerai !... Je laverai son outrage dans son sang !...

Marchant à grands pas près de Catherine, avec Catherine Piberlo avait atteint le fiacre qui avait amené celle-ci, et qui l'attendait sur le boulevard, en face du passage des Panoramas.

La petite bonne sauta dans la voiture, en disant au cocher : « Où vous m'avez prise, devant le théâtre de la Gaîté. »

A son tour, Piberlo se jeta dans le véhicule qui commença de rouler...

Mais il est donc vrai que les libertins ne sont pas bâtis comme les hommes vertueux, c'est-à-dire que, chez eux, l'instinct du vice domine toujours tout autre mobile ! Préoccupée de sa vengeance, et, d'ailleurs, dans la situation, à dix lieues de supposer que son compagnon pût avoir des yeux pour de pareilles futilités, en montant précipitamment, la première, dans le fiacre, Catherine ne s'était pas inquiétée de montrer, un peu plus haut peut-être que la jarretière, à Piberlo, une paire de mollets... que nombre de grandes dames de Paris eussent enviés à la paysanne. Des mollets faits au moule. Sveltes et musculeux tout à la fois. Des mollets gros des plus séduisantes promesses. Des mollets à se faire suivre aux quatre coins de Paris par un amateur. Des mollets, enfin, comme, assurément, Mme Piberlo n'en avait pas. Au moins leur aspect inopiné produisit-il cette réflexion dans l'esprit de notre acteur, et cette réflexion amena-t-elle dans ses idées le revirement le plus étrange !

Il s'était assis en face de Catherine et la considérait avec attention. C'est qu'indépendamment de ses remarquables mollets, elle n'était pas mal, cette petite ! mais pas mal du tout !...

Il lui prit la main.

— Alors, entama-t-il, vous êtes au service de M. Mistenflute, mon enfant ?

— Oui, monsieur.

— Pour tout faire ?

— Comment, pour tout faire ?

— J'entends que, si cela vous chagrine si fort qu'il courtise des dames, c'est que vous avez vos raisons pour vouloir garder pour vous ce qu'il donne à d'autres... j'entends que vous avez des droits... de tendres droits sur lui.

— Eh bien! je ne m'en cache pas, monsieur. Je l'aime, là, mon maître!

— Ah! ah! Il n'est pas à plaindre, le gaillard, de posséder l'amour d'une aussi gentille fille que vous!...

— Ah! ouiche! Allez lui dire ça!... Il s'en fiche bien de mon amour.

— Vraiment? C'est une habitude chez lui de vous être infidèle?

— Il ne fait que ça!... La preuve, vous voyez : il n'y a pas huit jours qu'il connaît votre femme, et...

— Et c'est un monstre, tout simplement, que M. Mistenflute, ma petite. Ma petite?... Comment vous nommez-vous, chère enfant?

— Catherine, monsieur.

— Ma petite Catherine. C'est un scélérat que votre maître!

— Oh! oui!

— Qui n'est pas digne de posséder un bijou tel que vous!

— Oh! je ne suis pas un bijou; et, cependant, s'il voulait, monsieur serait si heureux avec moi!... D'abord, je ne songe qu'à lui être agréable!...

— Pauvre petite Catherine!

— Et... Mais qu'est-ce qu'il vous prend donc, monsieur? Pourquoi que vous m'embrassez?...

— Parce que vous pleurez, Catherine. Ça me touche... J'essuie vos larmes.

— Merci! je les essuierai bien toute seule.

— Non! vous ne les essuierez jamais si bien que moi!... Savez-vous, Catherine, j'ai une proposition à vous faire.

— Qu'est-ce que c'est?

— Votre maître est un polisson... ma femme est une drôlesse!...

— Oh! ça, c'est bien aussi mon opinion que votre femme ne vaut pas cher!...

— Eh bien! au lieu de nous torturer l'âme pour des gens qui nous trahissent, si nous nous consolions ensemble?

— Hein?... Eh bien! en voilà une idée!...

— Une idée des plus sages, ma petite Catherine, mon amour de Catherine! Tu quittes le service de M. Mistenflute... tu le quittes, sans tambour ni trompette, dès aujourd'hui!... Tu ne retournes pas chez lui. Et, pour commencer à nous consoler, nous allons dîner en tête-à-tête au restaurant; et, demain, je te loue une belle chambre dans un beau quartier... une belle chambre que je te meuble! Oh! je gagne autant d'argent que M. Mistenflute, n'aie pas peur!... Et, avec moi, tu auras cet agrément en sus que tu ne seras plus domestique; tu ne feras rien, du matin au soir, que de m'aimer!...

« Est-ce convenu, mon chérubin? C'est convenu, n'est-ce pas? Au diable ton maître! Au diable ma femme! Vengeons-nous!... vengeons-nous ferme!... »

Stupéfiée d'étonnement, Catherine avait laissé parler Piberlo sans l'interrompre, et, prenant ce silence pour une marque d'adhésion à ses vœux, le comédien allait tenter d'en obtenir une plus concluante. A cette fin, tandis que, d'une main, il serrait contre lui, par la taille, la petite bonne, de l'autre main il baissait les stores de la voiture. L'imminence du danger rappela Catherine à elle-même. D'un brusque mouvement elle se dégagea de l'étreinte de son adorateur, puis, plus rouge que jamais, doublement rouge alors de colère et de dégoût :

— C'est-il possible! s'écria-t-elle. Oh! on conterait cette machine-là à cent personnes que toutes jureraient que c'est une farce!... Comment, vous savez que votre femme est à gobelotter chez le traiteur avec son amoureux, et voilà l'effet que ça vous fait! Vous voulez...

— Je veux que tu sois ma maîtresse, oui, ma petite Catherine. Je ne l'aime plus, ma femme! Je m'en moque comme de Colin-Tampon, de ma femme!... Je n'aime plus que toi!...

— Et moi je vous abomine!... Ah! j'avais bien raison de penser que, dans votre état, on ne devait pas avoir de cœur!...

— Si, j'ai un cœur, mon oiseau bleu!... La preuve, c'est que je te l'offre dans ce baiser!...

— Allons!... me lâcherez-vous, à la fin?...

— Non, je ne te lâcherai pas!... Catherine... un baiser... un seul... comme arrhes de ma félicité?...

— Oui!... Eh bien! tenez, les voilà, les arrhes de votre félicité!... A présent, allez chercher votre femme tout seul!... Bonsoir!...

Disant ces mots, d'un vigoureux coup de poing qu'elle lui appliquait en plein visage, pour la seconde fois Catherine se débarrassait de Piberlo, puis, ouvrant la portière, elle sautait hors du fiacre et disparaissait bientôt dans la foule des passants, sur les bas côtés du boulevard.

— Nous voilà devant le théâtre de la Gaîté, bourgeois.

Cet avertissement du cocher tira Piberlo de la douloureuse torpeur dans laquelle l'avait plongé l'énergique et victorieuse défense de la petite bonne. C'était vrai, il était devant le théâtre de la Gaîté. Mais après? Ignorant chez quel traiteur du quartier sa femme déjeunait avec M. Mistenflute, à quoi cela pouvait-il lui servir d'être venu là? A rien.

— Et puis, reprit le cocher, voyant son voyageur demeurer immobile; vous ne descendez pas, bourgeois?

« Tiens!... la demoiselle qui était avec vous est donc partie?

— Oui, répliqua Piberlo en essayant de sourire; elle m'a quitté en route pour aller se faire arracher une dent; et moi, j'ai réfléchi... je ne descendrai pas ici; reconduisez-moi au théâtre des Variétés, mon ami.

Ainsi fut fait. Cocu, battu... et pas content, le comédien retourna achever sa répétition, se réservant, s'il n'avait pu surprendre, *flagrante delicto*, sa femme, de l'admonester sévèrement.

Mais il n'eut pas même cette consolation, car lorsqu'il voulut aborder le chapitre des reproches

par cette question qu'il croyait foudroyante :
« Où et avec qui donc avez-vous déjeuné, aujourd'hui, madame? »

— Rue de l'Échiquier, monsieur, avec M^me Dubois, mon amie, répondit imperturbablement M^me Piberlo.

Pas de preuves pour confondre la traîtresse. La crainte, s'il disait aujourd'hui ce qu'il savait, et ce que sa femme pouvait nier en accusant Catherine de mensonge, la crainte que demain M^me Piberlo ne se moquât de lui en lui jetant au nez le récit de certaine aventure dont il lui était impossible, à lui, de contester l'authenticité...

— C'est bien! fit le prudent époux en inclinant la tête.

Et ce fut tout. Il ne poussa pas plus loin ses investigations. Il laissa même son épouse continuer d'aller poser pour son portrait chez Mistenflute, en se disant, peut-être, qu'en définitive, si elle n'était pas coupable (une femme ne peut-elle pas déjeuner, en tout bien tout honneur, avec un homme?), il n'y avait aucun motif de l'empêcher d'avoir son image, et que, si elle l'était, coupable, il devait en prendre son parti : il ne réussirait pas, en la contrariant, à obtenir qu'elle ne le fût plus.

Mais ce qu'il y a de curieux, c'est que ce mari, qui, pour s'éviter les railleries de sa femme, avait philosophiquement accepté la coiffure... probable dont elle l'avait gratifié, n'eut rien de plus chaud que de tout raconter à un homme qu'il savait être une manière de gazette vivante. Cela l'étouffait de rire tout seul de son aventure, il fallut qu'il en fît rire Perpignan...

Perpignan avait raison : les imbéciles fourniraient la corde pour les pendre, pourvu qu'on leur dît en les pendant : « Ah! la belle corde!... il n'y a que vous pour avoir une si belle corde que ça! »

Un dernier mot sur Perpignan, qui fera sourire ceux qui l'ont connu parce qu'il leur rappellera une monomanie singulière de cet amusant personnage. Cette monomanie consistait à dessiner des chevaux sur tout et partout. Certain régisseur du théâtre du Palais-Royal, que je ne nommerai pas, bien que depuis longtemps il ait pris sa retraite, pour ne pas l'obliger à rougir au coin de son foyer, avait une passion moins innocente : du matin au soir, dans son bureau, il croquait, à la plume, des... comment dirai-je cela?... Rabelais le dirait tout de suite, mais je ne suis pas

Rabelais! Des... des... enfin, un genre d'appas dont l'absence presque absolue chez Déjazet a été une des causes majeures de son aisance dans les travestis. Vous avez compris, n'est-ce pas? Et cette passion du régisseur en question exposait même les dames qui commettaient l'imprudence de pénétrer trop brusquement près de lui, à s'en mordre les pouces, en le surprenant plongé dans ses croquis trop réalistes. Perpignan n'avait pas l'imagination artistique si décolletée, les chevaux lui suffisaient; les chevaux vus de face, de trois quarts ou de profil, en course ou au repos; galopant ou dormant. Et, en vérité, il ne les dessinait pas mal; Horace Vernet lui-même le reconnaissait. Mais il en dessinait trop! Vous aviez invité Perpignan à dîner; profitant, avant de se mettre à table, de cinq minutes durant lesquelles vous ne le surveilliez pas, il se glissait dans votre salle à manger, et, vlan! du bout de son bâton d'encre de Chine, sur chaque assiette plate recouverte de son assiette à potage, il déposait un cheval. A Alger, où il fut envoyé quelques années après la conquête, il faillit se faire un mauvais parti avec des officiers qui habitaient le même hôtel que lui, en illustrant ainsi, malgré eux, chaque jour, les assiettes servant à leurs repas. Ces messieurs avaient faim, et, au moment d'y placer une tranche de gigot ou de rosbeef, ils trouvaient un cheval sur leur assiette; et il leur fallait en demander une autre. Après avoir ri quelque temps, les militaires se fâchèrent. Perpignan fut contraint, sous peine d'un coup d'épée, de renoncer à l'exercice de son tic équestre sur le service de table de l'hôtel; il s'en consola en dessinant son sujet favori par tout l'intérieur de la Casbah, et jusque dans ses réduits les plus secrets...

— Que veux-tu! me disait-il, ce n'est pas ma faute, quand je n'ai pas fait ma douzaine de chevaux dans ma journée, je suis malade!...

Pour qu'il ne fût pas malade, lorsqu'il venait dîner chez moi, avant toutes choses, en attendant mes autres convives, j'apportais ses douze assiettes à Perpignan. Il donnait l'essor à sa folie; ensuite il était sage.

Un homme d'esprit aussi, mais de talent en outre, celui-là, avec qui je me liai, vers 1826, au foyer de l'Opéra-Comique, c'était Adolphe Adam. C'était... toujours : c'était! Encore un qui n'est plus! Encore un qui est mort à la fleur de l'âge, comme Hérold, avec lequel, à mon avis, il avait beaucoup de points d'analogie, comme caractère et comme sentiment musical, et qui l'aimait d'ailleurs à l'égal d'un frère. Plus jeune que moi d'une dizaine d'années, Adam me manifesta tout de suite de la sympathie. Mon genre, comme romancier, était de son goût, et, en cela, il différait d'Hérold, qui me le reprochait comme trop leste. C'est même à cause de ce désaccord entre nous que je ne fis, avec Hérold, que le *Muletier;* il ne me pardonna pas la légère opposition qu'avait soulevée, à sa première représentation, ma pièce, et qui, disait-il, non sans raison, j'en conviens, avait, un moment, failli compromettre le succès de sa partition. Et il est certain que M. de Planard, qu'il prit, après moi, pour collaborateur, ne lui donna pas les mêmes motifs de plainte. *Marie* ne ressemblait en rien au *Muletier*.

Adam, qui n'en était encore, en 1826, qu'à composer des airs de vaudevilles, ne se montrait pas si rigoureux à mon égard. « Faites-moi un poëme, Paul de Kock, » me répétait-il souvent. Je ne sais plus ce qui m'empêcha, à mon grand regret aujourd'hui, d'accéder à son désir, mais je me rappelle très-bien qu'à la suite d'une fête à laquelle nous assistâmes ensemble, une fête donnée par une société populaire, poétique et lyrique, dite des *Bergers de Syracuse*, je lui soumis une idée d'opéra-comique en deux actes, qui lui plut beaucoup..

La société des *Bergers de Syracuse*, qui florissait en 1826, se composait de gens de tous métiers ; tailleurs, coiffeurs, cordonniers, chapeliers, bonnetiers, épiciers, tous adorateurs forcenés d'Apollon et d'Érato. En entrant dans cette société, chaque individu prenait un nom en harmonie avec l'appellation d'icelle : Lycidas, Corydon, Palémon, Tircis, etc. Aux séances purement poétiques et lyriques, les femmes n'étaient pas admises ; elles eussent probablement troublé les bergers déclamant leurs idylles ou chantant leurs chansons. Mais au jour solennel où ils célébraient la fête du *Grand Pasteur*, leur chef suprême, les bergers se renforçaient de bergères. Et ils n'avaient pas tort, car on dansait, à cette fête ; et un bal où il n'y eût eu que des hommes, si bergers qu'ils fussent, eût certainement péché comme coup d'œil.

Mon tailleur, qui était un *Berger de Syracuse*, m'avait, en ma qualité d'auteur dramatique, envoyé une invitation à la fête du *Grand Pasteur*. Je lui en demandai une seconde pour Adam. Un musicien... cela ne souffrait pas de difficultés. Adam fut convié à m'accompagner. La fête avait lieu à Belleville, à l'Ile d'Amour. C'était au mois de juillet, le soir. Nous arrivâmes justement comme les bergers, avant de se livrer à la danse avec les bergères, chantaient un chœur en l'honneur de Sylvandre, le *grand pasteur*, trônant au milieu d'eux, dans le jardin, sur un tertre rustique, et ayant à ses côtés une jeune fille, couronnée de myrtes et de roses, qui, nous apprit-on, représentait la nymphe Aréthuse, protectrice de la corporation. En écoutant, on peut regarder, et l'on peut même, en regardant, se dispenser d'écouter. Le chœur était fort beau, peut-être, mais nous lui préférâmes l'étude des bergères. Je n'affirmerais pas qu'elles fussent toutes jolies et, surtout, qu'elles eussent, comme tournure et comme langage, rien de sicilien. Évidemment ces bergères de Syracuse étaient des fleuristes et des lingères des rues Saint-Denis et Saint-Martin. Mais elles portaient si gaiement leur toilette uniforme : une robe blanche et un grand chapeau de paille garni de rubans roses ou bleus; elles avaient l'air d'être si heureuses... si disposées à rire, qu'au cas où deux d'entre elles, à notre choix, daigneraient nous accepter, pour quelques heures, pour leurs bergers, Adam et moi, nous

nous sentîmes enclins à nous courber sous leur houlette.

Le chœur terminé, les bergers, avec leurs petits flageolets d'ébène, garnis d'ivoire, attachés à la boutonnière de leurs habits, défilèrent devant le *grand pasteur* et la nymphe Aréthuse; puis le bal s'ouvrit. Le bal coupé de chants entre chaque contredanse. Ah! ils ne se contentaient pas de danser, les bergers de Syracuse, il fallait qu'ils chantassent! Et cette interruption réglée des quadrilles, qui m'avait semblé fastidieuse au début, finit par ne pas m'être désagréable, non plus qu'à Adam. Tandis que les bergers chantaient, les bergères se promenaient sous les ombrages du jardin; et nous nous y promenions aussi; et nous pouvions, plus à l'aise que dans la salle de danse, causer avec celles qui nous avaient séduits : mesdemoiselles Idalie et Aminta; à la ville, Joséphine et Élisa; une fleuriste et une brunisseuse. Si bien que, vers dix heures, ayant réussi à persuader à ces demoiselles qu'il resterait, sans elles, à l'Ile d'Amour, assez de bergères pour les bergers, nous les emmenions souper aux *Vendanges de Bourgogne*.

Mon tailleur me reprocha amèrement, plus tard, cette façon de détournement de bergères, qui avait fort mécontenté les bergers ses confrères.

— Ça n'est pas bien, monsieur, ce que vous avez fait là! me dit-il. Non! ça n'est pas convenable!... Et savez-vous ce qu'il en résultera? C'est qu'Idalie et Aminta ne seront plus reçues au *hameau*. Le *grand pasteur* l'a solennellement déclaré : elles sont rayées du cadre des bergères.

— Bah! répliquai-je, quelle est leur faute?... Elles avaient faim, nous leur avons offert une aile de poulet; cela ne les empêchera pas, quand vous les rappellerez, de retourner à leurs moutons!

Lycidas-Bertrand, mon tailleur, secoua négativement la tête.

— Nous ne les rappellerons pas! conclut-il. Nous avons des mœurs, au *hameau*, monsieur; nous ne voulons pas de bergères qui s'enfuient, comme des gourgandines, avec nos invités!...

Au résumé, la société des *Bergers de Syracuse*, si ridicule qu'elle fût par la naïve emphase de son cérémonial et les prétentions lyriques et poétiques de ses membres, n'avait en soi rien de blâmable. Ces ouvriers qui se réunissaient pour chanter ou danser, en se parant de noms empruntés aux bergeries antiques, valaient bien ceux d'aujourd'hui, s'assemblant, devant des brocs de vin bleu, pour discuter leurs droits de citoyens. Et puis, les fêtes populaires d'autrefois avaient cet avantage sur celles d'à présent qu'il était permis d'y assister sans crainte d'asphyxie. On buvait probablement autant qu'aujourd'hui, dans le peuple, autrefois, mais on ne fumait pas. Par curiosité, il y a deux ou trois ans, je voulus voir un bal de barrière; je ne vis rien... des nuages emplissaient la salle... mais je sentis... et je m'empressai de me sauver! Pauvre peuple parisien, un de tes sens, et un des plus précieux, celui de l'odorat, est donc bien atrophié, que tu peux trouver du plaisir à te saturer incessamment des parfums infects de cette plante maudite qui a nom Tabac?... Le peuple me répondra que tout le monde fume, maintenant, en haut et en bas, à Paris; riche ou pauvre, artiste ou bourgeois, ouvrier ou gentilhomme. Et je lui répliquerai, moi, que c'est tant pis! si maintenant tout le monde fume à Paris... et en province aussi, je suppose; parce qu'à mon avis l'habitude du tabac est une odieuse habitude, qui a tout désorganisé chez nous : galanterie, bon ton, esprit, amabilité, politesse. Ceci va paraître un paradoxe : eh bien! je suis convaincu que si les Français sont toujours mécontents de tout, depuis une trentaine d'années, toujours inquiets, toujours turbulents, c'est qu'ils ont toujours la pipe ou le cigare à la bouche. C'est le tabac qui les rend fous ou méchants. Qu'ils renoncent à fumer, et ils redeviendront ce qu'ils étaient : intelligents et bons.

Ceci vous enseigne, lecteur, que je pratique peu le tabac. Et en effet. Je vous ai dit déjà une de mes aversions : les voyages; le tabac est la seconde; la troisième a les chiens pour objet. Et cette dernière date de mon enfance. Tout petit, je voyais ma mère pâlir quand le plus inoffensif carlin l'approchait en aboyant; instruit ainsi, enfant, à me garder de la gent canine, avec l'âge, j'ai continué à m'en tenir le plus possible éloigné. Tout réfléchi, pourtant, je dirai que, si l'on me mettait en demeure de choisir entre une excursion à une cinquantaine de lieues, la société d'un fumeur une journée durant, ou celle d'un chien pendant un mois, ce serait au chien que je donnerais la préférence, vu que j'ai appris, à l'user, que, si tous les chiens aboient, tous ne mordent pas, tandis que, pour moi, tous les voyages sont ennuyeux et tous les fumeurs insupportables.

Ce que j'aime, en fait de bêtes...

Mais je vous conterai cela plus loin. A présent, je termine ce chapitre.

La fête des *Bergers de Syracuse*, à l'Ile d'Amour, m'avait donné l'idée d'un opéra-comique qui souriait extrêmement à Adam; nous nous réunîmes même plusieurs fois pour en causer. Mais diverses circonstances nous séparèrent. Adam partit, je crois, en voyage; des travaux pressés réclamèrent mon temps; bref, les *Bergers de Syracuse* restèrent dans l'œuf. Ce qui ne m'empêcha pas, plus tard, d'applaudir, de tout mon cœur et de toutes mes mains, à la première représentation du premier ouvrage d'Adam : *Pierre et Catherine*, joué, en 1829, à la salle Feydeau, pour sa clôture.

Sa clôture définitive. Elle était condamnée, cette salle... on la ferma, pour la dernière fois, au mois d'avril 1829; et ce ne fut pas sans tristesse que je vis la pioche des maçons s'abattre sur ses murs. Sans doute ce théâtre était vieux; sa construction était lourde et mesquine; son entrée, obscure et étroite, aussi dangereuse pour les piétons qu'incommode pour les voitures; mais il était rempli, pour moi, de doux souvenirs; j'y avais eu des succès; entre autres, après ceux que j'ai cités, celui d'une pièce en trois actes, *les Enfants de maître Pierre*, musique de Kreubé, jouée par Ponchard, La Feuillade, et M^mes Pradher et Rigaut; il me sembla, en le voyant détruire, que c'était moins un bâtiment public qu'on démolissait, pour cause de sûreté générale, qu'un ami à moi qu'on sacrifiait.

Et n'est-il pas naturel qu'on s'attache aux choses comme aux gens, et, si l'on pleure l'ami mort, n'est-il pas permis aussi de pleurer la maison où l'on se réunissait à cet ami?

Hérold pensait comme moi à ce sujet.

Nous passions ensemble, un soir de l'automne de 1829, devant la salle Feydeau, qui n'était plus qu'un monceau de décombres :

— C'est là, dit-il, qu'on m'a joué mes deux premiers opéras : mes *Rosières* et ma *Clochette*.

— C'est là, répliquai-je, qu'on m'a joué NOTRE *Muletier*.

— Eh bien! reprit Hérold, je la regrette, cette salle. On sait ce qu'on perd, on ne sait pas ce qu'on gagne!

Cher Hérold! Il ne devait pas survivre longtemps à la salle Feydeau! A moins de quatre ans de là, au mois de janvier 1833, il succombait, en pleine jeunesse, en pleine gloire, à une maladie de poitrine. J'étais à la première représentation du *Pré aux Clercs*, son chant du cygne, et, de retour chez moi, à la suite de cette soirée triomphante, à une heure du matin, je réveillais ma femme en jouant et chantant au piano un motif de cette œuvre délicieuse qui m'avait le plus particulièrement frappé; le chœur de soldats du troisième acte :

> Nargue de la folie
> De tous ces gens de cœur !
> Ils vont jouer leur vie
> Pour un faux point d'honneur.

Et, quelques jours plus tard, le cerveau puissant qui avait enfanté ces mélodies divines était glacé; quelques jours plus tard, je suivais Hérold à sa dernière demeure.

Pour mon compte, je ne fis plus que de rares apparitions à l'Opéra-Comique, transporté successivement de la rue Feydeau à la place Ventadour, puis à la place de la Bourse. La direction de ce théâtre elle-même changea trois ou quatre fois de mains dans l'espace de quatre ou cinq ans; sa troupe se renouvela en partie. J'étais dépaysé au milieu de figures nouvelles. Je me retirai. Les travaux de théâtre n'étaient désormais pour moi qu'un délassement de mes travaux de romancier; du moment qu'ils me devenaient un sujet de fatigue et d'ennui, je préférais y renoncer plutôt que de les poursuivre par la lutte. Ainsi ai-je fait encore plus tard avec le Vaudeville et le Palais-Royal, dont les directeurs, après m'avoir longtemps sauté au cou, du plus loin qu'ils m'apercevaient, avaient l'air, ensuite, de ne plus se rappeler mon nom quand je leur souhaitais le bonjour. Ah! ce sont, en général, des messieurs très-capricieux que messieurs les directeurs de théâtre! Mais il y a quelque chose de plus fort que le caprice, c'est le dédain. Et quand vos moyens vous le permettent, c'est-à-dire quand vous avez d'autres cordes à votre arc, c'est un véritable bonheur, je vous jure, que de pouvoir carrément tourner le dos aux gens désagréables!...

# CHAPITRE VIII

Sommaire. — Je dîne à l'hôtel de ville. — Le comte de Chabrol. — Casimir Delavigne. — Point de départ d'une *scie*. — « Il n'y a encore rien là, il faudra que nous y fassions mettre quelque chose. » — Révolution de 1830. — La *scie* se continue. — M. de Salvandy. — Alexandre Dumas, Gérard de Nerval, etc., etc. — Dupeuty s'en mêle. — Mes protecteurs malgré moi refusent de me protéger. — *Décoration bien ordonnée commence par soi-même*. — Une preuve de l'estime en laquelle daignait me tenir le pape Grégoire XVI. — Visite mystérieuse. — Voudrait-on me faire *carbonaro* ? — On veut me décorer de certain ordre italien. — Ma réponse à cette proposition. — Trente ans de discrétion. — La *scie* reprend de plus belle. — Les journaux, sous l'empire, au 15 août et au 1er de l'an. — « Ce bon vieux Paul de Kock ! » — Mon martyre. — Le monsieur qui fréquente les esprits. — « Votre père est décoré. » — « C'est moi ! » — Je veux être nommé commandeur. — Un cri du cœur de Lambert-Thiboust. — Le renard trop mûr pour les raisins. — La meilleure des républiques. — On ne se battra plus jamais. — Au corps de garde avec Frédérick-Lemaître. — Les fausses patrouilles empêchent les vraies patrouilles. — Je vais en soirée chez Lafayette. — Ce que j'y vois. — Assez de politique, causons de Romainville. — Romainville-Abbotsford. — Le bois de Romainville autrefois. — La *Poule russe* et son bichoff. — Comment une repriseuse de cachemires devenait tendre. — Le *Tournebride*. — Robert ou le traiteur qui *s'illumine*. — Promenades à cheval. — J'oblige ma femme à faire de l'équitation quand même. — Mon repentir. — « J'aime mieux cela ! »

J'ai dit, je crois, quelque part plus haut, que je n'ai jamais rien reçu d'aucun gouvernement ni d'aucun pouvoir qui s'y rattachât. Je me suis trompé. Réparation. En 1829, j'ai reçu de M. de Chabrol, préfet de la Seine... une invitation à dîner à l'hôtel de ville, et, cette invitation, j'ai eu la bassesse de l'accepter... avec une certaine joie même. Le comte de Chabrol, qui était un homme de grand mérite, et il fallait bien qu'il fût tel pour avoir été maintenu par la restauration dans un poste qu'il occupait sous l'empire, le comte de Chabrol avait la réputation d'aimer et de protéger les arts. En me conviant à sa table, moi romancier populaire, il me reconnaissait donc une valeur. On n'a pas d'amour-propre, mais on n'est pas fâché de rencontrer, de temps en temps, surtout quand on est souvent attaqué, quelqu'un qui vous prouve, par ses actes, le peu de cas qu'il fait de ces attaques. Je le répète : ce fut donc avec un vif plaisir que j'acceptai l'invitation du préfet.

On m'avait placé, à ce dîner qui comptait une quarantaine de convives, des peintres, des écrivains et des musiciens, pour la plupart, entre Auber et Casimir Delavigne. J'étais de longue date déjà en relations amicales avec Auber, mais je ne connaissais Casimir Delavigne que de vue. Des compliments que je lui adressai à propos de son *Marino Faliero*, qu'on venait de représenter à la Porte-Saint-Martin, eurent bientôt rompu la glace entre nous. Casimir Delavigne, dont on dénigre aujourd'hui le talent, comme si l'on possédait aujourd'hui beaucoup de poëtes qui le vaillent, était fort aimable et fort simple comme homme. Ennemi des réunions officielles, se plaisant bien plus au sein de sa famille que dans le monde, ce n'avait été que sur les instances de M. de Chabrol qu'il était venu à ce banquet. Et, en vérité, je compris qu'un grand repas fût sans attrait pour lui, car, en obéissance aux ménagements excessifs que lui imposaient les soins d'une santé délicate, il ne mangeait que des légumes et ne buvait que de l'eau.

— Pauvre Delavigne! disait Auber, qui, comme moi, jouissait d'un excellent estomac... et en jouit encore, j'imagine, car, quand nous nous rencontrons maintenant, c'est toujours dans une boutique de marchand de comestibles : chez Potel et Chabot, ou Chevet... Pauvre Delavigne! cela doit vous ennuyer de voir défiler devant vous, sans y toucher, tous ces mets succulents, tous ces vins généreux!

— Mais non! repartit en riant l'auteur de *l'École des vieillards*, je vous regarde, mon cher Auber, vous et M. Paul de Kock, fêter en maîtres et ces vins et ces mets, et, comme il y a du plaisir dans l'admiration, je ne m'ennuie pas.

Dans la soirée, le comte de Chabrol eut, en particulier, pour moi, quelques paroles des plus flatteuses que je juge superflu de répéter ici; mais ce que je répéterai, c'est un mot du préfet de Charles X qui est resté dans mon souvenir comme le premier épisode d'une manière de *scie* (on sait ce que c'est qu'une *scie* en argot d'atelier) à laquelle j'ai été en butte depuis quarante ans, et qui, dans ces dernières années surtout, contre l'intention, j'en suis persuadé, de ceux qui m'en rendent l'objet, et qui, ce faisant, se figurent au contraire m'obliger, m'est devenue souverainement odieuse. Elle produit, approchant, sur moi, cette *scie*, lorsqu'on m'y soumet, l'effet que manifestait si drôlement, si vous vous le rappelez, Ravel, dans *une Fièvre brûlante*, quand il était surpris par les sons d'un piano : elle me donne envie de hurler. Si je ne hurle pas comme Ravel, c'est, n'aimant pas les chiens, pour n'avoir, même par hasard, rien de commun avec eux.

Je m'explique. Aussi bien il y a assez longtemps que j'endure mon martyre sans crier :

« Assez ! » Et où, mieux que dans mes *Mémoires*, trouverais-je si bonne occasion de décharger mon cœur?

Donc, après le dîner, le préfet s'était promené une vingtaine de minutes, en causant, avec moi, dans un des salons. Sur le point de me quitter pour s'occuper d'un autre de ses invités, il me dit, en touchant du doigt la boutonnière de mon habit :

— Il n'y a encore rien là... il faudra que nous y fassions mettre quelque chose un de ces jours !

Ce *quelque chose*, on devine ce que c'était, et j'avoue, en toute humilité, que la pensée qu'on pouvait me gratifier de ce *quelque chose* n'eut rien qui effarouchât ma modestie. On procède d'ordinaire par comparaisons en semblable circonstance. Je voyais chaque jour décorer des hommes de lettres dont je me croyais l'égal; je ne me jugeais donc pas au-dessous d'une faveur qu'on leur avait octroyée.

Mais si M. de Chabrol était sincère, et je suis convaincu qu'il l'était, si vraiment il songeait à faire récompenser en ma personne un écrivain léger, très-léger, c'est possible, ne recherchant jamais, pour fixer l'attention, ni les savantes conceptions dramatiques, ni les effets de style, mais qui, tout en ayant adopté pour devise de son œuvre ces deux mots : « *Rire d'abord!* » n'a jamais voulu non plus justifier cette devise aux dépens de ce qui a droit au respect : la Morale et la Religion, les événements s'opposèrent à ce que ses bonnes intentions à mon égard se réalisassent. La révolution de 1830 éclata; M. de Chabrol disparut dans la retraite; et ce bout de ruban, qu'il m'avait en quelque sorte offert, ne vint pas fleurir ma boutonnière.

Pendant le règne de Louis-Philippe, je ne dirai pas cent, mais deux cents, trois cents personnes reprirent à tour de rôle, à mon adresse, en le variant de forme, le mot de M. de Chabrol : « Il n'y a encore rien là, il faudra que nous y fassions mettre quelque chose. » Je citerai : M. de Salvandy, avant qu'il ne fût ministre; M. de Salvandy, que j'avais connu en 1824, lorsqu'il s'essayait comme romancier, et qui daignait alors me traiter de « confrère ». Alexandre Dumas, qui ne me rencontrait pas une fois sans me dire : « Donnez-moi donc votre secret pour écrire un *Monsieur Dupont*, Paul de Kock ! » Scribe, Bayard, Mélesville, Méry; Gérard de Nerval, que je n'avais jamais vu, et qui, me rencontrant un jour au théâtre, me dit en me serrant la main à la broyer : « Comment, vous n'êtes pas décoré, monsieur Paul de Kock ! Mais c'est une infamie !... A quoi songent donc tous ces cuistres du ministère !... » Abel de Pujol, le peintre; Gomis, le musicien; David d'Angers; Dantan.....

J'accueillais d'un remercîment toutes ces offres de service, ou tous ces regrets, d'autant plus gracieux que je ne les avais pas sollicités; mais quand on s'est évertué, comme cela, une quinzaine d'années, à remercier toujours sans recevoir jamais, on conçoit qu'on commence à se sentir quelque peu d'humeur.

En 1839, un vaudevilliste, qui avait été plusieurs fois mon collaborateur au théâtre, et avec qui, notamment, j'avais fait *Un de plus*, au Vaudeville, Dupeuty, trouva moyen de pousser à bout ma patience à ce sujet. Très-souvent Dupeuty m'avait dit : « Il est vraiment déplorable que vous ne soyez pas décoré, Paul de Kock ! » Un jour, dans mon cabinet :

— Mon cher ami, entama-t-il, soyez franc. Il ne vous serait pas désagréable d'avoir la croix, n'est-ce pas ?

— Non, sans doute !... si, pour l'avoir, il ne me fallait pas la demander.

— Hum !... c'est qu'il faut toujours la demander pour l'avoir !

— Alors n'en parlons plus !

— Pardon, parlons-en, puisque, si vous le permettez, je m'offre à faire pour vous ce que vous refusez de faire vous-même : les démarches nécessaires. J'ai de nombreux amis dans les rangs de l'opposition ; je suis convaincu qu'avec un coup d'épaule de deux ou trois d'entre eux, j'enlèverai votre nomination !....

— Mon bon Dupeuty, vous êtes bien aimable, mais si ces démarches doivent vous causer la moindre peine...

— Mais du tout ! Autorisez-moi seulement à manœuvrer à ma guise, et... on s'occupe justement en cet instant de récompenses, à l'occasion du jour de l'an... et, avant quinze jours, je ne vous dis que ça !.... votre nom est au *Moniteur* parmi ceux des nouveaux décorés.

— Eh bien ! soit. Agissez à votre guise et recevez d'avance mes remercîments.

— Oh ! il n'y a pas de quoi ! Je serai plus heureux que vous, peut-être, de vous voir la croix !...

Quinze jours, trois semaines, un mois, deux mois s'écoulèrent sans nouvelles de *ma* croix. Je voyais souvent Dupeuty, pourtant, mais il ne me parlait plus de rien. Il est vrai que je ne le questionnais pas non plus. Un soir enfin, jugeant probablement qu'il me devait au moins une explication :

— Mon ami, me dit-il, en prenant une mine d'une aune, je vais vous affliger... mais, vous savez, l'affaire en question ?... J'ai le profond regret de vous apprendre qu'elle a échoué.

— Ah ! ah !

— Oui. Ceux à qui j'en ai parlé... trois députés de la gauche qui n'ont qu'un mot à dire pour obtenir tout ce qu'ils veulent... ont absolument refusé de la pousser. Ils ne contestent pas votre popularité ; non !... mais ils m'ont dit : « Demander qu'on décore Paul de Kock !... nous !... Eh ! si nous faisions cela, les journaux ministériels n'auraient pas assez de moqueries à nous jeter à la face !... Des libéraux s'intéresser à l'auteur de la *Pucelle de Belleville* et du *Cocu!*... Nous serions bafoués, conspués, vilipendés !... S'il veut la croix, que Paul de Kock s'adresse directement au roi. Nous ne serions pas étonnés qu'il la lui donnât. On assure qu'il aime beaucoup Paul de Kock, Louis-Philippe, et que, de temps en temps, il expédie une caisse de ses ouvrages, accompagnés de vin de Champagne de premier choix, à la reine Victoria. Les petits cadeaux entretiennent l'amitié! Ce à quoi nous pouvons seulement nous engager, par amitié pour vous, dans nos journaux, c'est, le jour où Paul de Kock sera nommé chevalier de la Légion d'honneur, à ne pas éplucher de trop près cette nomination fantaisiste !... »

Je fronçais les sourcils. Dupeuty s'arrêta une seconde, puis :

— Je m'en doutais, reprit-il, ce que je vous conte vous chagrine, Paul de Kock! Mais, vous l'avouerez : ce n'est pas ma faute si...

— Pardon, interrompis-je, d'un ton un peu sec, c'est parfaitement votre faute, mon cher ami, si, sous prétexte de me rendre un service que je ne vous demandais pas, vous avez compromis mon nom et mon caractère près d'individus dont je n'eusse, certes, jamais, personnellement, réclamé la protection.

— Mais...

— Mais vous n'ôterez pas de l'idée de vos trois députés libéraux que c'est moi qui vous ai supplié de vous adresser, à mon profit, à leur puissance... et c'est là seulement ce qui me chagrine; du reste, je m'inquiète peu! La morale que nous

devons tirer de cette aventure, mon cher Dupeuty,
c'est, pour vous, qu'il ne faut pas obliger ses amis
malgré eux, et, pour moi, que c'est une sottise
de se laisser obliger, malgré soi, par ses amis!

Ce brave Dupeuty!... Malgré tous ses efforts, il
n'avait pu obtenir la croix pour moi, et, sans trop
de difficultés, je pense, à quelque temps de là, il
l'obtint pour lui. Il est vrai qu'il était auteur, en
collaboration d'une vingtaine de confrères, d'une
cinquantaine de vaudevilles et de drames, presque
tous imbus d'idées extra libérales. Or on a toujours volontiers décoré les républicains sous les
gouvernements monarchistes. Une façon, sinon de
se les attacher, au moins de les détacher. Avec
un bout de ruban, ça n'est pas cher.

Eh bien! je fus un des premiers à offrir à Dupeuty mes félicitations, qu'il mit, ma foi, gravement en poche, sans broncher! J'aurais souhaité
pour lui qu'il en rît un peu.

Ici une aventure qui, tout en ayant trait au
sujet qui m'occupe en ce moment, se rapporte à
ma promesse, au chapitre IV, de fournir une
preuve curieuse et ignorée de la bienveillante

estime dont le pape Grégoire XVI daignait honorer mes livres.

C'était en 1840, quelques mois après ce que j'appellerai : *l'affaire Dupeuty*, ou *Décoration bien ordonnée commence par soi-même;* c'était une après-midi, je travaillais, lorsqu'on m'annonça une visite. Un monsieur qui ne voulait pas se nommer. « Serait-ce quelque nouveau Villeneuve ? » pensai-je. Mais non, à première inspection, je ne doutai pas que mon visiteur n'eût rien de commun avec un comédien, encore moins avec un quémandeur d'aumônes. C'était un homme de soixante ans environ, tout de noir habillé et ganté; d'une tournure à la fois aisée et grave; la figure, complétement rasée, distinguée et fine, empreinte, à ce qu'il me parut, d'un caractère étranger.

Et, dès les premiers mots que m'adressa cet homme, ma conviction fut établie. C'était un Italien.

— Monsieur, commença-t-il, je suis fâché de vous déranger...

— Il n'y a pas de mal, monsieur. Mais pourrais-je savoir...

— Qui je suis ? Je vous demanderai la permission de ne vous le dire... si je dois vous le dire...

qu'après que je vous aurai appris le but de ma visite. Et je vais vous expliquer pourquoi j'agis de la sorte. Je suis chargé de vous faire une proposition qui peut aussi bien ne point vous agréer que vous sourire. Or, dans le premier cas, s'il dérive de soi que vous sachiez qui est venu à vous, puisque ce sera par mon canal que la proposition en question aura son effet, dans le second cas, au contraire... Ce qu'on refuse, il est bien inutile de savoir qui vous l'offre. Il doit suffire d'avoir refusé. Cela n'est-il pas juste ?

— Fort juste! répliquai-je, passablement intrigué des façons mystérieuses de l'étranger. Que venait-il me proposer, grands dieux !... D'entrer dans une *Charbonnerie* quelconque ?...

Il reprit en souriant, comme s'il eût deviné ma vague inquiétude :

— Et, avant tout, ne vous effrayez pas, monsieur; il n'y a rien de politique dans ma démarche. Nous savons que vous êtes du nombre des rares écrivains qui se contentent d'étudier et de peindre les mœurs, sans prétendre à réformer à coups de plume les lois de la société.

Je respirai.

— En deux mots, voici ce qui m'amène, poursuivit le monsieur mystérieux. Vous ne pouvez ignorer, car à diverses reprises déjà des journaux français ont répété ce fait, et puisque qui de droit ne l'a pas démenti, c'est qu'il est exact... vous n'ignorez pas que vous êtes fort aimé, comme romancier, dans certaine cour d'Italie? Fort aimé! Le plus haut personnage de cette cour a tous vos ouvrages dans sa bibliothèque, et il se plaît à les lire, les trouvant toujours amusants et jamais dangereux.

Je m'inclinai. Si je ne comprenais pas absolument encore, au moins étais-je sur la voie.

— Eh bien! continua mon visiteur, c'est... je ne dirai pas au nom, ce serait trop dire, mais avec l'assentiment, l'agrément de ce haut personnage, en témoignage de son estime particulière pour votre talent, que je viens vous offrir le brevet de chevalier dans un ordre dont il est le chef suprême. Un ordre qui porte une dénomination chère à tout bon chrétien.

Je m'inclinai derechef.

— Vous acceptez? reprit l'étranger.

— Non, monsieur, répliquai-je, je refuse; mais je refuse en vous priant d'être bien convaincu de la reconnaissance dont me pénètre votre démarche.

— Si l'offre vous paraît mériter votre gratitude, pourquoi donc la repoussez-vous?

— Je pourrais vous répondre : d'abord, parce que je suis de l'Église réformée.

— Ah! fit l'Italien en devenant soudainement sérieux, vous êtes protestant?

— Oui, monsieur, je suis de la religion qui était celle de mon père. Mais, cette raison de refus, je ne l'invoquerai pas, puisque, catholique même, je vous répondrais encore : Votre offre me touche et m'honore, mais je ne l'accepte pas.

— Et vous ne l'acceptez pas, parce que?....

— Parce que, dans mon opinion, lorsqu'on n'est pas jugé digne d'être décoré de l'ordre national par le gouvernement de son pays, il ne vous est pas permis d'accepter une décoration étrangère.

Mon visiteur se leva, et, me tendant la main :

— Cette raison est péremptoire, dit-il, et c'est la seule aussi, de votre refus, que je rapporterai... là-bas, où, j'en suis sûr, elle sera appréciée à sa valeur. On regrettera, comme je le regrette le premier, que le manque de justice rendue, en haut lieu, dans votre pays, à vos travaux, vous fasse une loi de décliner les récompenses qui pourraient leur être offertes ailleurs.

« Et sur ce, monsieur Paul de Kock, notre entrevue n'ayant eu d'autre résultat que de m'avoir procuré l'avantage de vous connaître, est-ce trop exiger de votre discrétion de vous demander, non-seulement de me permettre de me retirer sans vous avoir dit qui je suis, mais encore...

— De garder pour moi seul le souvenir de cet entretien? Non, monsieur. Je vous le promets : je ne parlerai à personne de votre visite. A personne!...

J'ai tenu ma promesse depuis trente ans. Ai-je tort, aujourd'hui, de rompre le silence? Que ceux qui sont de cet avis me blâment; bien d'autres, j'en ai la conviction, m'absoudront, estimant, avec moi, que trente ans de discrétion ont suffisamment payé mon engagement d'honneur. Maintenant, j'entends d'ici des railleurs s'écrier : « Mais que prouve votre histoire, puisqu'il vous est impossible de l'appuyer d'un nom? Que vous avez été probablement mystifié par quelque mauvais plaisant, qui eût été bien embarrassé si vous l'eussiez pris au mot avec son ordre... « à la dénomination *chère à tout bon chrétien* ». Mystifié.... D'abord, mon Italien n'avait pas la mine d'un mystificateur, je vous le jure. Et puis, on ne mystifie guère que les gens qui y invitent par leurs prétentions, leur vanité, et je défie qui que ce soit de dire que j'ai jamais été ni prétentieux ni vaniteux.

Enfin, j'ai raconté cette aventure parce que j'ai pensé qu'elle avait sa place dans mes *Mémoires*. Qu'on en dise ce qu'on voudra; elle peut être sujet à raillerie, je ne crains pas qu'elle le soit à démenti.

Je reviens à ma *scie*.

Pendant les premiers temps du gouvernement actuel, on me laissa un peu tranquille. Comme son oncle, Napoléon III, les huit ou dix premières années de son règne, n'avait pas les allures d'un souverain à qui l'on force la main. Il ne me décorait pas... Si les amis de ma boutonnière avaient la bonté d'en gémir (de gémir de ce que ma boutonnière demeurât vierge), au moins ne me tourmentaient-ils plus de leurs compliments de condoléance. Mais la main de l'empereur s'allégea; cela la fatiguait, je suppose, d'être toujours rude; aussitôt, les susdits amis réenfourchèrent leur dada; on recommença de tous côtés, à tous propos, à me poursuivre de ces deux phrases : « Comment, vous n'êtes pas décoré,

Paul de Kock! Mais il faut absolument qu'on vous décore! » Et si cela se fût toujours passé en petit comité, encore! Mais, vers 1861 ou 1862, à l'occasion de la fête de l'empereur, un journaliste fit un article sur ce sujet.... Ce fut le signal. De cette date, plus de jour de l'an, plus de 15 août, sans qu'on lût, dans une demi-douzaine de journaux : « Ah çà! il faut espérer qu'on va décorer Paul de Kock, cette fois!... » Ce cri du cœur enjolivé généralement de commentaires dans le goût des suivants : « Ce pauvre vieux Paul de Kock, qui a tant égayé nos pères, c'est bien le moins qu'on lui fasse plaisir avant qu'il ne descende dans la tombe!... — Ce pauvre vieux Paul de Kock, qui serait si heureux d'avoir la croix!... — On affirme qu'il est au désespoir de ne pas avoir la croix, ce bon vieux Paul de Kock!... Il n'en dort plus!... »

Évidemment, tout cela est charmant comme fond, si cela pèche un peu comme forme. Eh! mon Dieu! quand on est vieux, on le sait bien, allez! On ne le sait même que trop; on n'a pas besoin de se l'entendre dire. Mais, sans parler de cela, ô messieurs des journaux, si vous vous doutiez de ce que, chaque année, l'expression de vos vœux aimables me vaut d'ennuis, je crois que vous y réfléchiriez à deux fois, à l'avenir, avant de continuer à m'en accabler. Le premier jour de l'an, à Paris, et le 15 août, à Romainville, je n'ai plus une minute de repos. C'est une lettre, c'est dix lettres, c'est vingt lettres qui m'arrivent successivement, toutes conçues à peu près sur ce modèle :

« Enfin vous l'êtes donc, mon cher Paul de
« Kock! Justice vous est rendue! J'espère être le
« premier à vous offrir mes chaleureuses félici-
« tations. »

Puis, ce sont les visites d'amis, accourant presser la main du *nouveau chevalier*...

Ils entrent...

— Eh bien?...

— Eh bien! quoi?...

— C'est donc fait?

— Qu'est-ce qui est fait?...

— Mais je l'ai lu hier dans le journal du soir : vous avez la croix.

Ils l'ont tous lu!... tous!... L'amitié exagère volontiers les choses. Le journal leur a dit que j'allais *peut-être* être décoré... ils ont entendu que je l'étais. Comment donc! mais, l'année dernière, j'ai failli me fâcher avec un ancien compagnon de ma jeunesse, parce qu'il m'avait trouvé, le 15 août, dans mon jardin, sans *mon ruban.*

— Tu as tort, mon cher, me dit-il gravement; aussitôt qu'on l'a, on le porte.

— Qu'est-ce qu'on porte?

— Allons! Est-ce parce qu'on te l'a donné un peu tard? Mieux vaut tard que jamais! Mets-le, mon ami, mets-le tout de suite, autrement tu aurais l'air d'en faire fi!...

Plus fort encore :

Il y a quatre ou cinq ans, la veille du 15 août, en entrant à l'orchestre d'un théâtre, mon fils est retenu par le bras par un monsieur qui, m'a-t-on assuré, est en commerce suivi avec les esprits... Ce dont on ne se douterait guère à sa mine.

— Et puis, dit le monsieur à Henry, vous êtes content, j'espère?

— A quel propos?

— Mais vous l'ignorez donc? Votre père est décoré. Cela paraîtra demain au *Moniteur.*

— Ah!... si cela était vrai, j'en serais très-heureux, en effet, mais...

— Mais cela est vrai! C'est signé. Et je le sais bien, que diable! C'est moi qui ai fait inscrire son nom sur la liste de...

Ici un nom de ministre, que je tais; ce nom,

mis en avant par un mauvais farceur, n'ayant que faire d'être répété.

Cependant, comme le monsieur aux esprits avait la réputation d'être en outre du dernier bien avec quelques personnes très-haut placées... auxquelles il explique leurs rêves, sans doute, comme Joseph à Pharaon... mon fils, lui serrant la main, lui dit :

— En ce cas, il me reste à vous remercier pour mon père et pour moi, mon ami.

— Oh! il n'y a pas à me remercier, mon cher! Il y avait longtemps que je m'étais dit : « Il faut que Paul de Kock soit décoré! » Il l'est. Si j'y ai un peu aidé, je n'ai fait que mon devoir!

Le lendemain, Henry venait exprès à Romainville m'apprendre cette nouvelle que j'accueillais d'un haussement d'épaules, car, plus perspicace que lui, j'y voyais un mensonge.

— Mais c'est impossible! me répétait mon fils. Pourquoi Z. m'aurait-il menti?...

— Pour le plaisir de te mentir, mon ami; tout simplement! Ce monsieur éprouvait le besoin de se poser en protecteur devant toi... il s'est posé!...

— Et il m'a fait poser. Une fantaisie qui pourrait bien lui valoir quelques claques.

— Allons donc! Est-ce qu'on se fâche avec les

blagueurs! On leur rend la monnaie de leur pièce, c'est bien plus drôle! Quand tu reverras ton monsieur à qui je dois la croix, dis-lui que je le remercie, mais que je ne suis pas entièrement satisfait, et que, pendant qu'il est en train, et puisqu'il joue si bien du ministre, il devrait, au jour de l'an, me faire nommer commandeur!

Mais en voilà suffisamment sur ce chapitre. Il ne faut pas que ma *scie* en devienne, à leur tour, une pour mes lecteurs. Je termine donc par cette déclaration, que je supplie messieurs les journalistes qui ont la gracieuseté de s'intéresser à ma boutonnière, d'accepter pour sincère. Je n'ai menti de ma vie; ce n'est pas à soixante-seize ans que je commencerai.

J'ai pu, tout comme un autre, désirer la croix. *Je ne la désire plus.* Et *je ne la désire plus* parce qu'après avoir vu, tour à tour, depuis quarante ans, décorer la plupart de ceux qui sont entrés après moi dans la carrière des lettres, à mes yeux, aujourd'hui, la croix, au cas où on me la donnerait, serait moins une récompense dont j'aurais à m'enorgueillir qu'une manière de fiche de consolation... bien inutile, puisque, ne regrettant rien, je n'ai à être consolé de rien. En ré-

sumé, j'aime encore mieux qu'on dise de moi :
« Pourquoi ne l'est-il pas? » que ce qu'on dit de
tel ou tel : « Pourquoi l'est-il? » Il y a quarante
ans, à mon avis (j'ai promis d'être sincère, je le
suis), que je devrais être décoré. Je ne le suis
pas ; je ne le serai pas. Qu'on n'en parle donc
pas plus désormais que je n'en parle moi-même;
on m'obligera.

Il y a trois ou quatre ans, un soir que je l'avais
rencontré sur le boulevard, Lambert-Thiboust,
un vaudevilliste d'esprit avec qui j'ai fait *une Maîtresse bien agréable*, aux Variétés, un aimable
garçon dont la mort presque soudaine m'a été
particulièrement sensible, me dit, dans un moment d'effusion :

— Voyez-vous, monsieur Paul de Kock, je ne
mens pas : pour moi, je serais honteux de porter
la croix quand vous ne l'avez pas !...

— Là ! là ! mon ami, lui répliquai-je, n'y mettez pas tant de conscience ! Fleurissez, quand
vous le pourrez, votre boutonnière, et ne vous
inquiétez pas de la mienne qui se passe très-bien
de coquelicot !...

— « Les raisins sont trop verts, maître renard ! » me crie, en riant, un journaliste qui veut avoir le mot de la fin sur ce sujet, mais qui ne l'aura pas, car je lui réponds... sans rire, moi :

— Non, monsieur, ce ne sont pas les raisins qui sont trop verts pour le renard, c'est le renard qui est trop mûr pour les raisins. Le goût lui en est passé; il n'a plus envie d'en croquer.

Où en étais-je? En 1829, au mois de septembre, autant que je me rappelle, dînant à l'Hôtel de ville, chez M. de Chabrol, préfet de la Seine, sous le règne du roi Charles X.

Eh bien! quelques mois plus tard, le 31 juillet 1830, le roi Charles X était en fuite, M. de Chabrol n'était plus préfet de la Seine, et à l'une des fenêtres de l'hôtel de ville, devant lequel je me trouvais ce jour-là, vers midi, en compagnie de mon ami Pâris, je voyais le duc d'Orléans, ayant à sa droite le général Lafayette, et, derrière lui, Laffite, Benjamin Constant et M. Viennet, agiter un drapeau tricolore aux acclamations enthousiastes de la foule...

Ce qui signifiait, m'expliquait Pâris, qui était un profond politique à ses heures, que la révolution était finie, bien finie, et que nous n'avions plus qu'à nous réjouir, attendu que le duc d'Orléans ayant accepté les fonctions de lieutenant général du royaume, qui lui avaient été offertes par la Chambre, le royaume allait être plus heureux qu'il ne l'avait jamais été sous aucun gouvernement.

— Alors on ne se battra plus dans les rues? demandai-je à Paris.

— Mais certainement, qu'on ne se battra plus! qu'on ne se battra plus jamais!... Charles X était devenu impossible, vous concevez, mon ami, avec ses idées réactionnaires. Ses dernières ordonnances sur la presse et sur les élections ont été son coup de grâce. On l'a chassé, on a bien fait. Le duc d'Orléans est nommé, aujourd'hui, lieutenant général du royaume... avant huit jours il sera nommé roi.

— Ah! vous croyez qu'il...

— J'en suis sûr! Lafayette l'a dit : il voit en lui la meilleure des républiques.

— Ah! si Lafayette l'a dit!... Pour moi, ce que je demande, c'est qu'on puisse, au plus tôt, se mettre à sa croisée sans risquer de recevoir une balle dans la tête, et, surtout, sans craindre de voir mourir, sur le pas de sa porte, des malheureux qu'on n'ose pas descendre secourir!

— C'est fini, je vous le répète, mon cher Paul; absolument fini! Avant un mois toutes traces de ces trois terribles journées seront effacées!...

— Excepté, je suppose, dans le cœur de ceux et de celles qui y auront perdu un être aimé : un frère, un mari, un fils.

— Ah!... Que voulez-vous! On ne fait pas d'omelettes sans casser des œufs.

— Oui, oui, un très-joli proverbe pour les amateurs d'omelettes, mais pas pour les poules.

C'était à mon corps défendant que j'étais allé à l'hôtel de ville avec Pâris. La foule populaire m'épouvante. Je trouve que, même en joie, elle a l'air d'être en colère. Mais quand on est resté trois jours et trois nuits de suite enfermé chez soi, on veut à tout prix respirer, marcher. Et c'est que nous n'avions pas été à la noce, ma femme, mes enfants et moi, dans notre appartement du boulevard Saint-Martin, pendant les journées du 27, du 28 et du 29 juillet 1830. Le boulevard Saint-Martin n'était pas alors, comme il l'est maintenant, sur la moitié de son parcours, orné (dois-je dire orné?) d'une sorte de chaussée creuse bordée d'épais remparts; il s'en allait, montant de plain-pied, du faubourg jusqu'à l'Ambigu; configuration de terrain des plus commodes pour les charges de cavalerie. Aussi s'y était-on beaucoup battu, sur mon pauvre boulevard. Les vieux ormes qui l'ombrageaient avaient perdu leurs plus belles branches; toutes les persiennes de ses maisons ressemblaient à des écumoires.

Et ce que c'est que la curiosité! Nous n'ignorions pas, ma femme et moi, qu'en regardant à travers nos persiennes pendant le combat, nous nous exposions à nous faire blesser, et c'était irrésistible : nous voulions regarder... et nous regardions, en nous reprochant mutuellement notre imprudence, notre folie. Une triste folie, somme toute! C'est un vilain spectacle que celui d'hommes frappés mortellement, se roulant dans leur sang, en proie à l'agonie. Ce spectacle s'est renouvelé sous mes fenêtres au 24 février 1848, mais, cette fois, je n'ai pas cherché à le voir. Retiré avec ma fille au fond de mon appartement, j'ai attendu que la tempête eût cessé sans désirer d'y assister.

Cependant, Paris ne s'était pas trompé; dès le 31 juillet, des affiches, collées à tous les coins de rue, les ayant avisés que *la Charte serait désormais une vérité*, les Parisiens, de lions qu'ils étaient la veille, étaient devenus des moutons. Que leur fallait-il? Que *la Charte fût désormais une vérité*. On le leur jurait ; on le leur affichait; ils enterraient leurs morts et pansaient en riant leurs blessures...

Toutefois, comme il est avéré que, lorsqu'ils ont pris un fusil, les Parisiens ont une peine extrême à le lâcher, il avait été organisé, par toute la ville, en crainte d'un retour agressif des troupes royales, une manière de garde nationale à laquelle il était du devoir de tout bon citoyen de concourir. J'étais un bon citoyen, je devins garde national. Quatre nuits de suite, je fis mon service. Frédérick-Lemaître, qui demeurait dans la même maison que moi, au boulevard Saint-Martin, en 1830, était de ma compagnie. Il doit se souvenir d'un soir, où notre caporal étant entré tout pâle, au poste, annoncer qu'on redoutait quelque chose pour la nuit, que des *fausses* patrouilles avaient été signalées, c'est-à-dire des patrouilles composées d'ennemis, de Suisses ou de gendarmes, quelques instants plus tard, quand il fut question d'envoyer en reconnaissance une *vraie* patrouille, sur 25 hommes que nous étions à l'arrivée du caporal, nous ne nous trouvâmes plus que sept. Dame! écoutez donc! tout le monde ne se soucie pas d'affronter le danger! Et Frédérick-Lemaître avouera avec moi que, s'il l'affronta alors comme moi, pas plus que moi il n'éleva d'objections lorsque le chef du poste, ayant stigmatisé en termes énergiques la conduite des soldats citoyens disparus, conclut en disant aux soldats citoyens restants :

— Enfin, messieurs, puisque ces lâches nous y obligent, c'est cruel, mais comme on ne peut pas laisser le poste abandonné, nous ne ferons pas de patrouilles!... de vraies patrouilles!... Paris se gardera sans nous.

Louis-Philippe, dit *la meilleure des républiques*, fut donc proclamé roi des Français le 9 août, et Pâris ne fut pas peu fier d'avoir prophétisé si juste.

— Nous voilà tranquilles, me dit-il, tranquilles pour toujours.

— Hum! pour toujours!... repartis-je; en êtes vous sûr?...

Et je chantonnai :

>   Ni jamais, ni toujours,
>   C'est la devise des... Français.

— J'en conviens, reprit Pâris, les Français sont inconstants. Mais que voulez-vous qu'ils aient jamais de mieux que ce qu'ils ont maintenant? Un roi constitutionnel.

— Je ne sais pas ce que les Français pourraient avoir de mieux, mais je vous répète que je serais fort étonné que, même pour avoir plus mal, ils ne fissent pas, un jour, à Louis-Philippe I$^{er}$, ce qu'ils ont fait à Charles X.

— Bah! Lafayette est là pour maintenir le peuple!

— Lafayette n'est plus jeune.

— Peuh!... Quel âge a-t-il? Soixante-treize ans à peine. Il a encore dix ans à vivre, et, en dix ans, on a le temps d'asseoir un gouvernement.

Pâris aimait beaucoup Lafayette, qu'il n'appelait que le *Vétéran de la liberté*. Dans l'hiver de 1831, il voulut absolument me conduire en soirée chez le général. Je m'y refusais, alléguant assez logiquement que je n'étais pas invité...

— Il est inutile d'être invité pour aller chez Lafayette, me dit Pâris. Lafayette reçoit tous ceux qui se présentent, et il est heureux de les recevoir...

— Même sans les connaître?

— Quelle nécessité y a-t-il pour lui de connaître les noms de ses visiteurs? N'est-il pas assuré qu'ils sont tous ses amis?...

« Allons, venez donc avec moi, Paul de Kock.

— Mais quelle figure ferai-je, moi romancier, chez votre grand homme-politique ?

— Vous n'aurez pas de figure à faire, car nul ne s'occupera de vous, et le général moins que personne. Vous le saluerez, il vous tendra la main, et tout sera dit ; vous vous promènerez ensuite par les salons en regardant, en observant, puis, quand vous en aurez assez, vous partirez.

Cette façon de salon public devait être, en effet, fort curieuse à étudier. J'accompagnai Pâris, rue d'Anjou-Saint-Honoré, chez Lafayette.

C'était un mardi, jour de réception du général ; il n'était pas neuf heures quand nous arrivâmes, et déjà les salons regorgeaient de visiteurs. Pas tous d'une tenue irréprochable... oh ! non !... J'en remarquai même un grand nombre qui, si leurs moyens leur défendaient de porter des gants, eussent pu, du moins, se faire décrotter avant d'entrer. Mais ces messieurs pensaient sans doute que la crotte est une marque de libéralisme. D'ailleurs, l'appartement de Lafayette était d'une simplicité, comme décoration et comme ameublement, qui bravait ces libertés démocratiques. Nous vîmes le général, nous le saluâmes, et, selon le programme établi, il répondit à notre salut par une cordiale poignée de main qui, pour ma part, me produisit un touchant effet. On a pu railler Lafayette, Mirabeau a pu l'appeler *Cromwell-Grandisson*, et Napoléon le traiter de *niais*, ce n'était pas le premier venu que cet homme qui avait été l'ami de Washington, et qui, s'il n'avait pas souvent joué un rôle brillant dans les événements qui se sont succédé en France depuis 1789, y avait toujours, du moins, joué un rôle honnête. Et puis, c'était un contemporain de mon père; peut-être l'avait-il connu; peut-être cette main qui pressait la mienne en avait-elle autrefois serré une que mes lèvres filiales n'avaient jamais eu le bonheur d'effleurer...

Bref, je ne regrettai pas ma visite à Lafayette; ce que je déplorai seulement, c'est, pour une vingtaine de notabilités politiques et autres qu'on me montra chez lui, d'y avoir rencontré tant de nullités de mauvaise mine. La popularité n'est pas tout roses, et il devait falloir un fier coup de balai dans les salons du général après que ces gens-là y avaient passé.

Mais en voilà assez, n'est-ce pas, lecteur, sur ces sujets flairant la politique, et pour clore à mon gré, et au vôtre aussi, je l'espère, ce premier volume de mes *Mémoires*, j'ai bien envie, laissant à dessein de côté toute autre histoire, de vous donner celle de cette résidence d'été qui a été ma joie depuis tantôt quarante ans, et qui l'est aujourd'hui encore, en dépit des changements, assez laids pour la plupart, que le temps et les hommes ont apportés dans ses alentours : Romainville, maintenant *Les Lilas*. Romainville, c'est mon Abbotsford; mon Abbotsford de romancier populaire. Walter Scott avait un château, Paul de Kock a une maisonnette. Mais qui a été plus heureux, dans son *chez soi*, du petit propriétaire ou du grand châtelain? Entre nous, je ne parierais pas pour Walter Scott. Pendant quarante ans, j'ai travaillé, libre et content, à Romainville; j'y ai ri avec mes amis; j'y ai pleuré aussi, avec eux, quand la mort m'a brusquement enlevé deux de ces chers êtres qu'on ne remplace pas dans sa vie : ma femme et ma mère...

Enfin, commençons donc l'historique de Romainville. Vous allez voir que cela ne vous ennuiera pas.

D'abord, je vous ai dit déjà que ma prédilection pour ce pays datait de ma jeunesse; je vous ai dit qu'à vingt ans, les dimanches et les jours de fête d'été, quand j'avais une maîtresse à promener, c'était au bois de Romainville que je la conduisais. Et où trouver, à une heure de Paris, montre en main, un but de promenade plus agréable?... Et, notez bien, un but de promenade qui n'exigeait pas le concours d'une voiture; ce qui n'était pas son moindre avantage. On montait, bras dessus, bras dessous, le faubourg du Temple et la Courtille; on traversait Belleville, on passait par le chemin du parc Saint-Fargeau, en laissant sur sa droite le télégraphe, sur sa gauche les Prés-Saint-Gervais, puis, immédiatement, devant soi, on avait la campagne, les champs de seigle et de blé, entrecoupés de massifs de groseilliers et de cassis où l'on faisait, en automne, de petites haltes furtives, ombragés de pruniers et de noyers auxquels on empruntait subrepticement quelques fruits. Subrepticement, car les gardes champêtres veillaient par là, et ils n'étaient pas caressants pour les Parisiens, les gardes champêtres de Romainville! Enfin l'on touchait au bois, sur la lisière duquel, avant de s'engager plus loin, un cabaret, comme il y en avait en ce temps-là, un bon cabaret villageois, d'aspect à la fois propre et simple (*A la Poule russe;* il existe encore), vous invitait à entrer vous rafraîchir. Du petit vin de Bagnolet : du *picton*. Quatre sous la bouteille.

C'était excellent en bichoff. J'ai connu, en 1812, une fleuriste qui l'aimait tant, le petit vin de Bagnolet en bichoff, qu'une fois attablée sous les pampres d'une tonnelle de la *Poule russe*, il n'y avait plus moyen de l'en arracher. Trois fois je voulus la conduire au bois de Romainville, et trois fois je ne la conduisis qu'à la *Poule russe*. Je fus contraint d'y renoncer.

Le bois, sans être considérable comme étendue, était assez grand encore pour s'y égarer quand on ne le connaissait pas. Je le connaissais comme ma poche, donc, quand je m'y égarais avec une de mes conquêtes, ce n'était que pour récolter le bénéfice de ses terreurs. Les femmes qui ont peur deviennent généralement très-tendres. Et est-ce que je me trompe et que les lieux et les objets gagnent à être vus à travers le prisme d'un doux souvenir, mais il me semble que le bois de Romainville était charmant, bien plus charmant que tous ceux des environs de Paris, par ses dispositions accidentées de terrain et la sauvagerie pittoresque de ses ombrages. Ce qu'il y a de sûr, c'est que ses allées n'étaient pas tirées au cordeau comme celles du bois de Boulogne ou du bois de Vincennes ; c'est qu'on lui permettait de pousser à sa guise, follement, en petit bois d'amoureux et d'artistes qu'il était, sans élaguer correctement ses taillis, sans émonder régulièrement ses futaies...

Et en descendant du côté de Pantin, le long du parc de Mme de Montesson, par quel admirable point de vue on était tout à coup surpris!... Paris et toute la plaine Saint-Denis se déroulant sous vos yeux en un panorama féerique. Un bon point à ce panorama; je lui dus, en 1816, le premier baiser d'une gentille repriseuse de cachemires. Mon amour, le bichoff, un fin déjeuner chez le garde-chasse, une promenade sous la feuillée, l'avaient laissée farouche; le magnifique point de vue l'apprivoisa...

— Ah! que c'est beau! s'exclama-t-elle.

— Pas plus beau que vous! répliquai-je. Et, soyons juste, je n'avais que ça à répondre.

Elle sourit... Je cueillis ce sourire sur ses lèvres émues. Une heure plus tard, elle m'appelait « mon cher Paul! »

J'ai parlé d'un déjeuner fin chez le garde-chasse. J'ai peut-être un peu bien flatté ce déjeuner, car, à vrai dire, ce scélérat de garde-chasse, abusant de ce qu'il n'y avait alors, dans le bois, que sa maison où l'on pût se sustenter, ne se mettait guère en frais de cuisine. Des œufs et des côtelettes, ou des côtelettes et des œufs; sa carte ne sortait pas de là. Ce ne fut qu'en 1818 qu'un ancien maître d'hôtel de Cambacérès, nommé Robert, eut l'intelligente idée d'ouvrir, au bois de Romainville, un restaurant qui devint bientôt célèbre : *le Tournebride*. C'était un type que Robert; passionné, comme Vatel, pour son art, et cuisinant réellement à merveille. J'eus le plaisir d'aider au succès de sa maison en en parlant dans quelques-uns de mes romans; il s'en montra toujours infiniment reconnaissant. Le jour où il apprit que j'allais habiter le pays, *il s'illumina*. Robert entendait, par *s'illuminer*, se griser. Très-bien, sur le conseil même, comme on sait, d'Hippocrate, de se donner, de temps à autre, une pointe, mais très-mal quand l'ivresse dégénère en habitude. Robert finit par *s'illuminer* si souvent qu'il s'en éteignit, après avoir coulé, de fond en comble, son établissement. Son successeur, un cuisinier médiocre, végéta. Le *Tournebride* disparut. A sa place, aujourd'hui, il y a une maison de santé. Ses cabinets particuliers sont devenus des chambres de malades; on tousse, on crache et l'on geint là où l'on riait, chantait et s'embrassait. Pauvre *Tournebride!*...

Ce fut vers 1818 également que des loueurs

de chevaux pour la promenade, sentant de l'argent à gagner de ce côté, commencèrent d'installer leurs écuries au bois de Romainville. Un nouveau motif pour moi d'y aller souvent. N'ayant jamais pris de leçons d'équitation, j'étais, je l'avoue, un assez mauvais écuyer, si mauvais qu'il ne m'arrivait guère de monter à cheval sans en descendre, au moins une fois, la tête la première. Mais un plaisir ne se paye jamais trop cher. J'aimais l'exercice du cheval; son ingratitude à mon égard ne me décourageait pas. Pendant plus de dix ans, je ne suis pas resté une semaine sans aller, avec un ou deux amis, galoper au bois de Romainville et dans ses environs : Noisy-le-Sec, Montreuil, Villemomble, Montfermeil. Et, quand je fus marié, il fallut que ma femme vînt à son tour se promener à cheval avec moi. C'était de l'égoïsme, direz-vous ? Soit !... Mais ma femme ne le disait pas, elle. Ma bonne et bien aimée Élise !... Pour m'être agréable, elle m'eût, sans hésiter, accompagné en ballon. Un jour, cependant, une chute qu'elle fit dans le bois, et qui eût pu avoir les conséquences les plus fâcheuses, me donna à réfléchir. Si j'avais le droit de jouer à me tuer, je n'avais pas celui de risquer la vie de ma femme. De ce moment les courses à cheval cessèrent pour elle; moi-même, à la suite d'un bain forcé, en société d'un de mes coursiers de location, dans l'étang de Bagnolet, je sentis se refroidir mon ardeur équestre....

— Nous irons toujours nous promener à Romainville, dis-je à Élise, mais nous nous promènerons à pied.

— Je ne te cache pas que j'aime mieux cela! me répondit-elle... encore sans hésiter.

# CHAPITRE IX

Sommaire. — Maison à vendre. — « Ça n'engage à rien ! » — M. et M<sup>me</sup> Cartery. — Visite à la maisonnette. — Ma femme a réponse à tout. — Cinq mille francs... et les frais à verser ! — *Un de plus*. — Arnal est notre sauveur. — Nous sommes *chez nous !* — Mes *massifs* et mes plates-bandes. — Pas d'eau à boire ! — Ma femme a peur. — Aventure nocturne. — La troupe de voleurs. — Je manque de commettre un crime. — Le bal de Romainville. — Amédée de Beauplan. — Mademoiselle Plessy. — Je chasse. — Je ne chasse plus. — La république me prend mes armes. — Comment je travaillais sur l'herbe. — Le châle. — *Latet anguis in herbâ*. — Souvenirs de mon procès. — M. de Vatisménil. — L'autre avocat. — Mes deux frères Henri et Jean-Pierre. — Général hollandais et colonel français. — Comment le colonel fit bien de prendre sa retraite. — Réunis. — M<sup>me</sup> Gaigneau veut s'appeler M<sup>me</sup> de Kock. — Le comte d'Orsay. — Une lettre de Bulwer-Litton. — Je ne pense plus à mon procès perdu. — Ma philosophie. — Les bêtes que j'aime. — *Frontin*, ou le chat qui cause.

C'était deux ans après la révolution de 1830, un jour du mois de mai. Nous étions à Romainville, ma femme et moi. Après avoir déjeuné... non pas au *Tournebride*... c'était cher, au *Tournebride*, si c'était bon, et, comme nous n'étions pas riches, nous étions économes... après avoir déjeuné chez un petit traiteur, établi nouvellement sur la route de Paris, qui accommodait à merveille les pieds de mouton à la poulette, et où il y avait un superbe jeu de Siam, nous nous disposions à entrer dans le bois quand, en passant devant une petite maison sise sur la route susdite, tout contre Robert, nos regards se fixèrent en même temps sur un écriteau accroché au volet d'une fenêtre, et portant ces mots : « A vendre. »

— Tiens! dit ma femme, en s'arrêtant, elle est à vendre cette maison!...

— Eh bien?

— Eh bien! toi qui aimes tant ce pays!... Qu'est-ce que ça peut valoir, une maisonnette comme ça? Pas beaucoup d'argent, certainement!...

— Eh! eh!...

— Enfin, nous pouvons toujours la visiter et en demander le prix. Ça n'engage à rien, de voir.

« Ça n'engage à rien de voir. » Les femmes ont des raisonnements à elles. Ça n'engage à rien de voir! C'est-à-dire qu'au contraire ça engage à tout, parce que, dix fois sur douze, ce que l'on a voulu voir, on veut ensuite l'avoir.

Mais la petite maison était si attrayante! Bien

placée au midi, en arrière de son jardin. Un jardin tout petit aussi; une cinquantaine de pas de long sur une quarantaine de large. Et c'était bien assez pour nous. Avec un grand jardin il faut un jardinier; et nous ne voulions pas de jardinier. Ah! bien, par exemple! C'est nous, et nous seuls qui planterions et arroserions nos fleurs. Ma femme s'y voyait déjà!

Nous avions heurté à la porte de la maisonnette. Un vieux paysan nous ouvrit.

— Qu'est-ce que vous demandez?

— Cette maison n'est-elle pas à vendre? Nous désirerions la voir.

— Ah! bon! Entrez. Hé! Françoise, v'là des gens qui viennent voir la maison.

— Eh ben! fais-leux-y voir. Est-il bête ce Cartery! Je savonne. Je vas-ti pas me déranger?

— Mais tu sais bien qu'il faut que j'aille à notre pièce biner les pommes de terre?

— Tu les bineras après, pardi! ils n'vont pas moisir ici, ces gens! C'est pas le Louvre que t'as à leur montrer!

M. et Mme Cartery n'avaient pas une façon engageante de recevoir les visiteurs de la maison à vendre. Pourquoi? C'est ce qui nous fut bientôt expliqué.

Nous étions dans le jardin, à droite duquel, près du puits, la femme poursuivait son intéressant savonnage, sans même nous honorer d'un regard.

— Est-ce qu'elle est à vous, je vous prie, cette maison, monsieur? demandai-je au mari.

Il fit une grimace.

— Elle était à moi il y a trois semaines encore, oui, répondit-il, mais, à cette heure, elle ne l'est plus.

— Ah! et comment est-elle à vendre, si vous l'avez déjà vendue?

— Je ne l'ai pas vendue... c'est celui qui me l'avait vendue à moi qui me l'a reprise pour la revendre.

— Comment, reprise?...

— Eh! sans doute. Parce que je ne le payais pas. Voilà la chose. Vous connaissez-ti M. Bernard?

— N'est-ce pas un ancien agent de change à qui appartient le bois de Romainville?

— Juste! Eh bien! c'est M. Bernard qui a fait bâtir cette maison... et bien d'autres encore dans le pays... Un commerce qu'il fait, quoi! cet homme, de bâtir des maisons qu'on lui achète à tant par an!... Concevez-vous?

— Très-bien!

— En sorte que, tant qu'on le paye, il ne vous tourmente pas, mais que, quand on ne le paye plus, c'est une autre paire de manches! Il vous flanque dehors comme un paquet de linge sale. Et, malheureusement, il n'y a pas à se rebiffer, parce qu'on a signé un acte qui prouve comme quoi c'est son droit, à M. Bernard, de reprendre sa bâtisse quand on ne peut pas lui donner l'argent convenu! Ah! si on n'avait pas signé!...

— A cause que t'as signé, imbécile? cria M<sup>me</sup> Cartery de sa place. Je te le disais de ne pas signer!

— Mais si je n'avais pas signé, nous n'aurions pas eu la maison!...

— Eh ben! puisque nous ne l'avons plus tout de même après avoir signé, j'avais donc raison de te dire de ne pas donner ta signature!...

J'étais édifié sur les motifs de la mauvaise humeur du couple Cartery. Expropriés pour cause de défaut de payement, ils s'inquiétaient peu que cette maison, qui ne leur appartenait plus, trouvât un acquéreur. Et, disposé que j'eusse été à les plaindre si leur peine les eût laissés polis, sinon honnêtes, au contraire leur ton rogue et leur air revêche m'inspiraient peu de pitié. Mettant un terme à mes informations, je ne m'occupai donc plus, avec ma femme, que de notre visite à l'intérieur de la maison. Au rez-de-chaussée, une pièce pouvant servir de salon, une salle à manger, une cuisine et un cellier...

Au-dessus, deux chambres à coucher et trois cabinets...

Et... et voilà tout!

— C'est bien petit! dis-je à Élise.

— Petit!... Mais non! C'est très-logeable!...

« La chambre de devant pour toi; celle de derrière pour moi.

— Et les enfants?

— Henry couchera dans un cabinet, près de toi, et Caroline près de moi, dans ma chambre.

— Et la bonne?

— La bonne, dans un cabinet, comme Henry.

— Ils sont mansardés, ces cabinets. Ils étoufferont là-dedans. Toi-même... ta chambre aussi est mansardée.

— Bah! à la campagne, qu'est-ce que ça fait?

— Ah! tu crois qu'on étouffe plus volontiers à la campagne qu'à Paris?

— Non; je veux dire qu'à la campagne il y a plus d'air, et que... par conséquent...

« As-tu vu ta chambre, comme elle est gentille!... Il y a un balcon à la fenêtre, un balcon d'où l'on jouit d'une vue superbe. Tu y respireras, le soir, le parfum des fleurs avant de te mettre au lit.

— La salle à manger est bien étroite!

— Quand nous aurons du monde, nous dînerons dans le salon.

— Pas de cave!

— Puisqu'il y a un cellier!

— Ce puits dans le jardin est bien laid!

— On le cachera sous des plantes grimpantes.

— Oh! tu as réponse à tout!

« Enfin, elle te plaît, cette maison?... Cette chaumière; car c'est plutôt une chaumière qu'une maison.

— Elle me plaît extrêmement. Je voudrais déjà y être. Songe donc, tu travailleras si bien ici!... Et les enfants, comme ils seront contents! D'abord je suis persuadée que cela sera excellent pour leur santé de passer l'été à la campagne!

« Demande donc tout de suite le prix à cet homme. »

Je me tournai vers M. Cartery, attendant impatiemment, à quelques pas, dans le jardin, que nous voulussions bien lui permettre d'aller biner ses pommes de terre.

— Vous savez le prix de cette maison?

— Pardi! si je le sais! Ça serait drôle que je ne le sache pas après en avoir payé un cinquième!... Encore si on me le rendait, mon billet de mille francs, en me renvoyant!

— Mille francs. C'est donc cinq mille francs qu'on en veut?

— Oui, cinq mille. Avec les frais, comptez cinq mille quatre cents. Oh! ça n'est pas donné!

— Et si l'on se décidait à acheter, à qui devrait-on s'adresser?

— A M. Bernard, à Paris.

— Vous savez son adresse?

— Ma foi! non; mais, si vous tenez à l'avoir, vous n'avez qu'à entrer à côté, au *Tournebride*. Sûrement que M. Robert la connaît, lui. Quand M. Bernard vient à Romainville, c'est toujours au *Tournebride* qu'il déjeune.

— Bien. Merci et adieu.

Nous avions l'adresse de M. Bernard. En nous en revenant à Paris, nous ne parlâmes, ma femme et moi, que de *notre* maison. Et le chemin ne nous parut pas long. Car j'avais fait le difficile, mais elle me séduisait beaucoup aussi, cette maisonnette. Il est vrai que cinq mille francs à verser... car j'entendais payer comptant; j'ai toujours exécré les dettes... cinq mille quatre ou cinq cents francs, avec les frais, c'était une somme. Mais, depuis quelque temps, mes romans et mon théâtre m'avaient rapporté quelque argent. *La Femme, le Mari et l'Amant*, aux Nouveautés, et *l'Homme de la nature et l'Homme policé*, aux Variétés, m'avaient permis de faire quelques épargnes. Et j'avais encore une grande pièce sur la planche pour cette année 1832; une pièce tirée de mon roman *le Cocu*, que je devais écrire en collaboration avec Dupeuty. Il n'y avait que le titre à donner à cette pièce qui nous embarrassait, car, à coup sûr, la censure n'autoriserait pas sur l'affiche celui du roman. Ce ne fut qu'aux dernières répétitions que nous trouvâmes... ou, pour rendre à César ce qui appartient à César, qu'Arnal, qui jouait un des principaux rôles dans la pièce, en trouva le titre.

— Appelez-la : *Un de plus*, nous dit-il en riant.

Pour toute réponse, nous lui sautâmes au cou, Dupeuty et moi. Et cela valait bien cela. Ce titre qui, en trois mots, disait tout ce qu'il devait dire, était une véritable trouvaille.

Mais je retourne à *notre* maison ; *notre* maison, qui fut bien *nôtre* à quinze jours de date de la première visite que nous lui avions faite. Oh! cela ne traîna pas! Au bout de quinze jours, toutes les formalités de vente furent terminées; le ménage Cartery eut *vidé les lieux*, comme on dit en style de notaire, et nous fûmes libres de nous y installer.

Comme elle s'écoula rapidement, cette première année de notre séjour *chez nous* à Romainville! S'il est vrai, selon l'opinion de certains légistes de fantaisie, que *la propriété soit le vol*, convenons que cette espèce de vol est bien excusable par les joies qu'elle procure à ceux qui s'en rendent coupables. Nous avions meublé des plus simplement notre maison, car, à la suite d'une dépense assez forte pour ma bourse, je ne pouvais et ne voulais pas me mettre encore en frais. C'est moi qui, aidé de mon fils, avais collé le papier par toutes les pièces et mis les parquets en couleur. Pendant ce temps, Élise commençait de *tracer* le jardin.

— Il faut, disait-elle, que, l'année prochaine, ce soit une corbeille de fleurs.

Et elle le fit comme elle l'avait dit. L'année suivante, quand les lilas, les seringats, les rosiers, les chèvrefeuilles, plantés, y eurent poussé, quand des fleurs de toute sorte s'y épanouirent, on s'arrêtait sur la route pour admirer notre jardinet.

C'était moi qui l'arrosais. Le puits ne me semblait plus si laid... il me fournissait de quoi rafraîchir, leur comptant, mes plates-bandes et mes *massifs*. Mes *massifs* et mes plates-bandes, mais pas nous. C'était un inconvénient alors du pays : pas d'eau à boire ! Aujourd'hui, les porteurs d'eau de Seine, emplissant leurs tonneaux à Belleville, viennent quotidiennement faire leur distribution aux *Lilas*; mais, en 1832, et jusqu'en 1836, on était obligé d'aller demander ce liquide indispensable à une source assez éloignée dans les champs. C'était Henry qui était chargé de ce soin, et il ne s'en plaignait pas, parce qu'en revenant de chercher de l'eau dans son tonnelet porté sur une brouette, quand il se sentait fatigué, il s'arrêtait, et, quand il s'arrêtait, c'était toujours sous un arbre à fruits ou près d'un champ de framboises ou de fraises.

Lorsqu'il faisait beau, nous déjeunions et dînions dans le jardin, sous un berceau de ma fabrique. Le soir, nous nous asseyions devant notre porte pour voir le monde passer, comme de petits boutiquiers du Marais. Mais les petits boutiquiers du Marais ne sont pas si bêtes ; ils font ce qui les amuse. Nous allions souvent aussi, à la nuit, nous promener dans le bois, dans la campagne. Pas trop tard, car ma femme était un peu peureuse. Dans les premiers temps de notre villégiature, elle eut même à souffrir de quelques nuits blanches à Romainville. Ce silence profond qui régnait autour d'elle la troublait. Et puis elle ne trouvait pas les murs de notre jardin assez élevés pour empêcher les voleurs de s'introduire chez nous. J'avais acheté un fusil pour la rassurer. Une nuit, je la vis entrer toute tremblante dans ma chambre.

— Mon ami...

— Qu'y a-t-il?

— Des voleurs! Je t'affirme qu'il y a des voleurs!

— Chez nous?

— Non... dans la ruelle en face de ma fenêtre, de l'autre côté de la maison de M. Nonclair. (M. Nonclair, un rentier, était notre voisin de gauche; Robert, le restaurateur, notre voisin de droite.) Je les ai entendus marcher; ils sont au moins sept ou huit. Certainement ils s'apprêtent à escalader les murs!

Cela me surprenait bien qu'une bande de voleurs se disposât ainsi, sans plus de mystère, puisque ma femme avait entendu le bruit de leurs pas, à pénétrer chez notre voisin. Cependant je me levai, et, armé de mon fusil, je suivis Élise à sa fenêtre. La nuit était sombre. Pas de lune, pas d'étoiles. Nous écoutions, l'oreille tendue, depuis dix minutes. Rien !

— Tu te seras trompée, dis-je.

— Oh ! que non ! Écoute encore. Ah !... entends-tu maintenant ?

En effet, j'entendais un sourd murmure de voix. Des voix d'hommes qui chuchotent.

— Tire un coup de fusil ! reprit ma femme.

— Mais...

— Mais ils verront qu'on veille, et ils s'enfuiront. Je t'en supplie, mon ami, tire ! tire !...

Je tirai.

Aussitôt, dans la ruelle, s'éleva comme une explosion de pas précipités. On eût dit des gens affolés qui couraient au hasard de côté et d'autre. Évidemment, j'avais jeté le désordre dans la bande.

— Ils se sauvent ! dit ma femme.

— Je ne sais pas s'ils se sauvent, mais, en tout cas, ils n'ont pas l'air de se sauver bien loin. Ils restent dans la ruelle.

— C'est que tu en as blessé un peut-être. Leur chef.

— Ce serait étonnant ; j'ai tiré en l'air.

Soudain, le calme parut se rétablir parmi les bandits. Ils cessèrent de courir. En même temps une voix forte cria ces mots :

— Qui est-ce qui a tiré ?

— Ne réponds pas ! fit Élise.

— Mais si, répliquai-je, il me semble reconnaître cette voix !

Et, tout haut :

— C'est moi qui ai tiré, répondis-je.

— Qui ça, vous ? M. Paul ?... (On ne m'appelait que M. Paul à Romainville.)

— Eh bien ! oui, moi, M. Paul.

— Et pourquoi que vous avez tiré ?

— Parce que... parce que... dans l'obscurité... ma femme a cru... j'ai cru... Vous n'êtes donc pas des voleurs ?...

— Des voleurs !... Ah ! cette farce !... Mais nous sommes des gardes nationaux en train de veiller à la sûreté du pays !...

Des gardes nationaux !... Erreur déplorable ! J'avais tiré sur la patrouille ! ou plutôt, et heureusement ! au-dessus de la patrouille, car, tant tués que blessés, il n'y eut personne de mort dans cette terrible aventure. Il m'en coûta seulement quelques bouteilles de vin que j'offris, le lendemain matin, aux gardes nationaux... des paysans, nos voisins, pour la plupart nos fournisseurs de lait et de légumes... en dédommagement de l'émotion que je leur avais causée avec mon coup de fusil.

De cette nuit, d'ailleurs, ma femme dormit plus paisiblement, tranquillisée par cette pensée qu'elle n'avait plus à redouter les voleurs, puisque la garde nationale rurale veillait sur nos foyers !

Le dimanche, nous allions voir danser les paysans au bal du bois de Romainville, et, quand nous avions quelques amis avec nous, nous ne craignions pas de nous mêler aux quadrilles villageois. La salle de bal, située en face de la chaumière du garde-chasse, était représentée par une grande place, au sol battu à la chaux, ombragée de chênes et de châtaigniers. Pour orchestre, un violon, un trombone et une basse. Pour siéges, des bancs de bois. Pour éclairage, une douzaine de lanternes accrochées aux branches. Eh bien ! je vous certifie qu'il était fort amusant le bal de Romainville; fort amusant à cause des figures cocasses et aussi des gentils minois qu'on y voyait. Et puis, en ce temps-là, les paysans des environs de Paris n'étaient pas méchants et grossiers comme ils sont presque tous maintenant; ils ne se hérissaient pas au contact des bourgeois, et parce qu'un de nous les avait par mégarde heurtés en dansant, ils ne lui montraient pas le poing en le traitant d'*aristo !*...

Amédée de Beauplan, qui possédait une charmante villa au bois, à deux portées de fusil de ma maisonnette, près de l'ancien château de M<sup>me</sup> de Montesson (1), ne dédaignait pas non plus, de temps en temps, d'aller, avec sa femme et son fils, regarder sauter les jouvenceaux et les jouvencelles de Romainville et de Bagnolet. C'était un homme aimable et de talent qu'Amédée de Beauplan. Compositeur léger, il a laissé plusieurs airs qui, à mon sens, valent nombre de grands morceaux d'opéra. Son *Dormez, dormez, chères amours*, est une mélodie délicieuse; son *Père Trinquefort*, un petit bijou. Je l'avais connu dans le monde à Paris; nous nous liâmes plus étroitement à Romainville. Il avait l'esprit un peu

---

(1) La marquise de Montesson, que le duc d'Orléans, petit-fils du régent, avait, dit-on, épousée secrètement, avait fait construire ce château sous l'empire, à la place où s'élève aujourd'hui le fort de Romainville. (P. de K.)

moqueur peut-être, mais original. J'ai passé bien d'agréables heures à l'entendre me dire, le soir, au piano, la romance ou la chansonnette qu'il avait composée, paroles et musique, dans la journée. C'est chez lui que j'ai eu le plaisir de voir, pour la première fois, une actrice, alors presque une enfant, qui devait bientôt acquérir une grande réputation : M$^{lle}$ Plessy. C'était en 1834. Quel âge avait M$^{lle}$ Plessy en 1834? Je ne me le rappelle pas; et je me le rappellerais que je ne le dirais pas; il n'y a que les hommes qui ne les aiment pas qui savent l'âge des femmes; mais ce que je puis dire, c'est qu'elle était bien jolie! Elle passait souvent deux ou trois jours chez M. et M$^{me}$ de Beauplan. Un matin que je chassais dans le bois, ayant subitement rencontré la jeune artiste au détour d'un sentier, je crus... ah! ma foi! la comparaison est rococo, mais elle est juste, je ne la repousse pas!..... je crus voir une hamadryade! M$^{me}$ Plessy-Arnould se souvient-elle de cette rencontre? Se souvient-elle qu'en chasseur courtois et en voisin gracieux je lui offris, pour son déjeuner, une demi-douzaine de friquets que je venais d'immoler? Non sans doute. Elle a oublié ce petit, tout petit épisode de sa vie. Je ne l'ai pas oublié, moi, et je ne le cache pas, en y songeant, je voudrais être encore en 1834, au bois de Romainville, en face de mon hamadryade Sylvanie Plessy, lui disant :

— Mademoiselle, voulez-vous accepter ce produit de ma chasse ? Six modestes moineaux francs. Mais on chasse ce que l'on peut et où l'on peut. M. Scribe vous offrirait des perdreaux ; moi, je vous offre des pierrots.

Car je m'étais mis à chasser, la deuxième année de mon séjour à Romainville. M. Bernard, le propriétaire du bois, m'avait donné le droit de chasse à tir et à courre par tout son domaine, et j'en abusais, nous en abusions, mon fils et moi, pour faire des razzias de moineaux francs, de pinsons et de chardonnerets. D'abord il n'y avait pas d'autre gibier, nous ne pouvions donc pas en tuer d'autre.

— « Vous auriez mieux fait de ne rien tuer du tout ! » me direz-vous. Eh bien ! c'est aussi ce que nous finîmes par nous dire. Un jour, nous eûmes honte de nos massacres de petits oiseaux qui chantaient si bien... et qui, somme toute, étaient très-durs et très-amers sautés à la casserole. Nous déposâmes nos fusils. Après l'insurrection de juin, sous la seconde république, lorsque, par mesure de précaution, le gouvernement invita tous les bons citoyens à porter leurs armes, quelles qu'elles fussent, en des lieux de dépôt désignés, j'envoyai mon fusil et celui de mon fils, un petit fusil d'enfant, à un coup, à la mairie de Belleville. On devait me les rendre. Je constate que je ne les revis plus. Décidément les républiques gardent tout ce qu'elles prennent.

Donc je jardinais, je chassais, je me promenais, je dansais et je voisinais à ma campagne; mais je travaillais aussi. Le plaisir ne m'a jamais fait négliger le travail. Pendant les mois de mai et de juin, je travaillais à la maison, dans ma chambre. On faisait bien quelquefois un peu de bruit au-dessous de moi, dans le salon ou le jardin, mais le bruit ne m'a jamais gêné pour écrire. On peut causer, rire, chanter même dans une pièce voisine de mon cabinet, cela ne m'empêche pas de suivre le cours de mes idées.

A l'époque des grandes chaleurs, mon cabinet, c'était le bois. Ma femme m'avait réservé, *ad hoc*, un grand châle de laine dont elle ne se servait plus; j'étalais ce châle sur l'herbe pour me garantir de l'humidité, puis, étendu dessus, à plat ventre, je laissais, parfois trois ou quatre heures de suite, sans fatigue, courir ma plume sur le papier.

Un incident désagréable me déshabitua de cette manière de travailler.

Une après-midi que, mon châle étalé sur le gazon et moi sur mon châle, selon ma coutume, je commençais d'écrire, un parfum... qui n'avait pas la moindre analogie avec celui du muguet, me saisissant violemment au nez, me conseilla d'aller établir mon camp ailleurs. Je me hâte donc de me relever, et me voilà, mon châle d'une main et mon manuscrit et mon écritoire de l'autre, en quête d'une place où quelque voyageur... tourmenté n'eût pas marqué sa halte. Sous ces noisetiers? Oui; l'herbe y est fine et drue, un velours. Je serai là comme un roi. J'étends de nouveau mon châle et je m'y recouche. Hum! hum! Est-ce un mauvais sort qu'on a jeté sur moi?... Même... parfum que tout à l'heure! Ah çà! il a donc passé bien des voyageurs tourmentés dans le bois aujourd'hui? Cherchons plus loin encore. Dans cette clairière. Sapristi! il me semble pourtant que je n'ai rien à appréhender ici! Pas ombre de traces de mauvais aloi.

Troisième expérience et même résultat. Pour

le coup, c'est à désespérer! Je rentre travailler chez moi.

Hélas! chez moi, même dans mon jardin, je me sentais poursuivi par cette odeur *sui generis* qui m'avait chassé du bois. D'où cela venait-il?... D'où cela venait!... Vous avez deviné probablement le dénoûment de l'histoire? Eh bien! oui; le châle!... c'était dans le châle!... J'emportais partout, avec mon pauvre châle, maladroitement posé là où j'aurais dû me garder de le poser, et la cause et l'effet! Horrible cause! affreux effet!

J'en ris après, et je souhaite que, quelque réaliste que soit ce souvenir, vous en riiez également; mais, de cet instant, je renonçai à travailler sur le gazon dans le bois. L'expérience m'avait appris à mes dépens que si *latet anguis in herbâ*, l'herbe est susceptible encore de recéler quelque chose de plus répugnant qu'un serpent.

Mes amis venaient souvent me voir à Romainville; ils y vinrent plus souvent encore à la suite d'un procès avec un de mes éditeurs, dont nonseulement la perte jeta le désarroi dans mes modestes finances, mais qui, en outre, pendant près de deux ans qu'il traîna, fut pour moi un sujet incessant de découragement et de tristesse. Oh!

ces deux années!.... Quand j'y songe, à présent encore, j'ai la chair de poule! Je revois tous ces gens de loi avec lesquels j'étais forcé alors de me rencontrer journellement dans l'intérêt de *mon affaire :* et mon avocat... un homme d'un grand mérite sans doute (c'était M. de Vatisménil, ancien ministre de l'instruction publique sous Charles X), mais qui avait une figure si froide et si sévère! Et mon avoué, qui était toujours si occupé que, pour lui parler dix minutes à son étude, il me fallait parfois attendre deux heures; et mon homme d'affaires, un ancien notaire de province, qu'un de mes amis avait chargé de me conseiller, de me piloter à travers l'océan de la chicane, et qui n'était un bon pilote qu'à condition d'avoir, au préalable, copieusement déjeuné. Ce qui signifie que, deux fois au moins par semaine, je devais le gorger de biftecks et de vin de Bordeaux. Je revois le palais de justice!.... Ce nom seul ne glace-t-il pas le cœur le mieux trempé? La salle des Pas perdus, où les plaideurs se promènent comme des âmes en peine. L'audience, avec les juges, la tête dans leurs mains, comme s'ils dormaient, et le président, la tête en arrière sur le dossier de son fauteuil, comme s'il rêvait. Je revois ma *partie adverse.* Hier il m'appelait

« mon cher Paul de Kock », cet homme; aujourd'hui il me toise d'un air moqueur et menaçant. J'entends son avocat... Hein ! mais ce procès est purement civil, pourquoi donc, sous prétexte qu'il plaide contre moi, cet avocat m'accable-t-il d'impertinences? « Paul de Kock !... peuh ! Qu'est-ce, au demeurant, que Paul de Kock?... Un petit romancier populaire dont le talent est tous les jours, non sans raison, contesté ! Et comme homme... » Eh quoi ! monsieur, il ne vous suffit pas, dans un système agressif que je ne comprends guère, puisque mes œuvres ont enrichi votre client, puisque ce sont mes œuvres que vous réclamez, en son nom, comme votre bien; il ne vous suffit pas de dire et de répéter sur tous les tons que mes œuvres sont au-dessous du médiocre, vous allez encore me ridiculiser, m'injurier, m'insulter comme homme !... Oui !... Et, de ma place, il me faut entendre ces sottises, ces injures, sans répliquer un mot ! Si je répliquais, mon avocat ennemi m'enjoindrait de me taire ! Il a le droit d'être menteur et insolent, et je n'ai pas celui de lui crier : « Vous êtes un drôle !... »

Allons ! je ne voulais pas me souvenir de tout cela, pourquoi m'en suis-je souvenu? Pour frémir encore, comme autrefois, d'indignation et de colère !... Calmons-nous. Il y aura tantôt quarante ans que ce malencontreux procès a eu lieu, ne nous occupons pas des blessures qu'il m'a faites, et qui sont depuis longtemps cicatrisées; occupons-nous des amis qui m'aidèrent à panser ces blessures.

D'abord mes deux frères, Henri et Jean-Pierre de Kock. Et voilà, ou jamais, l'occasion de tenir ma promesse de vous parler en détail de mes deux frères de père. Je la saisis avec empressement. Cela me remet d'avoir à vous entretenir de braves et nobles cœurs.

Je vous ai dit, au chapitre IV de ce livre, que, rentrés en Hollande en 1795, Henri et Jean-Pierre avaient été adoptés pour ses enfants par la république batave.

Dès cette même année 1795, Henri fut employé au ministère de la guerre de Hollande; en 1797, il alla, avec l'ambassadeur Van Graswelt, au congrès de Rastadt, et le suivit bientôt après, comme deuxième secrétaire d'ambassade, auprès de la république cisalpine; mais, pendant leur voyage, cette république cessa presque d'exister de fait, et Henri resta à Paris, attaché à l'ambassadeur Schimmelpenninck. De retour en Hollande, il fut placé comme secrétaire intime auprès de l'amiral de Winter, avec lequel il fit un voyage diplomatique dans la Méditerranée et visita Tunis, Tripoli, Alger, Malaga et Lisbonne; puis, en 1804, il fut nommé colonel, chef d'état-major de l'amiral Verhuel, et fiscal de la flottille qui se rendit, sous le feu des Anglais, de Flessingue à Ostende, où une armée était campée sous les ordres du maréchal Davoust. En 1806, il partit pour Java avec Grasweld, que le grand pensionnaire Schimmelpenninck avait nommé gouverneur général des possessions hollandaises dans les grandes Indes; mais, par suite de l'avénement du roi Louis Bonaparte en Hollande, le gouverneur Van Grasweld, qui n'était encore qu'à Philadelphie, fut rappelé avec son état-major, et le général Daendels fut nommé à sa place gouverneur général des Indes. De Kock, qui était chargé d'une mission particulière, et dont il n'était pas fait mention dans le rappel, crut devoir continuer seul ce long et dangereux voyage, sous des noms supposés, et avec des qualités tronquées, pour échapper aux croisières anglaises; mais, arrivé à Batavia, il y trouva l'annulation de sa commission. Cependant l'ancien gouverneur Wisse, étant encore en place, le prit pour chef d'état-major et lui conserva le rang de colonel. Bientôt Daendels arriva; il connaissait de Kock, avait été lié d'amitié avec son père, il le maintint dans son rang et sa place. Il prit part à une expédition contre une province dont le chef s'était révolté. En 1810, Jansens remplaça Daendels. En 1811, la colonie fut prise par les Anglais, qui conduisirent le gouverneur et son chef d'état-major de Kock prisonniers en Angleterre, où ils restèrent jusqu'en 1814. A cette époque, de Kock rejoignit la Hollande et fit la campagne de 1815 comme général au service du roi Guillaume I<sup>er</sup>, puis il retourna aux Indes, fut nommé lieutenant général et lieutenant gouverneur général sous Van Der Capelle, gouverneur général. Il commanda les forces de terre et de mer; détrôna et fit prisonnier, en 1821, le sultan de Palembang, contre lequel deux expéditions avaient échoué. Enfin il pacifia le pays.

Rappelé en 1830 par le roi de Hollande, qui lui promit de le nommer gouverneur général, pour s'entendre avec lui sur une nouvelle organisation de Java, la guerre avec la France le fit nommer commandant de la Zélande. Il établit son quartier général à Flessingue, où il resta jusqu'en 1837. Il fut alors nommé ministre de l'intérieur et grand chancelier des deux ordres royaux des Pays-Bas. Peu après l'abdication de Guillaume I^{er}, il se retira du ministère avec le titre de baron et le grade de grand officier des ordres royaux du Lion néerlandais et de Guillaume.

Il eut douze enfants, dont plusieurs occupent aujourd'hui des positions élevées en Hollande.

Jean-Pierre, mon second frère, nommé sous-lieutenant en Hollande en 1795, devint lieutenant en 1799 et capitaine de la garde du roi Louis Bonaparte en 1806. Il fit les campagnes de 1812, 1813 et 1814, s'attacha définitivement au service de la France sous la restauration, en se faisant naturaliser Français, et prit sa retraite en 1831, comme colonel du 31ᵉ régiment de ligne.

Mes frères avaient, comme on voit, fait leur chemin, chacun de son côté, dans la carrière militaire. Et la différence du drapeau sous lequel ils servaient eût pu leur être fatale, puisque, par l'effet des événements politiques, si le colonel n'eût pas pris sa retraite après la révolution de 1830, son devoir de soldat français l'eût forcé peut-être de marcher contre son frère aîné et sa mère patrie. Je vous ai dit encore que, tant qu'ils ont vécu (1), j'ai entretenu avec mes deux frères d'af-

(1) Le général est mort à la Haye en 1845, et le colonel à Lille en 1858. (P. de K.)

fectueuses relations. Cependant si, depuis 1831, il m'était permis de voir souvent Jean-Pierre à Versailles, où il s'était fixé avec sa femme et ses enfants, et si lui-même me rendait souvent visite à Paris, jusqu'en 1836 l'amitié fraternelle qui nous unissait, Henri et moi, ne s'était jamais traduite que par correspondance.

Eh bien! au mois de juillet de cette année 1836, j'eus le bonheur de serrer en même temps dans mes bras, à Romainville, et Jean-Pierre et Henri. Quelques semaines auparavant, j'avais mandé par une lettre, à ce dernier, l'issue fâcheuse de mon procès; il voulut venir en personne m'apporter ses consolations et sa bourse. Pour la première fois, depuis 1793, nous étions réunis; nous ne nous lassions pas de nous regarder et de nous embrasser. Ma mère, qui naturellement assistait à cette entrevue, pleurait. Le général ressemblait, paraît-il, beaucoup à notre père. — « C'est tout à fait lui! tout à fait lui! » répétait-elle. Ah! que je vous dise en passant : son troisième mari, M. Gaigneau, mort, ma mère avait absolument voulu reprendre et avait repris le nom de de Kock. Ce n'était peut-être pas très-légal, mais...
— « M. Gaigneau n'existe plus, il n'y a plus de M$^{me}$ Gaigneau, disait-elle; j'aime mieux être

M^me de Kock; je regrette de ne pas être restée toujours M^me de Kock; donc je redeviens M^me de Kock!... »

Qu'objecter à cela?...

Après mes frères, je citerai, parmi les personnes qui s'empressèrent d'accourir me proposer leurs services, en me sachant rudement frappé, le comte d'Orsay, un aimable gentleman anglais, avec lequel, depuis quelques années, j'étais en commerce de courtoisies. Je remerciai le comte; mes frères aidant, j'étais en mesure de verser à mon ennemi victorieux la somme que dame Justice m'avait condamné à lui payer, en dédommagement du préjudice... qu'il m'avait causé. Avant de nous séparer, le comte d'Orsay m'invita à écrire quelques mots, qu'il se chargeait lui de remettre en mains propres, à Bulwer-Litton, le célèbre romancier anglais, qui, m'assurait le comte, témoignait la plus grande estime pour mes ouvrages...

J'écrivis à Bulwer. Huit jours plus tard je recevais cette lettre :

« Albany-London

« Oct⁰ 20 1836.

« Dear sir,

« Permit me to express my sense of the honor
« you have done me in the letter I have received
« thro'the friendly offices of count d'Orsay. I am
« charmed to find that my long cherished view
« of the true tendency of your writings is sup-
« ported by your own aims and ens. Perhaps,
« for it is, well to speak frankly. I may regret
« that the irresistible dictate of a rich and unri-
« valled humour should sometimes have pursued
« a moral end thro'means easily mistaken by
« the herd and still more, that your views of that
« morality wich relates to the sexes, should be
« essentially different from those common in this
« country, — where it is on the morality that is
« rigidly inculcated. — I mention this not from
« the presumption of reproach, but because I
« have found some difficulty in clearing the way
« to a just appreciation of your lofty merits the
« beautiful goodness of heart, and the profound
« and often magic philosophy that forms the

« under current of a comic stream more racy
« and powerful than that of any other writer J
« have aware of. In the *Edinburgh Review* of Ja-
« nuary next, I trust to embody mi views of your
« genius in a manner that I trust will be agrea-
« ble to you. Whatever qualification may occur
« will arise not from myself but the scrupules
« of the editor. But I trust to render suck qua-
« lification unnecessary.

« I scarcely know how to condole with you
« on your losses. Genius is given to man as a com-
« pensation for a thousand evils and afflictions,
« that seem almost invariably to accompagny it.
« And your genius takes so bright and benignant
« a view of life, that I trust it is but the reflec-
« tion of a joyous temper and an all-sufficing
« heart. —

« Pardon me for addressing you in english,
« I am not sufficiently acquainted with your own
« language to trust to my kowledge of it for the
« expression of my enthusiastic admiration and
« profound respect.

« I am my dear sir,

« your most obliged and devoted serv$^t$.

« E. Lytton Bulwer. »

Ci-après, pour ceux de mes lecteurs qui, pas plus que moi, ne sont familiers avec la langue anglaise, la traduction de cette lettre que je dois à l'obligeance d'un de mes amis :

« Albany, Londres

« 20 Octobre 1836.

« Cher monsieur,

« Permettez-moi de vous offrir mes sentiments
« de gratitude pour la lettre que vous m'avez fait
« l'honneur de m'écrire et que j'ai reçue par l'of-
« ficieuse entremise du comte d'Orsay. Je suis char-
« mé de trouver en vous, en vos écrits, les vues
« morales que j'aime et que je vous ai toujours
« supposées. Peut-être, pour parler franchement,
« pourrais-je regretter que l'incroyable facilité de
« votre imagination vous fasse poursuivre quel-
« quefois votre but à l'aide de certains moyens
« qui distraient de l'idée principale; je vous l'a-
« vouerai même : votre morale, en ce qui con-
« cerne les femmes, plairait beaucoup plus ici si
« elle était moins légèrement exprimée. Chez
« nous, on tient à la rigidité des expressions. Je
« mentionne ceci, non pas à titre de reproche,

« mais parce que j'ai éprouvé quelques difficultés
« à faire apprécier à leur valeur votre mérite, la
« grâce piquante de votre style, et la profondeur
« d'une philosophie pratique qui forme, pour
« ainsi dire, chez vous, le lit d'un courant comi-
« que plus fort et plus puissant que tout ce que
« j'ai pu trouver chez d'autres écrivains contem-
« porains. Dans la *Revue d'Édimbourg* de janvier
« prochain, je ferai connaître l'estime que je
« professe pour votre talent, d'une manière qui,
« je l'espère, vous sera agréable. A quelques res-
« trictions que je me soumette, pour obéir aux
« scrupules de l'éditeur, j'ose croire que vous
« serez content.

« Je ne sais vraiment comment vous dire com-
« bien je suis sensible aux pertes que vous avez
« subies. Le talent est donné à l'homme comme
« une compensation des mille maux et afflic-
« tions qui semblent presque toujours l'accompa-
« gner. Le vôtre prend pour briller la meilleure
« route : celle où l'on étudie, sous son côté plai-
« sant, la vie. Il dénote un caractère heureux qui
« peut s'assombrir par hasard, mais qui ne sau-
« rait tarder jamais à recouvrer sa gaieté.

« Pardonnez-moi de vous avoir écrit en an-
« glais, mais je ne connais pas assez le français

« pour vous faire bien comprendre et mon admi-
« ration et mon respect.

« Je suis, etc.

« E. Lytton Bulwer. »

Bulwer avait raison : je ne sais pas, je ne puis pas être triste longtemps Quelques semaines ne s'étaient pas écoulées que je ne pensais plus à mon procès perdu. J'avais recherché la fortune... et je l'avais recherchée sur la foi d'une impulsion étrangère, car, pour moi, je n'avais pas la moindre ambition !... Six mille livres de rente dans mes vieux jours, et la faculté de travailler jusqu'à ma dernière heure, voilà tout ce que je désirais... J'avais compté sur de gros bénéfices, réalisés dans une spéculation littéraire que je me croyais tout droit de patronner ; il se trouvait au contraire que mon droit devait céder le pas à un autre mieux établi que le mien, et que pour me punir de m'être trompé on me prenait une partie de ce que je possédais... Eh bien ! il me restait mon courage, ma santé, ma jeunesse ; car j'étais jeune encore en 1836 ; il me restait ceux que j'aimais et qui m'aimaient : ma femme, ma mère, mes enfants et mes frères ; il me restait ma plume, mon petit appartement du boulevard Saint-Martin, ma maisonnette à Romainville, mon chat... Ne vous moquez pas! En fait de bêtes, ce sont les chats que j'aime. Et pourquoi pas? Vous dites que les chats sont des animaux ingrats, égoïstes, capricieux, qui ne s'attachent qu'à la maison où ils vivent et point à leurs maîtres. De vieux clichés, cela, à vendre au poids. Je soutiens, moi, que les chats sont susceptibles d'affection tout comme les chiens, qu'ils priment en gaieté, en esprit, en gentillesse. J'ai eu des chats que je n'eusse pas donnés pour leur pesant d'or; notamment un, qu'on appelait *Frontin*, qui vécut de 1830 à 1841. Frontin n'était pas un chat, c'était un caniche pour la bonté, un chameau pour la sobriété, un singe pour l'intelligence. Il me suivait, l'été, à la promenade, dans les bois, à Romainville; l'hiver, il ne quittait pas mon cabinet. Pelotonné toute la journée sur un coussin près de mon bureau, tant que je travaillais il dormait... ou faisait semblant de dormir pour ne pas me gêner; mais aussitôt que je me levais il se levait également, et arrondissant son dos en fixant sur moi ses yeux d'or, il semblait me dire : « Maintenant, nous pouvons causer, n'est-ce pas? » Et nous causions en effet. Je lui parlais en le caressant; il me répondait. Il avait des miaulements particuliers pour chaque chose; pour demander à manger, à boire, à s'absenter; pour solliciter la faveur de monter sur mes genoux ou de me lécher la main; pour venir me souhaiter le bonjour, le matin, dans mon lit; une bonne nuit, le soir.

Enfin, je vous ai prouvé que j'étais philosophe, et je ne sache pas qu'il soit interdit à un philosophe de puiser son mépris de l'adversité jusque dans l'affection des chats.

Mais je me suis assez étendu sur mon Abbotsford-Romainville n° 1, nous allons, s'il vous plaît, maintenant, passer à mon Romainville-Abbotsford n° 2.

## CHAPITRE X

Sommaire. — On n'est jamais content. — « Fais élever ton toit ! » — La maison selon mon rêve. — Et il y a un billard ! — Nous entrons dans mon Abbotsford n° 2. — Agrément d'avoir un marchand de cheveux pour locataire. — Pourquoi je porte des moustaches. — Catastrophe subite. — Mort de ma femme. — Deux mots sur mes enfants, Caroline et Henry. — Histoire de Victor Hugo et de quatre mille cinq cents litres de tafia. — La gaieté rentre à Romainville. — J'achète un bois. — Mon théâtre. — Ce qu'on y jouait et comment on y jouait. — Spectacle, bal et souper. — Mes commensaux habituels à Romainville. — Charles Monselet y vient trop tard. — L'âge et la goutte.

Car il est bien vrai qu'on n'est jamais satisfait, et que, peu soucieux de la sagesse de l'axiome, quand on se trouve *bien* on aspire à être *mieux!*...
Depuis dix ans nous passions, heureux, la belle saison dans notre chaumière, à Romainville, lorsque je m'avisai d'y vouloir posséder une vraie maison avec un vrai jardin. Et j'osais dire tout à l'heure que je n'étais pas ambitieux!... Pour mon excuse, je ferai remarquer qu'en réalité notre ha-

bitation de campagne était devenue insuffisante pour nous avec le temps. Mes enfants avaient grandi; mon fils était un homme; ma fille tournait à la demoiselle; franchement, si, tant qu'ils étaient petits, j'avais pu, faute d'espace, les astreindre à coucher, six mois de l'année, dans des pièces dont leur tête touchait le plafond, je ne pouvais maintenant, sans passer pour un méchant père, continuer de les loger d'une si étroite façon !...

— Si tu veux que je me plaise sous ton toit paternel, fais-le élever d'un mètre! me disait Henry. Et il avait raison.

Or tout près de nous, justement, contiguë à ma bicoque, existait une maison dont le propriétaire, un ancien marchand de rouenneries nommé Salmon, songeait à se défaire, en 1842. Une maison selon mon rêve : entre deux jardins, dans chacun desquels le mien eût dansé une sarabande. Et des jardins plantés d'arbres d'agrément ou fruitiers! de vignes en plein rapport! Ornés, l'un d'une tonnelle sous laquelle quarante personnes pouvaient dîner sans se toucher les coudes, l'autre d'une pelouse où une compagnie de gardes nationaux... à pied eût pu à l'aise manœuvrer. Et il y avait un kiosque rustique dans l'un des jardins!... Et deux entrées, au midi sur l'avenue du château, au nord sur la rue de Pantin! Et la maison!... Quatre chambres à coucher; salon, salle à manger, cabinet de travail, salle de bain, cuisine, office, salle de billard!... une salle de billard!... On me laisserait le billard si j'achetais la salle. Or j'aime beaucoup le jeu de billard. Entre nous, j'aime tous les jeux; je vous ai fait ma profession de foi à cet égard.

J'abrége. Le prix que me demandait M. Salmon de sa propriété n'était pas excessif, je lui donnai ce prix, et, au mois de mai 1842, nous prîmes possession de notre nouveau domaine; mon Abbotsford n° 2. Je conservai pourtant mon n° 1. Je ne me fusse pas sans regret défait de cette maisonnette. Je la louai. Dernièrement, elle était occupée par un marchand de cheveux... (ne lisez pas : chevaux)... c'était très-commode quand j'avais besoin de renouveler ma coiffure. Car je ne vous dissimulerai point que, de longue date déjà, je porte ce qu'on intitule, au théâtre, *une réchauffante*. La nature m'avait donné des cheveux; le temps et, je présume aussi, le travail me les ont enlevés; non par coquetterie, mais par mesure d'hygiène, pour ne pas être continuellement enrhumé du cerveau, comme le père Ducantal dans *les Saltimbanques*, j'ai réparé, autant que possible, les outrages des ans et les conséquences du travail à l'endroit de ma nuque. Et, pendant que je suis dans un courant de confidences qui ne sauraient coûter à un homme de mon âge, voulez-vous que je vous révèle pourquoi, moi que jusqu'alors on avait toujours vu dédaigner cet ornement, si c'en est un, qui a nom des moustaches, je me suis mis à en porter à soixante ans? Eh! mon Dieu! encore un artifice pour parer aux désagréables effets du temps. Je n'ai plus de dents; les moustaches, en couvrant la lèvre supérieure, empêchent de voir qu'elle ne couvre plus rien. J'en suis quitte pour avoir l'air, au dire de mes amis, d'un vieux général. Je ne fais pas fi de cette ressemblance. N'est pas vieux général qui veut!

Je plaisante... et voilà que je me reproche presque ma gaieté, quand l'ordre même de mon récit m'oblige à évoquer le souvenir d'une de mes plus grandes douleurs : la mort de ma femme. Oh! c'est que je l'aimais bien, allez, mon Élise! Je l'aimais... non pas comme je vois tant d'hommes affecter d'aimer la compagne qu'ils se sont choisie : avec des mots, des phrases... Je l'aimais sans le lui dire, au contraire, et je n'avais pas besoin de lui dire que mon cœur lui appartenait, et que son bonheur était ma joie, pour qu'elle n'en doutât point. Qui était-elle? Quand l'avais-je épousée? Ceci ne vous importe pas; je ne me confesse pas ici, je me souviens. Ce dont je puis vous répondre, c'est que c'était la plus honnête et la plus digne des femmes, et que je m'étais uni à elle parce que je l'adorais. Elle avait passé, avec moi, sans se plaindre jamais, bien des mauvais jours!... Des jours d'hiver où l'on ne se chauffait pas parce qu'on manquait d'argent pour acheter du bois; des jours d'été où l'on se contentait de respirer l'air à la fenêtre parce qu'on manquait de chapeau ou de robe pour aller se promener. Souvent, cela je l'avoue, je lui avais donné des motifs de chagrin, car elle était jalouse et elle avait souvent sujet de l'être... mais alors même c'était en cachette qu'elle pleurait, et si je lui reprochais... car je le lui reprochais!... d'avoir les yeux rouges, bien vite elle essayait de sourire en me disant : « Mais tu te trompes; si j'ai les yeux fatigués, c'est que j'ai peut-être un peu trop travaillé!... »

Et c'est qu'en effet elle travaillait beaucoup quelquefois... et qu'il le fallait bien!...

Et c'était au moment où la vie lui souriait enfin, calme et heureuse, dans le présent et l'avenir, que la mort me la prenait, toute jeune encore. Elle avait quarante ans. Oh! il semblait aussi qu'un pressentiment secret de sa fin prochaine, dans notre nouvelle demeure, l'agitât le premier jour qu'elle y était entrée!

Elle se promenait dans le jardin...

— Es-tu contente? lui dis-je.

Elle se pencha, sans me répondre, pour cueillir une fleur.

— Ne m'entends-tu pas? repris-je. Es-tu contente de ta *grande* maison?...

Elle tourna la tête vers moi. Une larme mouillait sa joue...

— Ne me gronde pas! murmura-t-elle, ne me gronde pas!...

— Mais?...

— Mais je suis une sotte, là! *J'aimais mieux la petite!*.....

C'était le 22 septembre 1842; j'étais parti après dîner pour Paris, où un rendez-vous d'affaires me réclamait; en même temps, comme on devait donner, le surlendemain, à la Porte-Saint-Martin, la première représentation d'un drame tiré d'un roman d'Eugène Sue, *Mathilde*, je m'étais engagé à aller, dans la soirée, demander des places aux frères Cogniard, alors directeurs de ce théâtre.

Cependant mon intention était de revenir coucher à Romainville, car Élise était un peu souffrante ce jour-là; elle s'était plainte de douleurs de tête. Mais elle-même avait combattu mon désir.

— Non, non, m'avait-elle dit, tu seras peut-être forcé de rester tard à la Porte-Saint-Martin pour avoir des places... je ne veux pas que tu remontes ici après dix heures. On peut faire de mauvaises rencontres, la nuit, sur la route; tu reviendras demain matin.

— Mais tu es indisposée. Si tu allais te trouver plus malade cette nuit?

— Du tout! J'avais la migraine; c'est passé, ne t'inquiète pas!

*Ne t'inquiète pas!...* Et, vers minuit, la pauvre femme, se traînant comme elle pouvait hors de sa chambre jusqu'à celle de sa fille, la réveillait pour lui dire : « Viens ! viens vite, Caroline!... Il me semble que je vais mourir!... » Caroline avait tout au plus douze ans à cette époque. Voyez-vous la malheureuse enfant, sans autres secours que ceux d'une domestique, car, par une fatalité cruelle, Henry non plus n'était pas revenu coucher à Romainville ce soir-là, voyez-vous la malheureuse petite, agenouillée devant ce lit où sa mère succombe aux atteintes d'une congestion cérébrale, l'entendant répéter d'une voix de plus en plus étouffée : « Je meurs!... O mon Dieu! et ton père et ton frère ne sont pas là! »

Averti par la bonne, un voisin, un brave ouvrier, accourut chez moi, à Paris, à deux heures du matin. Je ne croyais pas encore à tout mon malheur! Est-ce qu'on croit que les gens qu'on aime peuvent mourir?... Les gens qu'on aime, c'est soi... on se sent fort... pourquoi désespérerait-on? Qu'il me parut long, pourtant, ce voyage nocturne du boulevard Saint-Martin là-bas, dans un cabriolet, au cocher duquel j'avais donné de l'or, mais à qui, hélas! je n'avais pu donner un bon cheval! Enfin j'arrive... je me précipite!... Ah!... cette tête que j'avais vue, quelques heures auparavant, souriante... un marbre!... un marbre représentant la dernière et effrayante expression d'une épouvantable angoisse! Ces lèvres qui avaient pressé tout à l'heure les miennes... glacées! Ces yeux qui me disaient toujours : « Je t'aime!... » sans regard! Si! avec un regard, un regard terrible : le regard des morts. Un regard qu'on n'oublie pas quand il a croisé le vôtre en semblant vous dire : « Je n'ai plus de larmes, aies-en pour moi!... »

Et ce qui ajoutait à ma désolation, c'était cette pensée que, si j'avais été près d'elle, je l'eusse sauvée peut-être, moi !...

On l'enterra dans le cimetière du village de Romainville. C'étaient des paysans qui portaient, l'un après l'autre, son cercueil. Ils l'aimaient tous! Elle était si bonne!... Mes enfants la suivaient avec mes amis... Moi, j'étais seul, dans sa chambre, me demandant encore si vraiment mon Élise m'avait quitté pour toujours!...

. . . . . . . . . . . . . . . . . . . . . . . . .
. . . . . . . . . . . . . . . . . . . . . . . . .
. . . . . . . . . . . . . . . . . . . . . . . . .

Je suis resté près de trois semaines sans travailler à ce livre; pardonnez-le moi, lecteur, mais, à soixante-seize ans, voyez-vous, on ne repose pas impunément ses yeux sur une tombe! J'étais triste; j'ai voulu laisser se remettre mon âme.

J'ai eu sept enfants de ma femme. Deux seulement ont vécu; un fils et une fille, Henry et Caroline.

De Caroline, je ne dirai qu'un mot qui résume tous les éloges que je pourrais faire d'elle : pour ne pas abandonner ma vieillesse à des soins étrangers, elle a dix fois refusé de se marier.

D'Henry, qui s'est toujours montré pour moi, comme homme, un fils aimant, respectueux et dévoué, comme romancier, je dirai... que je me réserve de parler de lui tout au long dans le chapitre où je traiterai, à mon point de vue, des qualités et des défauts des écrivains de notre époque. Car enfin, j'imagine, parce qu'Henry de Kock est son fils, il n'est pas défendu à Paul de Kock de dire ce qu'il pense d'Henry de Kock en bien ou en mal; et plus en bien qu'en mal, je le déclare, sans vergogne, tout de suite!

Ce qu'il y a de certain, c'est que mon fils ne doit sa réputation qu'à son travail et à son talent. Il se nomme *Paul* comme moi, il pouvait donc signer : *Paul de Kock fils*. L'éditeur qui lui acheta son premier roman lui en offrait mille francs de plus s'il voulait le signer ainsi; il refusa.

— J'arriverai ou je n'arriverai pas, répondit-il, mais *je ne continuerai pas une maison, j'essayerai d'en faire une.*

Eh! par le temps de *fils* qui court, il y a peut-être, plus qu'on ne pense, à tenir compte à Henry de Kock de n'avoir voulu être le fils de son père que pour l'aimer.

A mon exemple, Henry a gagné son premier argent comme employé. Je n'avais pas assez de fortune pour subvenir à ses besoins, à ses plaisirs, tandis qu'il commençait de s'essayer dans les lettres; il entra bravement dans une administration particulière, *l'entrepôt des Douanes* ou *entrepôt des Marais*, et il y resta jusqu'à ce que sa plume de romancier et d'auteur dramatique eût acquis assez de valeur pour lui permettre de jeter de côté sa plume de bureaucrate, c'est-à-dire une dizaine d'années.

Au reste, ce n'était pas la besogne qui l'accablait, à l'entrepôt des Marais, où j'allais quelquefois, et pour cause, lui rendre visite en société d'un ami. Il y était chargé de la comptabilité des liquides, tous de premier ordre; vins étrangers de provenance garantie : madère, porto, xérès, pakaret, marsala; rhums et tafias authentiques. Varin, surtout, Varin le vaudevilliste, se plaisait à aller avec moi à l'Entrepôt, étudier le moelleux de tel ou tel cru espagnol ou italien.

Et, lors d'une de ces visites, Henry nous conta

une histoire qui venait de se passer dans son administration, et qui mérite d'être connue, un de nos plus grands poëtes, le plus grand peut-être de nos jours, si la passion politique n'entachait quelque peu son génie, y ayant, malgré lui, joué un rôle.

On sait que les objets de marchandise ou autres qui arrivent en entrepôt sont accompagnés d'un acquit-à-caution en tête duquel est inscrit le nom du destinataire.

Or, un jour de l'année 1845 ou 1846, douze fûts de tafia, expédiés de la Martinique, et jaugeant chacun de trois cent cinquante à quatre cents litres, furent apportés dans les magasins des Marais, escortés d'un acquit en haut duquel on lisait :

*A M. V. Hugo, à Paris.*

Le chef de bureau de l'entrepôt, un garçon qui se piquait de littérature, poussa un cri de joie à l'aspect de cette suscription.

— Henry, dit-il à mon fils, voyez donc!... Douze fûts de tafia à l'adresse de Victor Hugo!

— Douze fûts!... Peste!... Combien de litres?

— Ensemble quatre mille cinq cents litres.

— Quatre mille cinq cents litres!... Mon Dieu! qu'est-ce qu'il va faire de tout cela, le grand homme?...

— C'est son affaire; la mienne est de l'aviser de l'arrivée de son tafia, et je l'avise. Quel bonheur s'il pouvait venir en personne en acquitter les droits! Je meurs d'envie de le connaître. Oh! je donnerais vingt francs pour le voir face à face!

La lettre d'avis fut envoyée place Royale, où demeurait alors Victor Hugo; mais, contre l'espoir du chef de bureau hugolâtre, ce ne fut pas le poëte qui se présenta à l'entrepôt, mais une sorte d'intendant muni d'écus pour enlever une barrique...

Et ainsi de suite dans l'espace de six mois environ. A deux autres reprises, l'intendant de Victor Hugo revint chercher du tafia; mais de visite du poëte, point! Olympio s'obstinait à rester dans ses nuages.

Le chef de bureau s'arrachait les cheveux; il allait avoir sujet de se les arracher bien davantage!

C'était à la fin du sixième mois, le mois de juillet, après la livraison du troisième fût au grand homme un matin. Un monsieur se présente à l'entrepôt, et, s'adressant à son employé supérieur :

— Monsieur, lui dit-il; je viens acquitter les droits de douane sur douze barriques de tafia de la Martinique, marquées V. H., entrées dans vos magasins au mois de février dernier.

— Très-bien, monsieur. Votre nom, s'il vous plaît?

— Vincent Hugo.

— Vin-cent Hu-go!

Le chef de bureau a pâli, frappé d'un sinistre soupçon; il consulte ses livres et les lettres de voiture que lui soumet M. Vincent Hugo. O ciel!... Mais les tafias livrés à Victor Hugo sont bien ceux que réclame son homonyme... moins le prénom!

Etonné de ce trouble, ce dernier reprend :

— Qu'est-ce donc? Serait-il arrivé quelque chose à mes tafias?...

— Non!... c'est-à-dire... si!... Votre adresse n'était pas sur l'acquit-à-caution, n'est-ce pas, monsieur?

— On ne pouvait pas l'y mettre. Je n'habite pas Paris, où je ne viens, tous les ans, que quelques mois pour vendre mes marchandises.

— Ah! c'est un grand malheur, monsieur!

— Quoi?

— Qu'on n'ait pas su... Encore si l'on avait mis M. *Vincent* Hugo sur l'acquit!... *Vincent* en toutes lettres...

— Eh bien?

— Eh bien! je n'aurais pas supposé que ces tafias appartenaient à M. Victor Hugo, le poëte!... Vous concevez : je vois : à M. V. Hugo à Paris... je lis VICTOR Hugo, moi! Et comme il n'y a, comme il ne peut y avoir à Paris, en France, en Europe, dans l'univers, qu'un Victor Hugo, je l'avise de l'arrivage de *son* rhum, et...

— Il le retire de vos magasins?

— Pas tout, monsieur... pas tout!... Il n'en a encore retiré que trois barriques! un millier de litres environ.

— Eh bien! j'en suis très-fâché, monsieur, mais si vous avez livré à M. Victor Hugo ce qui n'est pas à lui, comme votre administration est responsable, ce n'est pas à M. Victor Hugo, mais à votre administration que je demanderai compte de son erreur.

« J'ai l'honneur de vous saluer. Cette affaire ne me regarde plus désormais, elle regarde mon avoué. »

M. Vincent Hugo s'était éloigné, laissant le

chef de bureau plongé dans la stupeur et la désolation. Et ce qu'il y a de plus joli, c'est que, passant subitement de l'adoration au mépris, le plumitif accusait maintenant à grands cris le poëte d'être le seul auteur du mal!

— Comprend-on? hurlait-il, comprend-on ce Victor Hugo?... Ces tafias ne sont pas à lui, et il les prend!...

— Il les prend, parce que vous lui écrivez qu'il ait à les prendre! fit mon fils.

— Je lui écris! je lui écris!... Il devait bien savoir qu'il n'attendait pas quatre mille cinq cents litres de rhum de la Martinique!... Par conséquent, il ne devait pas les recevoir!

— Pourquoi donc? On reçoit souvent des choses qu'on n'attend pas. Évidemment Victor Hugo a cru à un cadeau!

— Un cadeau de douze barriques! Comme c'est vraisemblable!

— En tout cas, ce cadeau avait ses charges. Victor Hugo a payé les droits des trois fûts qu'il a retirés.

— Les droits!... une centaine de francs par barrique! La belle fichaise!... Et je vous demande un peu ce qu'il a pu faire d'un millier de litres de rhum en six mois! Il n'a pas bu mille litres de rhum en six mois, que diable!...

— Quant à cela, je ne vous le dirai pas.

— Mais il le dira, lui! Il faudra bien qu'il le dise! Et vous verrez qu'il sera condamné par les tribunaux à restituer ou à payer la marchandise qu'il a indûment acceptée!...

— Quant à cela, je crois que vous vous abusez.

Le chef de bureau s'abusait en effet. Le procès dont M. Vincent Hugo avait menacé l'administration eut lieu, et, devant le tribunal de commerce, Victor Hugo ayant démontré sa parfaite bonne foi, c'est-à-dire qu'il avait vu, dans cette formidable expédition de rhum, un de ces présents plus ou moins magnifiques, plus ou moins extraordinaires que lui valait chaque jour l'admiration du monde entier pour son génie, Victor Hugo fut mis hors de cause, et la compagnie de l'entrepôt des Marais condamnée seule à payer à M. Vincent Hugo les trois barriques détournées de leur destination.

— Mais enfin, répétait, à la suite de ce jugement, le malheureux chef de bureau, à qui la compagnie avait sévèrement tapé sur les ongles, qu'est-ce qu'il a fait de mille à onze cents litres de tafia en six mois, ce Victor Hugo?...

— Il l'a expliqué au tribunal : il les a échangés avec son marchand de vins contre du bordeaux et du bourgogne.

— Il les a échangés!... Alors ce n'est plus un poëte que ce poëte!... c'est un marchand!... un épicier!... On lui envoie un cadeau... il le présume, du moins... et il l'échange!...

Et se secouant avec dépit, comme un renard qui a laissé sa queue au piége, le plumitif terminait :

— C'est égal, on ne m'y reprendra plus à m'engouer des grands hommes!... à les voir dans tout et partout!... Ça coûte trop cher!...

Je reviens à Romainville, mon Abbotsford n° 2, qui fut bien triste et bien vide pour moi et mes enfants après la mort de ma femme, de leur mère Pendant tout l'été de 1843 nous n'y reçûmes personne.

Mais toute douleur s'apaise. Et c'est une des bontés de Dieu de transformer nos regrets les plus cruels en un souvenir dont l'amertume même a sa douceur. Avec le soleil de 1844 la gaieté rentra chez nous. En 1845, j'achetai une portion du bois faisant face, du côté de l'avenue du château, à ma villa. Deux arpents. Et ce ne fut point dans le but seulement d'augmenter ma propriété que je me décidai à cette acquisition, mais parce que, chaque année, le bois de Romainville diminuant d'étendue, envahi qu'il était par les constructions, et menaçant ainsi de disparaître, je tins à en conserver au moins un morceau pour moi. Je fis enclore mon bois de murs, puis, comme, en s'y promenant un soir, Benjamin Antier me disait :

— Il ne manque plus qu'un théâtre dans votre domaine, marquis de Carabas !

— Il ne manquera plus bientôt ! repartis-je.

A un mois de là, mon théâtre était bâti au milieu du bois. Et un théâtre comme on en voit peu ! Avec des coulisses, une scène, une rampe et des décors tout comme un autre, pourtant ! Mais c'était par sa salle qu'il différait du vulgaire. Sa salle, c'était une clairière. Le public s'asseyait sur le gazon, sous les arbres ; les dames seules avaient droit à des chaises. Les comédiens, c'étaient mes enfants et nos amis ; l'orchestre, c'était moi. Pour le drame je jouais du violon ; du piano pour la comédie ou le vaudeville.

Trois ou quatre fois par saison il y avait spectacle à Romainville. On y a joué *la Forêt périlleuse* et *Roderic et Cunégonde*, d'une façon surprenante, j'ose le dire. Dans *la Forêt péril-*

*leuse* principalement, Grassot, improvisant le personnage d'un facteur de la poste qui apporte une lettre, au fond d'une caverne, au féroce chef de brigands, eut un succès sans précédents. On y a joué *Estelle ou le Père et la Fille*, du Gymnase, comme certainement je défierais aux artistes même du Gymnase de la jouer ! Qu'ils le prennent comme ils voudront ! On y a joué des opérettes; des opérettes dont les Variétés et les Bouffes-Parisiens se fussent léché les doigts. Et nous avions des chanteurs, nous, qui chantaient nos opérettes. Léon Achard (qu'il ne le nie point)! Léon Achard, un de nos premiers ténors aujourd'hui, a débuté au théâtre de Romainville.

Tous les habitants du pays, grimpés sur les murs qui entourent le bois, assistaient, émerveillés, à ces représentations vraiment extraordinaires. Comment donc! mais si j'eusse voulu octroyer des billets payants aux bourgeois des environs, j'eusse encaissé souvent des recettes superbes! En 1854, un Anglais m'écrivit pour m'offrir deux cents francs d'une loge. Je lui répondis que je ne lui donnerais pas de loge, parce qu'il n'y en avait pas, mais que s'il savait grimper aux arbres, je lui réserverais une branche solide dans un châtaignier.

Après le spectacle, le bal au salon, ou sur la pelouse dans le jardin, quand la chaleur était trop forte. Puis, dès que le jour commençait à poindre, le souper, ou, si vous le préférez, vu l'heure, le déjeuner sous la tonnelle. Toutes les dames d'abord à table, servies par les messieurs, ensuite tous les messieurs, servis aussi, souvent, par les dames. On avait ri au spectacle, au bal, on riait au souper; on riait encore après le souper en se remettant à danser quelquefois jusqu'à midi; on riait enfin, en se séparant, à l'espoir de se trouver réunis, le plus tôt possible, à pareille fête.

Mes commensaux habituels à Romainville, dans l'espace de quinze ans, vous plaît-il que je vous les nomme?

C'étaient :

Henry Monnier, Hippolyte Cogniard, Benjamin Antier, Barrière, Charles Desnoyers; Meyer, alors directeur de la Gaîté; Mourier, le directeur des Folies-Dramatiques; Villeneuve, le vaudevilliste; Siraudin, Varin, Boyer; les graveurs Metzmacher et Nargeot; Fontaine, de la manufacture de Sèvres; Court, Barrias, Régnier, Eustache Lorsay, Worms, Belin; Devoir, le peintre décorateur, qui avait brossé les toiles de mon théâtre; Mène, le sculpteur; Guennepin, l'architecte; Cazelles, député de l'Hérault; le comte de Rougrave, le capitaine de Bernard de Seigneurens, le docteur Benoît; Charlieu, Hippolyte Souverain; Alexandre Cadot, Sartorius; Hervé, le musicien; Achard père et Léon Achard, Sainville, Ravel, Alcide Tousez, Grassot, Lhéritier, Laferrière, le gros Laurent, Vollet; Jouault, un simple rentier, celui-là, mais un simple rentier qui avait la gloire d'être l'ami de Rossini, et qui me procura l'honneur de la visite de l'illustre maestro, visite que je fus, comme bien vous pensez, très-heureux de lui rendre. Rossini voulait voir Paul de Kock, Paul de Kock voulait voir Rossini; ils se virent deux fois l'un chez l'autre, et ils s'embrassèrent chaque fois de grand cœur.

Charles Monselet, le spirituel écrivain, s'est assis aussi à ma table à mon grand Abbotsford; mais il ne l'a pas vu dans tout l'éclat de ses amusantes fêtes; et il aurait désiré le voir ainsi que c'eût été impossible, car on ne donne plus guère de ces fêtes chez moi maintenant, hélas! Ce n'est pas ma faute, c'est celle de l'âge, de la maladie. Mon caractère n'a pas changé; j'aimerais autant qu'autrefois à voir autour de moi de joyeux visages, mais... mais j'ai soixante-seize ans; je pourrais même dire que j'en aurai bientôt soixante-dix-sept... et j'ai la goutte. A soixante-dix-sept ans, et avec la goutte, Roger-Bontemps lui-même eût renoncé à passer des nuits à boire, danser, jouer, manger et rire!...

Enfin, si l'âge me contraint à être sage, je me souviens que je ne l'ai pas toujours été, et c'est encore un plaisir...

# MORT DE CH. PAUL DE KOCK

La mort a empêché mon illustre et vénéré père d'achever d'écrire ses *Mémoires*.

Il avait, comme il l'a dit, commencé le volume qu'on vient de lire en 1869, et il avait continué d'y travailler de temps en temps, à son aise, jusqu'à l'été de 1870.

Les événements politiques qui se succédèrent alors le troublèrent; et qui est-ce qui n'était pas troublé, en France, à cette funeste époque? Quel écrivain français eût eu le courage de travailler quand la patrie, follement engagée dans une lutte terrible, semblait, de jour en jour, de plus en plus près d'y succomber?

Pendant le siége, un chagrin particulier vint s'ajouter chez mon père aux inquiétudes que lu causait le sort de la France. Il apprit que sa propriété de Romainville avait cessé, pour ainsi dire, d'être. Le bois, coupé en partie, pour se chauffer, par la troupe, avait été abattu ensuite tout entier par une bande de misérables maraudeurs et voleurs; la maison avait été saccagée, pillée.

La guerre avec les Prussiens terminée, on sait ce qu'il advint. Une nouvelle guerre commença, bien plus affreuse que la première. Une guerre fratricide. Une guerre de Français contre des Français.

Pendant les deux mois que dura l'exécrable Commune, mon père ne sortit pas une fois de son appartement. J'allais souvent le voir; il passait ses journées assis dans son fauteuil, près de sa fenêtre, immobile, silencieux et triste. Triste, lui! Il fallait donc qu'il souffrît beaucoup!

Lors de la bataille dans la rue, ma sœur le supplia vainement de chercher avec elle un asile dans un quartier plus sûr.

— Où veux-tu aller? lui répondit-il. On tue partout!

Le théâtre de la Porte-Saint-Martin brûlait, à quelques pas de lui.... Sourd à toutes les instances, il s'étendit sur son lit, dans sa chambre qu'éclairait l'incendie, en disant : « Autant mourir ici! »

Il ne mourut pas encore alors; les balles et

les flammes l'épargnèrent; mais il ne devait pas résister longtemps à tant d'émotions, de chagrins.

Le mois de juin s'écoula. L'ordre paraissait rétabli. Il voulut aller à Romainville.

— N'y vas pas cette année! lui dis-je.

— Pourquoi?

— Parce que tu n'es pas assez fort pour supporter le spectacle de tes désastres.

— Je suis philosophe, tu le sais bien!

— Et puis, il y a encore des Prussiens à Romainville.

— Eh bien! les Prussiens ne valent-ils pas mieux que les bandits de la Commune?

Il partit. Je pleurai, moi, en voyant notre pauvre petit bois coupé au ras de terre.

— Bah! dit-il, lui, avec un sourire navrant, *ça repoussera!*

Il avait fait apporter des meubles dans sa maison pour remplacer ceux qu'on avait volés — et on les avait volés tous, — il appela des ouvriers pour y refaire les portes, les fenêtres brûlées; des jardiniers pour remettre des arbres et des fleurs dans le jardin....

Et menuisiers, serruriers, peintres, maçons, jardiniers, du matin au soir il n'était occupé que de les hâter dans leur travail, comme s'il eût deviné qu'il n'en verrait pas l'achèvement.

En effet, vers le milieu d'août, ses forces s'affaiblirent visiblement. Depuis longtemps il avait perdu l'appétit, le sommeil. De médecin il ne voulait pas qu'on lui parlât ! Il n'aimait pas les médecins. Bientôt son état s'aggrava à ce point que ma sœur exigea son retour à Paris. Averti, j'accourus à son chevet ; il me reconnut, car il me serra la main, mais il ne put me parler. La goutte, remontée au cœur, l'étouffait. J'avais amené un prince de la science, le docteur Gueneau de Mussy.... Je n'oublierai jamais l'accent plein d'âme avec lequel le célèbre praticien me dit en me prenant à l'écart : « Oh ! monsieur, vous allez être bien malheureux ! Mais il n'y a rien, plus rien à faire ! Votre père se meurt !... »

Il mourut le mardi 29 août 1871, à dix heures du soir. Cinquante ans auparavant, jour pour jour, il avait couché pour la première fois dans cet appartement, dans cette chambre où s'exhala son dernier soupir.

Mon père était, on l'a lu, de la religion réformée, mais il nous avait faits catholiques, ma sœur et moi, jugeant plus convenable pour ses enfants d'appartenir à la religion dominante en France.

A mon invitation, un pasteur vint prier, à la maison mortuaire, sur le cercueil de mon illustre et vénéré père, et accompagna ses restes mortels au cimetière.

A cette occasion, un journal RELIGIEUX — *l'Univers* — n'a pas craint de plaisanter. Oui, *de plaisanter!*... Quand la presse tout entière, et de toute opinion, était unanime dans ses regrets, un rédacteur de *l'Univers*, qui n'a pas eu le courage de signer, il est vrai, son article à la fois sot et infâme, a osé dire :

« On aimerait à savoir ce qu'un ministre du pur Évangile a pu dire sur Paul de Kock! »

Cela est une sottise, monsieur l'anonyme, parce que, vous qui faites métier de religion, vous auriez dû savoir qu'un ministre protestant, devant une tombe, ne parle point de la créature qu'elle renferme, mais de Dieu, le Dieu bon, le Dieu juste, à qui ceux qui restent doivent demander de les consoler dans leur affliction.

Il n'y a que chez les catholiques, monsieur, qu'il est d'usage, pour plaire aux vivants, de mentir quelquefois aux morts.

Cela est une infamie, parce que quoi que ce soit, dans la vie et dans l'œuvre de mon illustre et vénéré père, ne vous autorisait à douter du bien qu'on pouvait dire de lui dans la tombe. Ce bien, résumé de la sorte :

« C'était le plus honnête des hommes.

« C'était le meilleur des pères.

« C'était un de nos plus féconds et un de nos plus charmants romanciers contemporains, et aussi un de ceux dont le nom ne périra pas. »

. . . . . . . . . . . . . . . . . . . . .

Paul de Kock est enterré dans le cimetière des Lilas, autrefois le bois de Romainville. Ma sœur et moi avons voulu que notre bien-aimé père reposât dans ce pays qui lui était cher. La commune des Lilas a tenu à honneur de se charger du soin de l'entretien perpétuel de la tombe de Paul de Kock, et nous avons accepté cette offre avec reconnaissance, comme un dernier et touchant hommage rendu par le peuple à son grand écrivain populaire.

HENRY DE KOCK.

# TABLE DES CHAPITRES

AVANT-PROPOS . . . . . . . . . . . . . . . . . . . . . . . . . . . . . . . . . . . . . . . . . . . . .   I

CHAP. I : Ce qu'était Jean-Conrad de Kock, mon père. — Pour quels motifs je ne suis pas républicain. — De Hollande en France. — Premier mariage. — Cinq enfants. — Second mariage. — 93. — Une naissance et une mort. — Maison de banque à Paris. — Les réfugiés hollandais à l'armée du Nord. — Dumouriez. — Suites de la bataille de Nerwinde. — Retour de mon père et de ma mère à Paris. — La maison de Passy. — M. Maron, pasteur protestant. — Le colonel Saumur. — Anacharsis Clootz. — Hébert. — Ronsin. — Arrestation. — Jean-Conrad de Kock devant le tribunal révolutionnaire. — Défense superflue. — Condamné. — Sur l'échafaud. — Le séquestre. — Suites de la sentence du tribunal révolutionnaire. — Procès-verbal d'inventaire après décès. — (22 germinal an II.) — Mon berceau saisi. — Le citoyen Antoine Ravigneau et les bijoux et l'argenterie d'une victime. — Un portrait sauvé. — Une visite de Foucquier-Tinville. — Ma mère menacée d'être envoyée à l'Abbaye. — Elle me doit son salut. — Le 9 thermidor. . . . . . . . . .   1

CHAP. II : Le lendemain du 9 thermidor. — Si j'étais un historien ! — Ce qui se passait dans ma famille. — Le troisième mari de ma mère. — Chef de bureau et joueur. —

Le jardin du Palais-Royal. — Histoire du tome premier d'un vieux roman. — La petite vieille. — Origine d'une vocation. — Pourquoi je n'ai pas été mis au collége. — Le vénérable M. Bedel. — Un maître de violon. — cinquième étage. — De quelle façon s'amusaient les M. Mengal. — L'air du *Calife de Bagdad.* — Un bal aux bonnes gens de Paris en 1810. — Le charme de se rencontrer avec des inconnus.......................... 25

CHAP. III : Je perds mon professeur. — Une bibliothèque d'enfant. — Les théâtres de Paris de 1802 à 1805. — Napoléon I$^{er}$ n'avait pas l'esprit parisien. — Mademoiselle Montansier. — Une rencontre en 1812. — Pâris l'animalier. — Un épisode du temps de la famine. — La grossesse pour rire... et pour manger. — D'un mariage que la Montansier a été sur le point de faire. — Barras. — Le général Bonaparte. — Origine du théâtre du Palais-Royal. — Petite bouffée de rancune gardée au premier empire. — Je veux voir l'empereur de près. — Naissance du roi de Rome. — Un violon de plus introduit dans la cour des Tuileries. — Un premier livre. — Comment je suis devenu romancier. — *L'Enfant de ma femme.* — Commis banquier et apprenti grand homme. — Première page d'un premier chapitre. — Ce que c'était que Zoé. — Monsieur Théodore. — Écrire console de tout....... 53

CHAP. IV : Voyage à la recherche d'un éditeur. — Ce que c'était que M. Fages. — Un mot sur Bezou. — Je hêle le libraire Pollet. — La rengaine : « *les affaires vont mal.* » — Encore un mécompte. — L'épouvante du bon M. Quoy. — Ce que c'était qu'un déjeuner d'un louis en 1811. — *Les Vendanges de Bourgogne.* — Un auteur du bon vieux temps : Dorvigny. — Un prince de la main gauche. — Comment un homme d'esprit mourait autrefois. — La franchise des anciens, la pruderie des modernes. — Deux ans de plaisir et d'insouciance. — Ce que je faisais de mes vingt ans. — Suites d'une soirée à Tivoli. — La femme d'un officier de marine. — Nuit d'amour et de terreur.

— On ne m'y reprendra plus. — Un coup d'œil de femme, quatre ans après.................................. 80

CHAP. V : Toujours *l'Enfant de ma femme*. — Un commis banquier éditeur de lui-même. — De sept à huit cents francs à trouver. — Un mirage. — Vingt napoléons destinés au jeu. — Intervention de mon beau-père. — Le *Cercle des Étrangers*. — Argent gagné. — Argent perdu. — Comment mon premier roman vit enfin le jour. — Les bons amis. — Un succès qui s'arrête en chemin. — Quatre douzaines d'exemplaires seulement. — Ferai-je un second roman ? — Une rencontre heureuse. — Caigniez. — Une halte au *Rocher de Cancale*. — Dois-je me faire auteur dramatique ? — Le Caveau en 1814. — Le chevalier de Piis. — Armand Gouffé. — Brazier. — Eusèbe Salverte. — De Jouy. — Désaugiers. — Théaulon. — Béranger. — Histoire de ma première romance : *le Chevalier errant*. — Rencontre de Martainville. — Une pièce improvisée. — Un rouleau de papier blanc. — Une charge d'homme de lettres. — Corsse, directeur millionnaire. — Comment on appelait Napoléon en 1814. — Quatre mélodrames en deux ans. — Première représentation de *Madame de Valnoir*. — Le triomphateur malgré lui. — Parisiens, girouettes. — Villeneuve. — « Vous venez faire comme moi ? »....... 114

CHAP. VI : Une halte. — Mon premier succès. — *Georgette ou la Nièce du tabellion*. — M<sup>me</sup> de Saint-Phar. — Les soirées du Marais. — Une mansarde. — Comment naissent les situations romanesques. — Hubert, libraire des galeries de bois, au Palais-Royal. — Premier argent touché. — *Frère Jacques*. — *Mon voisin Raymond*. — Chez Ladvocat. — Chateaubriand. — *Gustave ou le Mauvais Sujet*. — Cris de paon des pudibonds. — Un duel avec un pharmacien. — Une bonne fortune. — Oie, dinde ou poulet. — Comment l'aventure devait finir. — Un galant qui se sauve à toutes jambes. — Nicolas Barba. — Visite à Pigault-Lebrun. — Encore Ladvocat. — Charles Nodier et Zozo. — Le libraire aux truffes. — Hippolyte Souverain, meunier. - M. Alexandre Dumas fils. — Baudry. — Lachapelle. — Alexandre Cadot. — Comment on dînait chez lui. — Sartorius. — Un éditeur dont je ne parlerai pas............................................. 162

CHAP. VII : Une des bonnes époques de ma vie. — Mes travaux à l'Opéra-Comique. — *Une Nuit au château.* — *Le Philosophe en voyage.* — *Les Infidèles.* — *Le Muletier.* — Une proposition de Merle. — Une de mes aversions. — Ce que me disait Nestor Roqueplan à ce sujet. — Voyage à Rosny. — Visite au château de la duchesse de Berry. — Rencontre de la duchesse. — Le petit tablier. — Comment deux fois, par la suite, je me suis souvenu de ce petit tablier. — Le foyer de l'Opéra-Comique. — Garat. — Hoffmann. — M. de Saint-Georges toujours jeune. — Boïeldieu. — Hérold. — Fleuriste et compositeur. — Autres commensaux des soirées du foyer de l'Opéra-Comique. — Perpignan, ou le censeur comme il n'y en a plus. — Une manière de savoir ce qui se passe à Paris. — Histoire de l'acteur Piberlo et du peintre Mistenflûte. — La petite bonne. — Cocu, battu, et... pas content. Mais philosophe. — Monomanie de Perpignan. — Je lui sacrifie mes assiettes. — Adolphe Adam. — *Les Bergers de Syracuse.* — A propos du tabac. — Destruction de la salle Feydeau. — Les directeurs de théâtre............ 206

CHAP. VIII : Je dîne à l'hôtel de ville. — Le comte de Chabrol. — Casimir Delavigne. — Point de départ d'une *scie.* 218 « Il n'y a encore rien là, il faudra que nous y fassions mettre quelque chose. » — Révolution de 1830. — La *scie* se continue. — M. de Salvandy. — Alexandre Dumas, Gérard de Nerval, etc., etc. — Dupeuty s'en mêle. — Mes protecteurs malgré moi refusent de me protéger. — *Décoration bien ordonnée commence par soi-même.* — Une preuve de l'estime en laquelle daignait me tenir le pape Grégoire XVI. — Visite mystérieuse. — Voudrait-on me faire *carbonaro?* — On veut me décorer de certain ordre italien. — Ma réponse à cette proposition. — Trente ans de discrétion. — La *scie* reprend de plus belle. — Les journaux, sous l'empire, au 15 août et au 1er de l'an. — « Ce bon vieux Paul de Kock ! » — Mon martyre.

— Le monsieur qui fréquente les esprits. — « Votre père est décoré. » — « C'est moi ! » — Je veux être nommé commandeur. — Un cri du cœur de Lambert-Thiboust. — Le renard trop mûr pour les raisins. — La meilleure des républiques. — On ne se battra plus jamais. — Au corps de garde avec Frédérick-Lemaître. — Les fausses patrouilles empêchent les vraies patrouilles. — Je vais en soirée chez Lafayette — Ce que j'y vois. — Assez de politique, causons de Romainville. — Romainville-Abbotsford. — Le bois de Romainville autrefois. — La *Poule russe* et son bichoff. — Comment une repriseuse de cachemires devenait tendre. — Le *Tournebride*. — Robert ou le traiteur qui *s'illumine*. — Promenades à cheval. — J'oblige ma femme à faire de l'équitation quand même. — Mon repentir. — « J'aime mieux cela. »... 261

CHAP. IX : Maison à vendre. — « Ça n'engage à rien ! » — M. et M^me Cartery. — Visite à la maisonnette. — Ma femme a réponse à tout. — Cinq mille francs... et les frais à verser ! — *Un de plus !* — Arnal est notre sauveur. — Nous sommes *chez nous !* — Mes *massifs* et mes plates-bandes. — Pas d'eau à boire ! — Ma femme a peur. — Aventure nocturne. — La troupe de voleurs. — Je manque de commettre un crime. — Le bal de Romainville. — Amédée de Beauplan. — Je chasse. — Je ne chasse plus. — Mademoiselle Plessy. — La république me prend mes armes. — Comment je travaillais sur l'herbe. — Le châle. — *Latet anguis in herba*. — Souvenirs de mon procès. — M. de Vatisménil. — L'autre avocat. — Mes deux frères Henri et Jean-Pierre. — Général hollandais et colonel français. — Comment le colonel fit bien de prendre sa retraite. — Réunis. — M^me Gaigneau veut s'appeler M^me de Kock. — Le comte d'Orsay. — Une lettre de Bulwer Lytton. — Je ne pense plus à mon procès perdu. — Les bêtes que j'aime. — Ma philosophie. — *Frontin* ou le chat qui cause.... 300

CHAP. X : On n'est jamais content. — « Fais élever ton toit ! » — La maison selon mon rêve. — Et il y a un billard ! — Nous entrons dans mon Abbotsford n° 2. — Agrément d'avoir un marchand de cheveux pour locataire. — Pourquoi je porte des moustaches. — Catastrophe subite. — Mort de ma femme. — Deux mots sur mes enfants, Caroline et Henry. — Histoire de Victor Hugo et de quatre mille cinq cents litres de tafia. — La gaieté rentre à Romainville. — J'achète un bois. — Mon théâtre. — Ce qu'on y jouait et comment on y jouait. — Spectacle, bal et souper. — Mes commensaux habituels à Romainville. — Charles Monselet y vient trop tard. — L'âge et la goutte. 336

MORT DE CH. PAUL DE KOCK.................................... 361

FIN DE LA TABLE DES CHAPITRES ET DES MÉMOIRES
DE PAUL DE KOCK.

PARIS. — IMPRIMERIE DE E. MARTINET, RUE MIGNON, 2.

# EN VENTE A LA LIBRAIRIE E. DENTU

### Collection grand in-18 a **3** francs. — Publications récentes:

| | | |
|---|---|---|
| Gustave Aimard.. | La forêt vierge............ | 3 vol. |
| | Aventures de Michel Hartmann.... | 1 — |
| Albéric Second.. | La Semaine des quatre jeudis..... | 1 — |
| | La vicomtesse Alice............. | 1 — |
| Xavier Aubryet. | Madame et Mademoiselle......... | 1 — |
| | La vengeance de madame Maubrel.. | 1 — |
| Assollant...... | Le docteur Judassohn.......... | 1 — |
| — | Rachel, histoire joyeuse........ | 1 — |
| Audouard...... | L'Amie intime............. | 1 — |
| Adolphe Belot. | La Femme de Feu............. | 1 — |
| — | Deux femmes............ | 1 — |
| — | Le Parricide............. | 2 — |
| Elie Berthet.. | L'année du grand hiver...... | 1 — |
| Du Boisgobey.. | Les Gredins........... | 2 — |
| E. Chavette..... | Défunt Brichet......... | 2 — |
| — | Le Remouleur......... | 2 — |
| J. Claretie..... | Noël Rambert......... | 1 — |
| E. Daudet..... | Le prince Pogoutzine...... | 1 — |
| | Le Roman de Delphine...... | 1 — |
| A. de Céséna. | Une Courtisane vierge....... | 1 — |
| Alphonse Daudet. | Les aventures de Tartarin..... | 1 — |
| E. Enault...... | Mademoiselle de Champrosay.... | 1 — |
| | Gabrielle de Célestange....... | 1 — |
| P. Féval....... | La Quittance de minuit...... | 2 — |
| — | Le Paradis des femmes...... | 3 — |
| — | Le dernier Vivant....... | 2 — |
| E. Gaboriau..... | La Dégringolade........ | 2 — |
| — | La Clique dorée........ | 1 — |
| — | La Corde au cou....... | 1 — |
| G. de Genouillac.. | Le Crime de 1084........ | 1 — |
| Em. Gonzalès.... | La belle Novice......... | 1 — |
| | Les Gardiennes du Trésor...... | 1 — |
| Gontran Borys... | Les Paresseux de Paris...... | 2 — |
| | Le beau Roland......... | 2 — |
| Léon Gozlan..... | La Vivandière......... | 1 — |
| Ch. Joliet...... | Trois uhlans.......... | 1 — |
| | La Foire aux Chagrins...... | 1 — |
| M<sup>me</sup> Judith.... | Lucie de Courceulles....... | 1 — |
| Arsène Houssaye | Histoire d'une Fille perdue..... | 1 — |
| | Tragique aventure de Bal masqué.. | 1 — |
| Victor Koning... | Tout Paris........... | 1 — |
| Ch. Monselet... | Les frères Chantemesse..... | 2 — |
| — | La belle Olympe....... | 1 — |
| Badère de V**... | Marie Favrai......... | 1 — |
| Victor Perceval.. | Monsieur le Maire....... | 1 — |
| Ponson du Terrail | La Justice des Bohémiens..... | 2 — |
| | Les Voleurs du grand monde.... | 7 — |
| E. Serret...... | Rancunes de femmes....... | 1 — |
| | Le Roman de la Suisse....... | 1 — |

www.ingramcontent.com/pod-product-compliance
Lightning Source LLC
Chambersburg PA
CBHW060555170426
43201CB00009B/786